Hans-Walter Müller und das lebendige Haus

Robert Stürzl

Spector Books

Im Herbst 2015 fuhr ich erstmals nach La Ferté-Alais. Ein Freund hatte mir von einem Architekten erzählt, den er am Wochenende besuchen wollte. Er lud mich ein, eine Gruppe Architekturstudierender der École des Beaux-Arts zu begleiten. Die Studierenden hatten Hans-Walter Müller bei einem Workshop kennengelernt und besuchten ihn seitdem an freien Wochenenden, um gemeinsam unterschiedliche Projekte zu entwickeln. Erst einige Wochen zuvor war ich selbst in Paris angekommen, um an der Université Paris-Est zu studieren. Für das Wochenende hatte ich keine Pläne und begleitete die Gruppe, ohne mich vorab über die Arbeiten von Hans-Walter Müller informiert zu haben.

Angekommen in La Ferté-Alais, war ich schnell überwältigt von dem unscheinbaren Gelände am Rand eines Flugplatzes, auf dem zwischen großen Bäumen, Tragluftvolumen und architektonische Strukturen unterschiedlicher Form und Größe sichtbar wurden. Umgeben von den Studierenden leitete Hans-Walter Müller an diesem Wochenende die Arbeiten beim Innenausbau des Volumens *Belvédère* an. Bretter wurden zugeschnitten, Fassungen geschweißt, in den Pausen wurden die nächsten Arbeitsschritte geplant und Abmessungen kalkuliert. Während Müller mit den Studierenden arbeitete, versuchte ich, mir das Gelände zu erschließen. Türen und Bodenelemente älterer Volumen standen aufgereiht nebeneinander, Werkstätten und Materiallager waren ebenso zugänglich wie das Atelier im Obergeschoss des großen Volumens und das Archiv mit langen Reihen von Skizzenbüchern, Plänen und Publikationen. Ich streifte umher, fand immer neue Objekte, die mein Interesse weckten, und Wege, welche die einzelnen Bauwerke miteinander verbanden. Beim gemeinsamen Essen brachen die ersten Fragen aus mir heraus, und Müller erzählte bereitwillig und mit Freude die Geschichte dieses Ortes, berichtete von seiner Ankunft in La Ferté-Alais 1971, vom Bau des Tragluftvolumens *M210* und vom stetigen Ausbau der Strukturen.

Im Herbst und Winter folgten weitere Besuche in La Ferté-Alais, und als mir im Frühjahr 2016 erklärt wurde, dass das Sommersemester in meinem Studiengang aufgrund der geringen Studierendenanzahl ohne Präsenzunterricht und lediglich in Form schriftlicher Abgabeleistungen stattfinden würde, schlug ich Hans-Walter Müller vor, bei ihm zu arbeiten. Müller war einverstanden und zeigte mir sein Fotoarchiv, welches ich bis zu diesem Zeitpunkt noch nicht gesehen hatte. Unzählige Kisten mit Diarahmen und Briefumschlägen, gefüllt mit Negativen;

Müller öffnete immer neue Schubladen mit Material. Mit dem Ziel, eine umfassende Liste des fotografischen Archivbestands anzulegen, richtete ich mich ein.

Für einige Monate zog ich nach La Ferté-Alais, schlief im Volumen *Belvédère* und arbeitete mich durch die fotografische Dokumentation von Müllers Arbeiten, die mit seinem Umzug von Darmstadt nach Paris im Oktober 1961 einsetzte. Schlussendlich erfasste ich über 38 200 Bildträger, organisiert in gut 1200 Briefumschlägen, die von Müller und seiner Lebensgefährtin Marie-France Vesperini jeweils einem Ereignis zugeordnet und beschriftet worden waren. Unbeschriftete Umschläge und mir unbekannte Motive konnte Müller meist innerhalb weniger Momente zuordnen. So entstand mit der Aufarbeitung des Archivs auch der erste Entwurf eines Werkverzeichnisses. Vieles, was ich im Archiv vorfand, warf neue Fragen auf – Fragen, die Müller stets zu beantworten wusste und die häufig zu längeren Gesprächen führten.

Ich schlug vor, diese Ausführungen fortan aufzuzeichnen und darauf aufbauend gemeinsam eine Publikation zu erarbeiten. Bald entspannten sich die Erzählungen nicht mehr ausgehend von einzelnen Projekten, die Funktionsweisen und Details der Ausführungen rückten stattdessen in den Mittelpunkt. Im Zentrum unserer Gespräche stand von Beginn an auch La Ferté-Alais als Wohnort, als Lebensmittelpunkt, als Atelier und als Ausgangspunkt für das Gesamtwerk von Hans-Walter Müller. Im Archiv suchte ich Bildmaterial, das sein Leben vor Ort dokumentierte und dabei helfen würde, die letzten 50 Jahre in La Ferté-Alais und Müllers Lebensalltag mit der Tragluftarchitektur in einer Publikation abbilden zu können.

Im Sommer 2016 fuhr ich zurück nach Deutschland, die Besuche bei Müller erfolgten nun in größeren Abständen. Im Sommer 2020 zeichnete ich letztmals eines unserer Gespräche auf. Ich hatte das Gefühl, ausreichend Material gesammelt zu haben, um daraus das hier vorliegende Buch entwickeln zu können. Die Struktur der Gespräche sollte dabei erhalten bleiben, Hans-Walter Müller sollte selbst zu Wort kommen; schließlich empfand ich es als großes Privileg, mit welcher Offenheit, Begeisterung und mit welchem Nachdruck Müller mir über die Jahre meine Fragen zu seinem Leben und Werk beantwortet hatte. Die Transkriptionen der Audiomitschnitte aus gut vier Jahren waren das Ausgangsmaterial für die Entwicklung eines Gesprächs, das in drei Teilen durch die Publikation führt.

Der erste Teil des Gesprächs bildet den Einstieg in das Buch und beginnt mit Hans-Walter Müllers Ankunft in Paris. Er gibt hier einen Einblick in sein Leben zwischen Architektur, Zauberei und Kinetischer Kunst in den 1960er Jahren und erzählt von den Ausstellungsbeteiligungen, Wettbewerbsteilnahmen und seinen ersten Auftragsarbeiten für aufblasbare Volumen für die Fondation Maeght und Jean Dubuffet im Jahr 1970. Auf das Gespräch folgt eine erste Bildstrecke mit Dokumenten und Abbildungen aus Hans-Walter Müllers Archiv.

Daran schließen zwei Texte von Müller an. Den Text „Das Bilderspektakel" veröffentlichte er bereits 1968 in der Zeitschrift *Gens d'image*. Der Beitrag basiert auf einem Gespräch mit Albert Plecy, dem Herausgeber der Zeitschrift, in welchem der damals 32-jährige Hans-Walter Müller die Funktionsweisen seiner kinetischen Maschinen, Schauplatten und Entspannungsräume erläutert. Der Text ist auch ein Dokument von Müllers Unzufriedenheit mit der Architektur seiner Gegenwart und ein Plädoyer für das bewusstere Erleben der eigenen Umgebung.

Im direkten Anschluss folgt das Manifest „Warum aufblasbare Strukturen?", das von Hans-Walter Müller 1975 in der Zeitschrift *Techniques & Architectures* veröffentlicht wurde. Müller ruft hier dazu auf, die aufblasbare Architektur nicht allein auf ihre Funktionalität hin zu betrachten und den Mut zu haben, diese Form der Architektur ohne Vorurteile weiterzuentwickeln und mit all ihren Potentialen wahrzunehmen.

Der zweite Abschnitt des Gesprächs mit Hans-Walter Müller beginnt mit dem Kauf einer Hochfrequenzschweißmaschine Ende der 1960er Jahre, die Müller fortan die unabhängige Produktion aufblasbarer Volumen ermöglichte. Der Fokus des Gesprächs liegt auf dem Umzug nach La Ferté-Alais, den ersten Jahren vor Ort und dem Bau des heute noch bestehenden Tragluftvolumens *M210* im Jahr 1973. Müller gibt hier zudem Auskunft über die technische Funktionsweise seiner Tragluftvolumen. Die folgende Bildstrecke gibt Einblick in das Atelier von Hans-Walter Müller und dokumentiert die Ankunft und die Entwicklungen der ersten Jahre in La Ferté-Alais.

Der anschließende Text von Hans-Walter Müller „Eine von Luft getragene Architektur" gibt, ausgehend von den Entwicklungen der frühen 1970er Jahre, punktuell Einblicke in das Werk der folgenden Jahrzehnte. Der Text basiert auf einem Vortrag von Müller im Pavillon de l'Arsenale in Paris im Jahr 2004 und stellt beispielhaft einige seiner Realisationen im Bereich der aufblasbaren Architektur vor.

An diesen Text schließt der dritte Teil des Gesprächs mit Müller an. Er erzählt vom gemeinsamen Lebensalltag mit Marie-France Vesperini in La Ferté-Alais. Die Ausführungen von Müller ermöglichen einen ganzheitlichen Blick auf seine Architektur, die über den singulären Aspekt des „Aufblasbaren" weit hinausweist. Es folgt eine umfangreiche Bildstrecke, die die Entwicklungen in La Ferté-Alais und eine Auswahl von Projekten dokumentiert.

Daran schließt ein Gespräch zwischen Félix Chameroy, Hans-Walter Müller, Anne Lacaton und Jean-Philippe Vassal an. Der Austausch aus dem Jahr 2018 lenkt den Blick auf ein Volumen, das Müller für Lacaton & Vassal 2016 hergestellt hat. Darüber hinaus kommen Aspekte der Architekturausbildung und auch die gegenseitige Wertschätzung der Architekten zur Sprache. Mit Félix Chameroy ist zudem ein junger Architekt an dem Gespräch beteiligt, der auf dem Gebiet der aufblasbaren Architektur eigene Arbeiten realisiert.

Der abschließende Text verortet die Arbeiten Hans-Walter Müllers in der Architekturgeschichte. In Kürze wird die Geschichte der aufblasbaren Architektur dargestellt und die Sonderstellung von Müllers Werk herausgearbeitet. Ergänzt wird der Text von einer Bildstrecke, die das Gelände in La Ferté-Alais in seinem gegenwärtigen Zustand dokumentiert.

Zudem enthält die Publikation ein umfangreiches und in Teilen bebildertes Werkverzeichnis von 1961 bis 2022. Das darauf folgende Glossar soll in aller Kürze einen Überblick über Grundbegriffe in Müllers Werk ermöglichen. Ein Verweissystem verknüpft entsprechende Textstellen im Verlauf der Publikation mit den Einträgen im Glossar.

Mein großer Dank gilt Hans-Walter Müller für seine Offenheit, für das Vertrauen und die gemeinsame Bewältigung aller Anstrengungen, die mit der Entstehung dieser Publikation verbunden waren.

Ankunft in Paris, Kinetische Kunst, erste aufblasbare Volumen

Robert Stürzl

Du hast dein Studium der Architektur und des Städtebaus an der Technischen Hochschule Darmstadt 1961 mit dem Diplom abgeschlossen und bist anschließend nach Paris gezogen, um das Studium an der École des Beaux-Arts fortzusetzen. Wie hat sich das Studium in Paris von dem in Deutschland unterschieden?

Hans-Walter Müller

Ehrlich gesagt, die Schule in Paris war verglichen mit Darmstadt sehr schlecht und ich bin nur selten hingegangen. Ich war dafür regelmäßig in den Vorlesungen von Jean Prouvé[1] (Conservatoire National des Arts et Métiers) und folgte den Kursen im Institut für Städtebau. Das Studium habe ich wie vorgesehen nach zwei Jahren mit einer Arbeit über die Verwendung von vorgefertigten Bauelementen aus Beton abgeschlossen und damit endete auch mein Stipendium in Paris. Meine Tätigkeiten in dieser Stadt gingen aber über das Studium hinaus. Schon während des Studiums in Darmstadt hatte ich unter Ernst May[2] am neuen Städtebau der Stadt Mainz mitgearbeitet. Das war Ende der 1950er Jahre. In Paris habe ich diese städtebaulichen Arbeiten wiederaufgenommen, zunächst in der Agentur von Raymond Lopez[3] und später unter der Leitung von Émile Aillaud[4] im Projekt Grigny la Grande Borne, südlich von Paris.

RS

Abseits der Arbeit, wie hast du Paris in den 1960er Jahren erlebt?

HWM

Das war eine wunderbare Periode, wenn ich daran denke. Ich habe es gar nicht so gemerkt, erst jetzt wird es mir klar. Es war sehr lebhaft und das war ausschlaggebend für meine Inspiration und hat mir Energie gegeben. Ich hatte das Stipendium eigentlich schon ein halbes Jahr früher und hatte auch bereits ein Zimmer in der Cité Universitaire.[5] Ich brauchte nur noch eine Unterschrift von dem Dekan der Schule in Darmstadt; Prof. Guther, er war auch mein Städtebauprofessor. Der hat das Papier dann nicht unterschrieben, weil er meinte, dass ich mein Diplom nicht mehr machen würde, wenn ich in diesem Moment nach Paris gehe. Ich war schon aus dem Studentenwohnheim ausgezogen und hatte das Zimmer in Paris, aber ich musste bleiben. Ich habe dann schnell eine letzte Übung gemacht und mich umgehend für das Examen eingeschrieben. Ich hatte dann Glück, weil sie mir das Stipendium automatisch wieder gegeben haben. Mein Zimmer in der Cité aber war weg, und ich habe die ersten zwei Jahre in einem Hotel gewohnt.

1
Jean Prouvé (1901–1984) Französischer Architekt und Designer. Prouvé unterrichtete Ingenieurwissenschaften am Conservatoire National des Arts et Métiers von 1957 bis 1970.

2
Ernst May (1886–1970) Deutscher Architekt und Stadtplaner. Ab 1958 tätig als Planungsbeauftragter der Stadt Mainz.

3
Raymond Lopez (1904–1966) Französischer Architekt und Stadtplaner.

4
Émile Aillaud (1902–1988) Französischer Architekt und Stadtplaner. Von 1964 bis 1971 beauftragt mit dem Bau der Wohnsiedlung La Grande Borne in Grigny, ca. 30 Kilometer südlich von Paris.

5
Die Cité Internationale Universitaire de Paris ist eine 1925 gegründete Siedlung für französische und internationale Studierende in Paris.

Aber um zurück zu deiner Frage zu kommen, in Paris hast du zwei Dinge, die sind super gut. Auf der einen Seite hast du ein Restaurant oder Bistro, wo du mit dem Besitzer bekannt und befreundet bist. Dann ist es natürlich angenehm. Andererseits, beispielsweise den Artikel „Warum aufblasbare Strukturen“[6] habe ich in irgendeinem Café auf der Terrasse geschrieben. Völlig allein, aber ich war dort mit der Welt zusammen. Das ist unwahrscheinlich wichtig.

Außerdem waren zu dieser Zeit viele interessante Menschen in Paris. Hans Scharoun[7] habe ich getroffen mit seiner Frau bei André Bloc.[8] Henryk Berlewi[9] besuchte mich zuhause in der Rue Pascal. Wenn man sich trifft und bemerkt, dass man den selben Geist hat, dann kann man sich ja nur beglückwünschen. Zudem, wenn dieser Geist in der Arbeit in unterschiedlicher Art und Weise zum Vorschein kommt. Berlewi wohnte nicht weit von mir im 13. Arrondissement am Place Denfert-Rochereau. Da wohnte auch Hans Hartung,[10] das war auch ein guter Typ. Ich bin sicher, dass das unwahrscheinlich wichtig war, dass ich nach Paris gegangen bin. Wichtiger als ich überhaupt gedacht hätte. Ich habe ja überhaupt nie überlegt, ich wollte nur weg, in einer kleinen Stadt kann es furchtbar sein.

Zu dieser Zeit habe ich im Quartier Latin in einem Kabarett gezaubert und gleichzeitig einen Kurs der Pantomime bei Étienne Decroux[11] besucht. Zunächst wollte ich Zauberei und Pantomime zusammenbringen, aber mit der Pantomime habe ich noch etwas anderes gelernt, nämlich eine Bewegung zu analysieren und auf das Wesentliche zu reduzieren. Das habe ich meiner Architektur und auch der Arbeit mit Projektionen hinzugegeben. Ich war also viel unterwegs in der Stadt; die Schule war nicht mein einziger Anknüpfungspunkt in Paris.

RS

Pantomime und Zauberei, waren das Interessen, die du auch in Darmstadt schon verfolgt hast?

HWM

Ja klar. Ich habe mich seit der Kindheit für Zauberei interessiert und das auch im Studium in Darmstadt fortgeführt. Ich war zu dieser Zeit ständig unterwegs mit dem Zaubern. In Düsseldorf, in Aachen an der Architekturfakultät, in Bonn und Darmstadt. Ich habe angefangen, für fünf Mark bei Kindergeburtstagen mit vielen Kindern zu zaubern. Das ist furchtbar schwer, die Kinder sehen alles. Da lernt man, wie man es machen muss. Das Zaubern war aber nie eine wirtschaftliche Notwendigkeit, das habe ich aus Spaß gemacht, aus Freude. In Paris habe ich das Zaubern schnell aufgegeben. Jeden Tag im Kabarett, das

6 → S. 55
Müller, Hans-Walter: „Pourquoi les gonflables?“ in *Techniques & Architecture* Nr. 304, Paris, 1975.

7
Hans Scharoun (1893–1972) Deutscher Architekt.

8
André Bloc (1896–1966) Französischer Künstler und Architekt.

9
Henryk Berlewi (1894–1967) Polnischer Künstler und Grafiker. Seine abstrakten Grafiken erzeugen oftmals optische Illusionen beim Betrachter.

10
Hans Hartung (1904–1989) Deutsch-Französischer Künstler und Grafiker.

11
Étienne Decroux (1898–1991) Französischer Schauspieler, Begründer der modernen Pantomime und des Körpertheaters.

[1] Hans-Walter Müller in einer Projektion der *Cinimages Fluides*, 1963.

konnte ich nicht machen, zu regelmäßig. Das ist dann auch nicht mehr interessant. Ich habe aber weiterhin viel gezaubert. In der École des Beaux-Arts, in der Galerie von Denise René,[12] ich hatte immer etwas dabei, wenn ich irgendwo eingeladen war, das hat den Menschen auch gut gefallen.

RS

Ab Mitte der 1960er Jahre hattest du im Bereich der Kinetischen Kunst mehrere Ausstellungsbeteiligungen. Wie kam es dazu?

HWM

Zunächst einmal habe ich die *Cinimages Fluides* entwickelt, kurze Zeit nachdem ich nach Paris gekommen bin. Ich habe in meiner Wohnung in der Rue Pascal mit einem Projektor experimentiert. Im Projektor war irgendwie ein Haar, das sich in der Abluft des Ventilators vor dem Licht bewegt hat. Da habe ich gedacht, das könnte ich ja nutzen und habe das projizierte Bild in Bewegung gesetzt, indem ich Fäden mit Pailletten in die Diarahmen gespannt habe. Und der Witz ist ja noch der, dass die Bilder in der Projektion umgekehrt werden. Ich konnte die Fäden also auch reinhängen und so tun, als ob sie stehen würden. Da hatte ich plötzlich eine Möglichkeit gefunden, die Schwerkraft scheinbar aufzuheben, fast wie Zauberei. → Glossar: Schwerkraft

Ich habe anschließend damit begonnen, meine erste kinetische Maschine mit Projektionen zu entwickeln. Im Oktober 1961 bin ich nach Paris gekommen und schon zwei Jahre später habe ich die Projektionsmaschine *Genèse 63* zum ersten Mal in einer Galerie in Montmartre ausgestellt. Denise René schätzte meine Arbeiten nicht so sehr, weil sie nicht den normalen und praktischen Gewohnheiten einer Galerie entsprachen. Schlecht zu verkaufen, kein Objekt, sondern eine Machine, die unsere Gewohnheiten in Frage stellt. Etwas Neues. Frank Popper[13] schrieb einen ersten Artikel über meine Arbeiten.[14] Wir waren befreundet und sind in der Folge regelmäßig zu Konzerten für elektroakustische Musik gegangen. Da habe ich dann auch die Musiker um Pierre Schaeffer[15] kennengelernt und darüber auch Aufträge für Projektionen bekommen. Für ein Ballett habe ich eine Projektion gemacht, zu einer Musik von Iannis Xenakis.[16] Anschließend auch für ein Ballett zu der Musik *La Création du Monde* von Darius Milhaud[17] in Baux en Provence, das war aber schon 1967.

1965 war ich mit der weiterentwickelten *Maschine M* Preisträger der 4. Paris Biennale. Da war ich schon mittendrin in der künstlerischen Arbeit und in der Kinetischen Kunst.[18] Ich habe mich zu dieser Zeit auf die Projektionen konzentriert.

12
Denise René (1913–2012) Französische Galeristin. Gründete 1944 die Galerie Denise René in Paris. 1955 zeigte sie mit „Le Mouvement" eine wegbereitende Ausstellung der Kinetischen Kunst.

13
Frank Popper (1918–2020) Kunsthistoriker, Kurator und Autor. Beschrieb die historischen Verbindungen von Kunst und Technologie und die Bedeutung von menschlicher und mechanischer Bewegung in der Kunst des 20. Jahrhunderts.

14
Popper, Frank: „Mueller's *Machine M*" in *IMAGE* Nr. 2/6, London, 1968.

15
Pierre Schaeffer (1910–1995) Französischer Komponist, Autor und Ingenieur. Begründer der *musique concrète*.

16
Iannis Xenakis (1922–2001) Griechischer Komponist und Architekt.

17
Darius Milhaud (1892–1974) Französischer Komponist. Die Ballettmusik *La Création du Monde* schrieb er 1923.

18
Kennzeichnendes Merkmal für die Kinetische Kunst ist Bewegung als Teil des Kunstwerkes. Dabei kann das Werk selbst beweglich sein, durch äußere Einflüsse in Bewegung versetzt werden oder aber die Bewegung wird durch eine veränderliche Perspektive auf das Werk erzeugt.

Das waren auch viele Auftragsarbeiten und nebenher eben die Ausstellungen: 1966 „KunstLichtKunst“ im Stedelijk van Abbemuseum in Eindhoven, 1967 „Lumière et Mouvement“ im Musée d'Art Moderne in Paris und 1970 „Kinetics“ in der Hayward Gallery in London. Frank Popper hatte alle diese Ausstellungen kuratiert. Es gab noch weitere Ausstellungen, zum Beispiel in Dijon, oder auch in Bern und Düsseldorf.

RS

Kannst du die Funktionsweise deiner kinetischen Maschinen genauer ausführen?

HWM

Es gibt Schallplatten für die Musik und ich wollte entsprechende Schauplatten entwickeln für Licht- und Bild-Projektionen. Ich habe unterschiedliche kinetische Maschinen gebaut, aber grundsätzlich funktionieren sie ähnlich. Vor einem lichtstarken Projektor wird eine bewegliche Schauplatte installiert. Zwischen Schauplatte und Projektor ist eine weitere Scheibe aus Plexiglas. Durch diese Scheibe fällt der Lichtstrahl des Projektors durch ein Loch im Zentrum; die Scheibe dreht sich angesteuert durch einen Motor. Auf der Peripherie dieser Scheibe befindet sich ein zweiter ansteuerbarer Motor, welcher die Schauplatte so dreht, dass sich diese mit ihrer Peripherie immer vor dem Mittelpunk der ersten Scheibe, also im Lichtstrahl des Projektors bewegt. Auf diese Art dreht sich die Schauplatte mit zwei verschiedenen Geschwindigkeiten in zwei unterschiedliche Richtungen. Es gibt bei dieser Maschine also zwei Bewegungen, die ich getrennt voneinander steuern kann und die jeweils die Projektion beeinflussen. So gibt es fast keine Wiederholung im projizierten Bild.

Die Schauplatte selbst ist eine runde Metallscheibe mit Perforationen unterschiedlicher Form und Größe, die durch die Abstände untereinander gewisse physikalische Gesetze ausführen. Die Perforationen sind im Grunde Lochblenden. Man könnte zur kinetischen Maschine also sagen, sie sei eine Projektionsquelle mit einer Vielzahl von Lochblenden. Dadurch ist es mir zum Beispiel möglich, Raster zu überlagern und diese in Bewegung zu bringen. Die jeweilige Perforation der Schauplatte ist die spezifische Notation dieser Komposition. Durch die Bewegung der Schauplatte vor der Lichtquelle des Projektors erhalte ich eine kontrollierte und reproduzierbare Projektion, die nicht mehr statisch ist. Darüber hinaus kann ich weiterhin auch durch die Auswahl und die Abfolge der Diapositive die Projektion beeinflussen. Die Projektion mit Hilfe der kinetischen Maschine ist immer eine Komposition und sie ist alles andere als zufällig oder beliebig.

RS

Welche Ausstellung ist dir aus dieser Zeit besonders in Erinnerung geblieben?

HWM

Die Ausstellung „Lumière et Mouvement“ 1967 war bis zu diesem Zeitpunkt die größte Ausstellung der Kinetischen Kunst. Frank Popper hatte Künstler für die Ausstellung ausgewählt und ich war mit meiner *Machine M* beteiligt. Pierre Faucheux[19] wurde von Frank Popper für die Szenografie benannt. Er war als Grafiker bekannt, er machte Einbände für Bücher, war aber auch ein begeisterter Anhänger der Architektur und ein interessanter Mensch. Alle zusammen hatten wir vorab ein Treffen und Faucheux hat mich eingestellt als Assistent für die Ausstellungsgestaltung. Dadurch habe ich die beteiligten Künstler natürlich besser kennengelernt und mit ihnen diskutiert, was sie brauchen. Ich hatte mir selbst in der Ausstellung nur eine kleine, bescheidene Ecke für meine kinetische Maschine zugeteilt. Eines Tages waren wir im Rathaus um die Ausstellung zu besprechen, weil sie in einem städtischen Museum stattfinden sollte. Ich weiß nicht, was dann genau passiert ist; wir haben etwas diskutiert und Pierre Faucheux war nicht einverstanden mit dem kleinen Eck, das ich für mich vorgesehen hatte. Er hatte noch einen großen Platz im Treppenhaus und dadurch hatte ich plötzlich einen unwahrscheinlich tollen Ort, den ich überhaupt nicht gewagt hätte, selbst

[2] Hans-Walter Müller mit *Machine M* vor dem Musée d'Art Moderne in Paris, 1965.

19
Pierre Faucheux (1924 – 1999) Französischer Grafikdesigner und Typograf.

zu beanspruchen. Die Ausstellung lief sechs Monate und ich war praktisch immer da. Jeden Donnerstag habe ich Wein gekauft und die Wärter mussten uns abends herauswerfen. Durch die Ausstellung habe ich Firmen wie Cacharel, Larousse, Drugstore, Dim und Fiat als neue Kunden für Projektionen und Installationen gefunden und so konnte ich schließlich aufhören, im Büro von Émile Aillaud zu arbeiten.

[3] Projektionen für den Verlag Larousse in Paris, 1968.

Zeitgleich habe ich weiterhin auch in andere Richtungen gearbeitet. Ich nahm am Wettbewerb für den deutschen Weltausstellungspavillon in Montréal teil und habe diesen in der ersten Stufe mit einer primären Stahlkonstruktion und modularen Elementen gewonnen.

Solche Projekte bezeichne ich jetzt als *architecture gravitaire* in Abgrenzung zu der Volumenarchitektur.→ architecture gravitaire Also architektonische Entwürfe und Projekte, in denen ich nicht mit aufblasbaren Volumen gearbeitet habe. Da gibt es wesentliche Punkte und diese sind wichtig, damit man auch die Volumen versteht. Zu diesen Projekten gehört der Pavillon für Montréal, der Entwurf für die Neue Pinakothek in München und einige weitere. Das Wichtige ist; es gibt diverse architektonische Regeln, die sich unabhängig von der Einordnung auf meiner Projekte anwenden lassen. Im Grunde möchte ich, dass zwischen meinen Volumen und meinen Entwürfen der

[4] Zeichnung aus dem Wettbewerbsbeitrag für den Neubau der Neuen Pinakothek in München, 1967.

architecture gravitaire kein Unterschied besteht. In beiden existieren die gleichen Prinzipien: Respekt vor dem Material, Umgang mit Ebenen und Höhenunterschieden, Modularität und Beweglichkeit. Alles was in dieser Architektur enthalten ist, ist auch den Volumen eingeschrieben. Das gilt insbesondere für mein Haus in La Ferté-Alais. Es ist ja nicht allein das Volumen, das ist ein Hybrid mit den massiven Strukturen die ja auch weit über die Grenzen des Volumens hinausgehen.→ Abb. 142 Was man hier kombiniert findet, sind Tragluftvolumen und die Schwerkraft. Wer die Pläne von unterschiedlichen Projekten sieht, der erkennt, wie nah sich die Entwürfe sind, unabhängig davon, ob es nun aufblasbare Volumen sind oder nicht.

RS

Wie ist der Wettbewerb für den Ausstellungspavillon für die Weltausstellung in Montréal damals abgelaufen?

HWM

Ich habe die erste Stufe zusammen mit zwei anderen Architekten gewonnen. Dann musste man die Sache für sich vertiefen. Das Projekt blieb wie es war und wurde nun ausgearbeitet. Ich ging zu Krupp nach Essen, es war ja eine Stahlkonstruktion, um die Umsetzbarkeit im Detail zu besprechen. Erst nach dieser ersten Stufe des Wettbewerbs wurde Frei Otto zu dem Wettbewerb hinzugeholt, der dann ja auch gewonnen hat.[20] Wir waren zuvor schon miteinander bekannt; er hat mich eingeladen zu den Symposien nach Stuttgart, auch in Venedig waren wir zusammen. Er hat mich „Zauber-Müller“ genannt.

20 Frei Otto (1925–2015) Deutscher Architekt. Der Deutsche Pavillon der Weltausstellung 1967 in Montréal wurde von Rolf Gutbrod und Frei Otto konzipiert. Eine Zeltkonstruktion gehalten von acht Masten und 31 Ankerpunkten überdachte eine Ausstellungsfläche von fast 8 000 Quadratmetern.

Dadurch, dass ich gezaubert habe, war es für manche Leute einfacher, über die Zauberei zu reden als über meine Entwürfe. Frei Otto war Professor und jemand der unwahrscheinlich emsig und dynamisch war. Er hat nie selbst ein Volumen gebaut, aber ein sehr wichtiges theoretisches Buch dazu geschrieben.[21] Seine Arbeiten sind hauptsächlich weitgespannte Flächentragwerke, wie sich auch sein Institut an der Universität in Stuttgart nannte.

RS

Ich würde gerne noch einmal zu den Projektionen zurückgehen. Hast du nach der Ausstellung „Lumière et Mouvement" 1967 die Kinetische Kunst mit deinen Projektionsmaschinen weiterverfolgt?

HWM

Eine begrenzte Zeit lang. Außerdem in Bezug auf die Kinetische Kunst ist es ja so: Entweder du hast ein Bild, auf dem etwas passiert, wenn du dich als Betrachter bewegst, oder das Werk ist irgendwo befestigt und schaukelt hin und her. Das waren also immer noch Objekte in der Tradition eines Gemäldes oder einer Skulptur, wenn du so willst. Das konnte man immer noch an die Wand hängen. Bei mir gab es aber einen Apparat, der projiziert hat und eine Leinwand, auf der das Ergebnis dieser Projektion in diesem Moment sichtbar wurde. Das heißt, es gab eine Maschine und ein Resultat; das waren zwei verschiedene Sachen. Aus diesem Grund konnte das auch mit einer Galerie nicht funktionieren.

Ich hatte aber noch eine vereinfachte Art der Maschine entwickelt. In gewisser Weise einen Volksempfänger der kinetischen Maschine. Die Schauplatte war hier nur 18 cm groß. Ein exzentrisches Rad hat diese Schauplatte vor dem Projektor auf einer vertikalen Achse bewegt und auch gedreht. Es war also das gleiche Prinzip, aber etwas vereinfacht in dem, dass beide Bewegungen an einer einzelnen Schauplatte ausgeführt wurden. Da konntest du die Schauplatte nur reinschieben und hast das Ergebnis gehabt. Du konntest eine andere Platte nehmen und hattest ein anderes Ergebnis. Aber mein Leben besteht aus Perioden. Diese Zeit der Kinetischen Kunst war Ende der 1960er Jahre für mich vorbei, denn es begann eine neue Periode.

RS

Wie gelang der Übergang in diese neue Periode?

HWM

Wichtig war 1968 die Ausstellung „structures gonflables" erneut im Musée d'Art Moderne in Paris und organisiert von der Gruppe Utopie, das waren im Wesentlichen Jean Paul

21
Otto, Frei; Trostel, Rudolf: *Zugbeanspruchte Konstruktionen. Gestalt, Struktur und Berechnung von Bauten aus Seilen, Netzen und Membranen*, Frankfurt, 1962.

Jungmann, Antoine Stinco und Jean Aubert.[22] Wir waren befreundet, wir haben Feste gefeiert, zusammen mit Paco Rabane[23] in den 1960er Jahren.

Das war eine Ausstellung, die sich generell mit aufblasbaren Sachen befasst hat, auch mit Möbeln und Objekten. Bei dieser Ausstellung habe ich zum ersten Mal ein Volumen mit Projektionen gezeigt, das *Volux*. Die Luftzufuhr hatte ich zuvor programmiert, so dass das Volumen immer wieder zusammensackte und sich neu aufbaute. Außerdem gab es diverse Lautsprecher für den Ton. Im Inneren des Volumen waren mehrere Projektoren und auch eine *Machine M* platziert, diese haben verschiedene Projektionen auf der Hülle des Volumens erzeugt.→Hülle Die Besucher der Ausstellung konnten um das Volumen herumlaufen und die Projektionen aus verschiedenen Blickwinkeln erleben. Im Grunde ist diese Ausstellung für mich der Übergang oder die Kombination von Projektionsmaschine und Volumen. Hier kamen die Volumen und das Licht, also die Projektionen, erstmals zusammen.

Meine ersten Volumen gehen aber zurück in das Jahr 1967. Es waren erst einmal Experimente, rein persönliche, spielerische und begeisternde Objekte, ohne einen Kunden und entfernt von möglichen Meinungen anderer Personen. Ich benutzte für die Herstellung ein sehr billiges Material, das ich teilweise noch klebte. An anderen Stellen verband ich das Polyethylen mit einer kleinen Zange, die durch Hitze die Kunststofflagen verschweißte. Diese Volumen waren von Anfang an auch begehbar. Das Innere und das Äußere, selbst wenn die Volumen durchsichtig sind, ist immer eine Überraschung. Ja, ein Erlebnis.

Nach der Ausstellung „structures gonflables" habe ich im Mai 1968 eine eigene Ausstellung zusammengestellt und bin damit durch Frankreich gereist, um meine Idee zu verbreiten und zu zeigen, dass meine Volumen zur Architektur gehören und das mit Erfolg. Ich war in Le Barcarès, Avignon, Aix-en-Provence, Aix-les-Bains und Annecy. 1969 habe ich für einen Pfarrer der keine Kirche hatte, eine aufblasbare Kirche in Montigny-lès-Cormeilles gebaut.[24] Dem habe ich gesagt, dass ich ihm eine Kirche baue, wenn er eine Messe darin hält. Er hat zugesagt und ich habe die Kirche auf meine Kosten produziert und vor den Augen der Kirchgänger einen Ballen Kunststoff in einen sakralen Raum verwandelt. Als ich von der Veranstaltung nach Hause kam, da stand im Hof diese Waage, ich habe noch einen Zollstock drauf gelegt und das fotografiert. Das wurde dann unwahrscheinlich viel publiziert, eine Kirche für 200 Personen, die nicht einmal 40 Kilogramm wiegt.

22
Utopie wurde 1967 von Studierenden der Architektur (Jean Aubert, Jean-Paul Jungmann, Antoine Stinco), der Soziologie (Jean Baudrillard, René Lourau), des Urbanismus (Hubert Tonka, Catherine Cot) und der Landschaftsarchitektur (Isabelle Auricoste) in Paris gegründet. Die Gruppe formierte sich gegen die Konsumgesellschaft, publizierte ihre Kritik und Theorien in der Zeitschrift *Utopie: Sociologie de l'urbain* und setzte sich für eine Erneuerung der Architektur und des Städtebaus ein. Utopie war stark beeinflusst von Henri Lefebvre, welcher die Mitglieder Jean Beaudrillard und René Lourau am Institut de Sociologie Urbaine der Universtität Paris-Nanterre unterrichtete.

23
Paco Rabane (geboren 1934) Spanisch-französischer Modedesigner.

24
Das Volumen *l'Église gonflable*.

[5] Das Volumen *l'Église gonflable*. Die Waage zeigt knapp 39 Kilogramm. Auf dem Zettel stand der Text: „Église gonflable, 200 personnes, montage rapide", 1969.

[6] Installation eines Volumen für eine Ausstellung am Port de la Conférence in Paris, 1968.

Die Kirche hatte ich auch noch mit diesem kleinen Handgerät geschweißt. Ein wichtiger Punkt: das Publikum hat auf einmal begriffen, dass Volumen kein Notbehelf sind und zur Architektur gehören können.

Im Juni 1970 habe ich auf der Europlastique[25] ein Volumen mit einer speziellen Tür gezeigt; eine Vorüberlegung für die Additionalen Volumen.[26] Ebenfalls im Sommer 1970 bekam ich den Auftrag, ein Theater mit 800 Sitzplätzen für die Nuits de la Fondation Maeght in Saint-Paul-de-Vence zu realisieren, ein Festival mit bekannten Künstlern. Das Volumen für die Fondation Maeght war aus einem speziellen Material, innen weiß und rot-weiß gestreift von außen. Während des Spektakels abends war es innen ein völlig neutraler Raum. Während der Pausen hatten wir Projektionen von außen aufgebaut, zwischen den Kiefern. Die Schatten der Bäume fielen auf die Haut, das Rot und das Weiß erschienen wieder im Innenraum. Wir haben eine große Kugel aufgehängt und in Richtung des Volumens schwingen lassen. Der Schatten im Innenraum wurde also größer und wieder kleiner. Das waren auch in der

25
Europlastique – Eurocaoutchouc war eine zweijährig in Paris stattfindende Messe der Kunststoffindustrie. Hans-Walter Müller stellte hier 1970 das Volumen *M* und 1972 das Volumen *Petite Maison* aus.

26
Die Additionalen Volumen von Hans-Walter Müller lassen sich über Reißverschlüsse zu einem Volumen mit mehreren Räumen zusammenfügen.

[7] Flyer für die Messe Europlastique in Paris, 1970.

Pause wunderbare Spektakel. Das Volumen für Jean Dubuffet[27] habe ich fast gleichzeitig entworfen und 1971 gebaut. Er gab mir ein Modell der geplanten Skulptur, mit der Aufgabe, diese nach Beendigung seines Werkes herausnehmen zu können. Aus dem Grunde wurde das Volumen aus zwei Teilen hergestellt und mit einem Reißverschluss versehen. Die Form folgte der Aufgabe.

Man könnte sagen, zu diesem Zeitpunkt hatte ich mich mit den Volumen schon etabliert. Ich hatte gleichzeitig mehrere Aufträge, die es mir schließlich erlaubten, eine sehr teure Hochfrequenzschweißmaschine zu kaufen und dadurch selbstständig und in höchster Qualität aufblasbare Volumen zu produzieren. Mit dieser Maschine arbeite ich noch heute; das sind also schon 50 Jahre. So verdiene ich meinen Unterhalt als Schweißer meiner eigenen Projekte, denn keiner wollte damals meine Ideen und Vorschläge bezahlen.→Schweißen Aber nur so konnte ich meine Volumen zu einer Tragluftarchitektur erklären. Was für eine Anstrengung, was für eine Leidenschaft!

RS

Gab es einen Zeitpunkt in diesem Übergang von den Projektionen zu den Volumen, an dem du überlegt hast, wieder nach Deutschland zurückzukehren?

HWM

Ja, natürlich. Ich musste mich ja finanzieren und es war zunächst nicht klar, ob ich von den Projektionen und später auch von den Volumen allein leben könne. Ernst Neufert[28] hatte mich außerdem angesprochen, ob ich an sein Institut in Darmstadt komme würde. Erst mit den großen Aufträgen ab Ende der 1960er Jahre konnte ich diese Überlegungen beenden.

RS

Jemand, der von außen auf diese Entwicklungen schaut, könnte denken, dass der Weg von den Projektionsmaschinen über die Ausstellung des *Volux* zu den begehbaren Tragluftarchitekturen eine logische Weiterentwicklung deiner Arbeit ist. Wie hast du diese Entwicklung von den Projektionen zu den Volumen erlebt?

HWM

Die Logik ist, dass man auf seinem Weg bleibt. Das ist die wichtige Sache, dass der Mensch auf seinem Weg bleibt. Um etwas zu machen, braucht man Zeit.→Konzentration Nach all den Jahren entwickele ich mit den Volumen immer noch neue Sachen. Früher mussten die Volumen für mich 1000 Quadratmeter groß und 20 Meter hoch sein, um zu zeigen, hier sind wir in einer Architektur. Einer Architektur, die beispielsweise mit dem Palais de Chaillot, zweimal habe ich da ein Volumen

27
Jean Dubuffet (1901–1985) Französischer Maler und Bildhauer. Das Volumen *Dubuffet* ist ein aufblasbares Atelier mit ca. 150 Quadratmetern. Jean Dubuffet fertigte hier seine Skulptur *Jardin d'hiver* (4,8 × 9,6 × 5,5 m) zunächst für den eigenen Gebrauch, bevor die Skulptur 1973 vom französischen Staat gekauft wurde. *Jardin d'hiver* ist heute Teil der Sammlung für Moderne Kunst im Centre Pompidou in Paris.

28
Ernst Neufert (1900–1986) Deutscher Architekt, ab 1946 Professor an der TH Darmstadt.

aufgebaut, konkurrieren kann. Heute bin ich ein Architekt, der fähig ist, in den kleinsten Details, etwas sehr Präzises zu machen und gleichzeitig auch in den größten Dimensionen zu arbeiten. Natürlich, die großen Volumen sind dermaßen umwerfend, wenn plötzlich 1000 oder 2000 Quadratmeter entstehen, scheinbar aus dem Nichts, in nur 25 Minuten. Das kann man sich gar nicht vorstellen, ein sagenhafter Moment. Zumal, ohne es auszuprobieren, alles muss beim ersten Versuch stimmen. Aber für mich persönlich zählt vor allem die Präzision, die bis in jedes Detail gehen muss.→ Präzision

Es hätte sich alles zu jedem Zeitpunkt auch ganz anders entwickeln können. In der Schule dachte ich zum Beispiel daran, Physiker zu werden, aber ich habe mich anders entschieden und bin Architekt geworden. Doch es ist natürlich so, dass die Physik mich nicht verlassen hat und in meiner Architektur eine unwahrscheinlich große Rolle spielt. Mein Interesse für die Zauberei und die Pantomime haben mich zu der Analyse von Bewegung gebracht, auf deren Basis ich meine Projektionen und die kinetischen Maschinen entwickelt habe, die mich schließlich zu der Tragluftarchitektur geführt haben. Ich habe diese Entwicklung in meiner Arbeit nicht geplant oder vorhergesehen, wie auch? Wichtig ist eben, dass man bei seiner Sache bleibt und die Verantwortung, die damit einhergeht, annimmt. Die großen Projekte die ich gemacht habe, sind keine Experimente für die Schule, das sind Kunden. Da hängt unwahrscheinlich viel Geld dran. In meinem Leben war die Verantwortung immer sehr wichtig. Ich bin ein Abenteurer, das kann man schon sagen. Aber ich wusste immer, dass ich dabei eine Verantwortung habe und bin stolz, diese Verantwortung zu tragen.

[8] Hans-Walter Müller auf der Bühne des *Zirkus Müller* in Worms, 1942.

[9] Hans-Walter Müller als Zauberer *Petrini* in Darmstadt, ca. 1959.

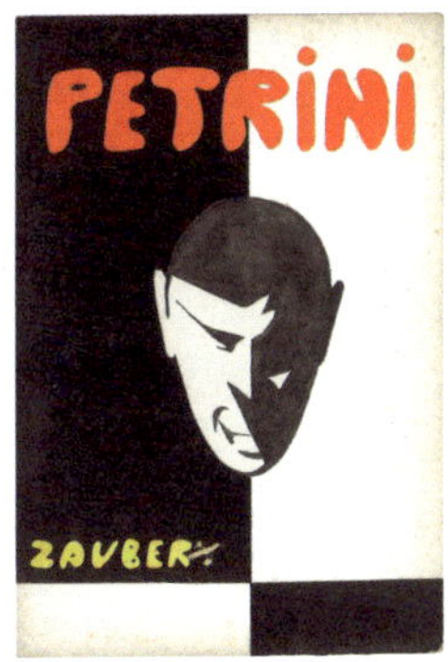

[10] Plakat *Petrini*, Darmstadt, ca. 1959.

[11] Hans-Walter Müller (rechts) im Büro von Ernst May in Mainz, 1959.

[12] Hans-Walter Müller in der Agentur von Raymond Lopez, 1963.

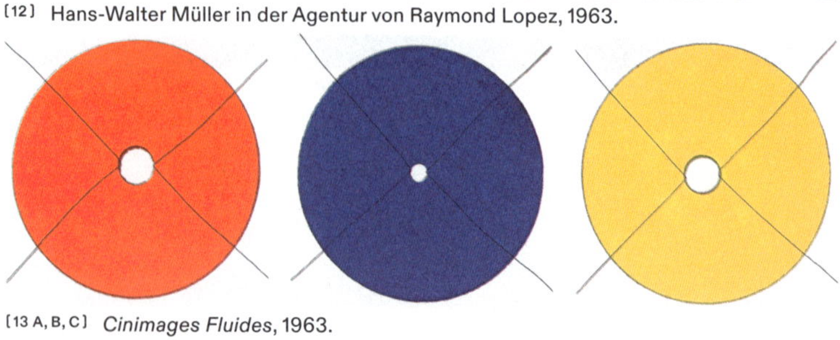

[13 A, B, C] *Cinimages Fluides*, 1963.

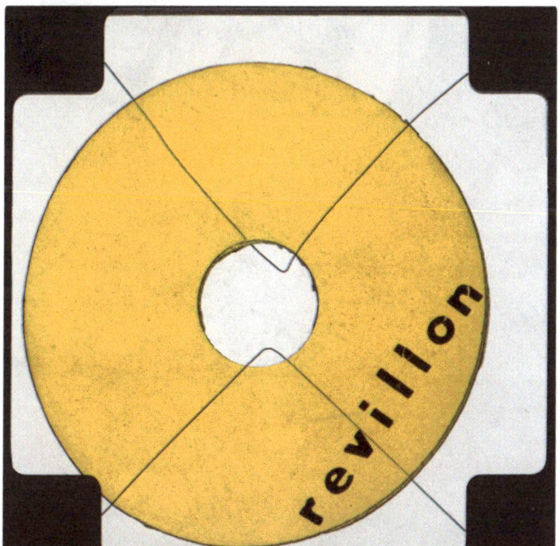

[14 A, B, C] *Cinimages Fluides*, 1963.

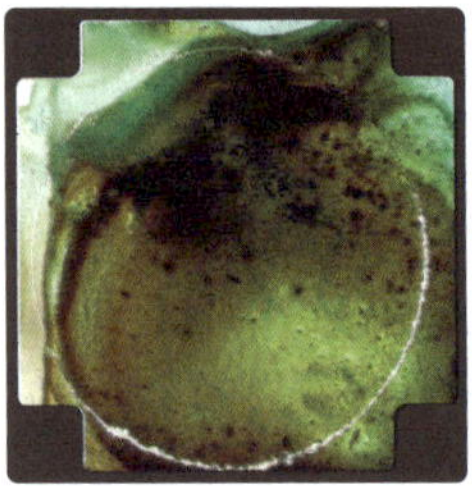

[15 A, B, C, D] Bemalte Dias für Projektionen, ca. 1963.

[16] Hans-Walter Müller bei der Auswahl von Motiven für eine Projektion. Im Hintergrund die Projektion eines *Cinimages Fluides*, 1981.

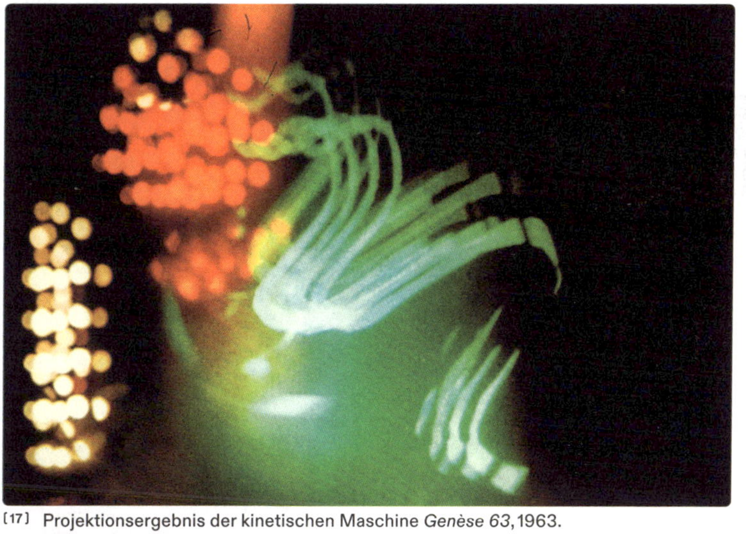

[17] Projektionsergebnis der kinetischen Maschine *Genèse 63*, 1963.

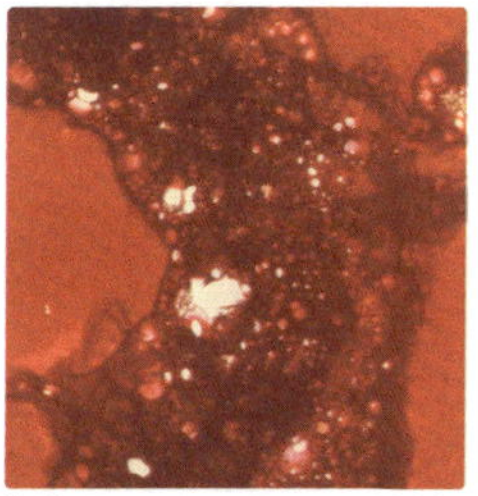

[18] Bemaltes Dia, ca. 1963.

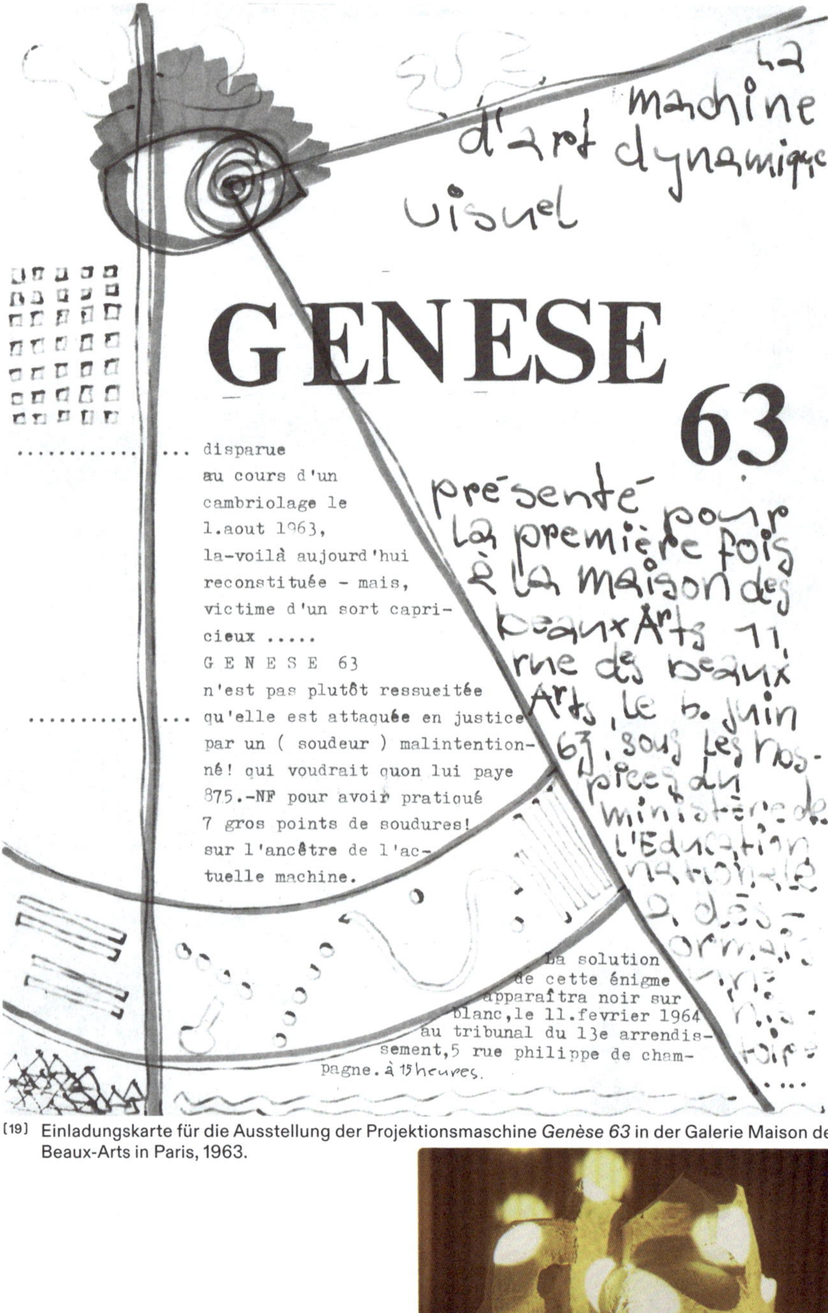

[19] Einladungskarte für die Ausstellung der Projektionsmaschine *Genèse 63* in der Galerie Maison des Beaux-Arts in Paris, 1963.

[20] Entwurf einer Skulptur als Bildträger, 1963.

[21] Überlegung für einen Städtebau, 1965.

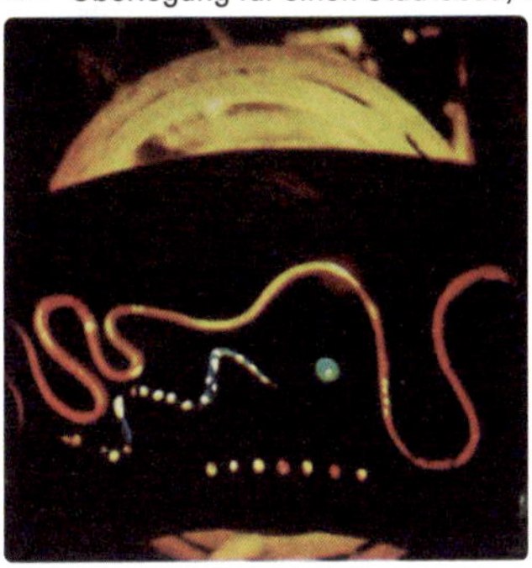

[22] Detail der Schauplatte der *Genèse 63*, 1963.

[23] Die kinetische Maschine *Genèse 63*, ca. 1965.

[24] Hans-Walter Müller mit der *Machine M* vor dem Musée d'Art Moderne in Paris, ca. 1965.

LAUREAT DE LA 4ème BIENNALE DE PARIS

HANS WALTER MULLER

présentera la Machine «M» à la Biennale de Paris

Musée d'Art Moderne de la Ville de Paris du 28 Septembre au 3 Novembre 1965

et vous remercie à l'avance de bien vouloir l'honorer de votre visite

[25] Flyer für die Ausstellung der *Machine M* im Musée d'Art Moderne in Paris, 1965.

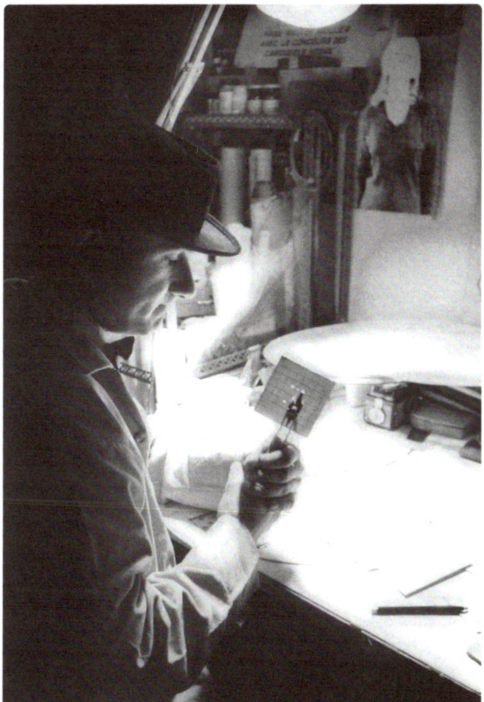

[26 A, B] Hans-Walter Müller bei der Fertigung einer Schauplatte für die *Machine M* in Paris, ca. 1965.

[27] Transparente Folienausschnitte in Diarahmen, ca. 1963.

[28] Hans-Walter Müller in einer Projektion, ca. 1963.

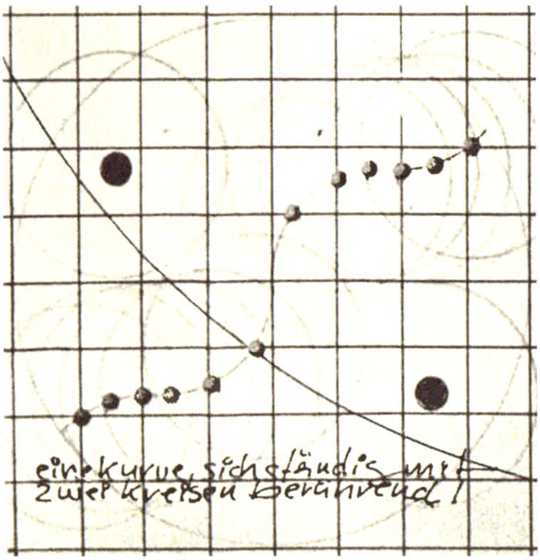

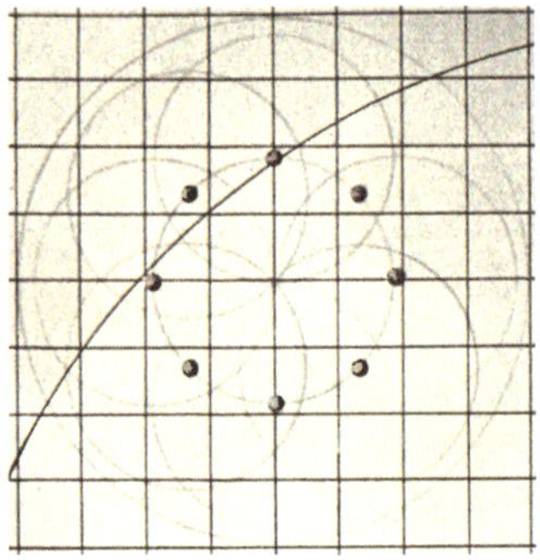

[29 A, B] Notationen für eine Projektion mit der *Machine M*, ca. 1965.

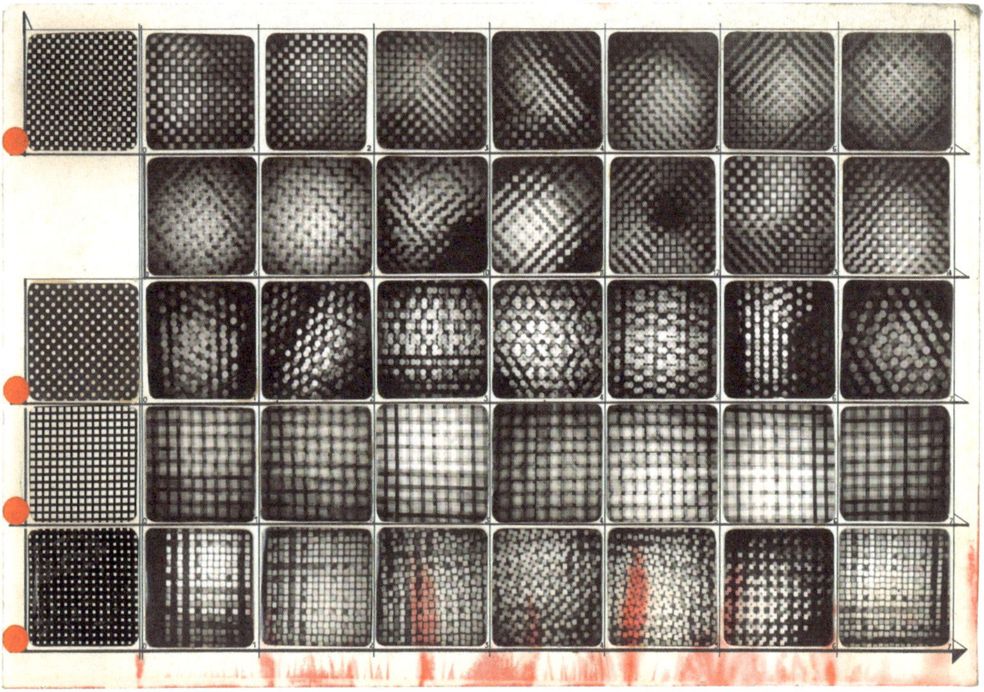

[30] Projektionsergebnisse unterschiedlicher Grundraster der *Machine M*, ca. 1965.

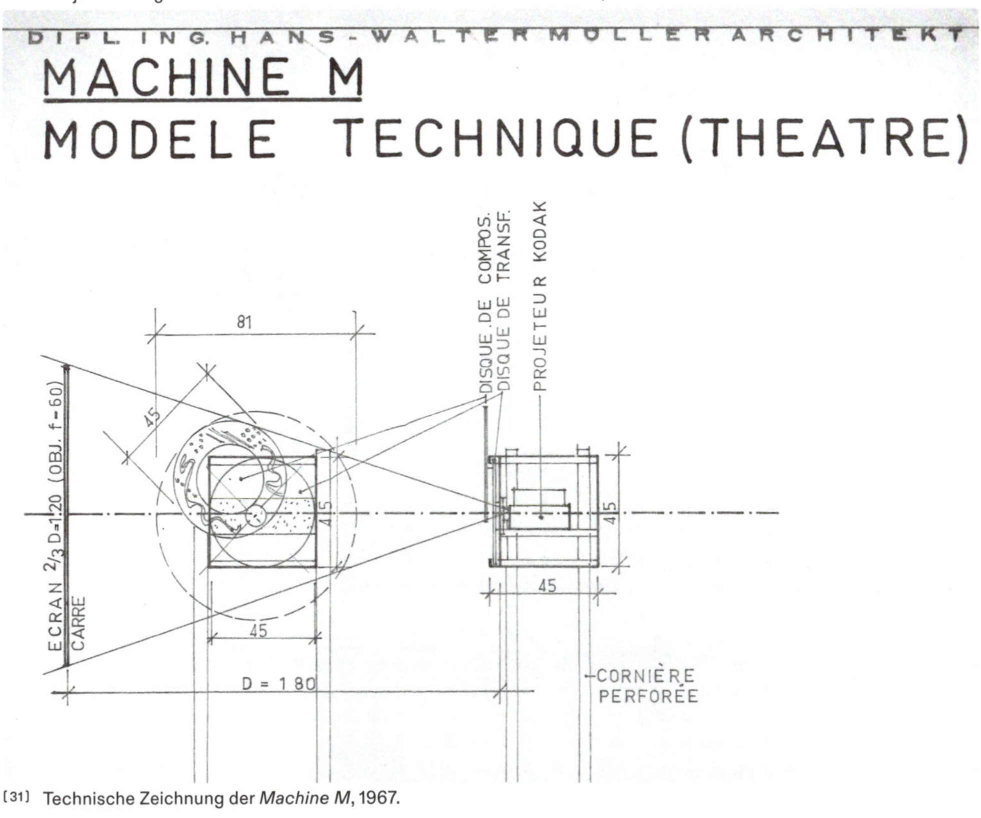

[31] Technische Zeichnung der *Machine M*, 1967.

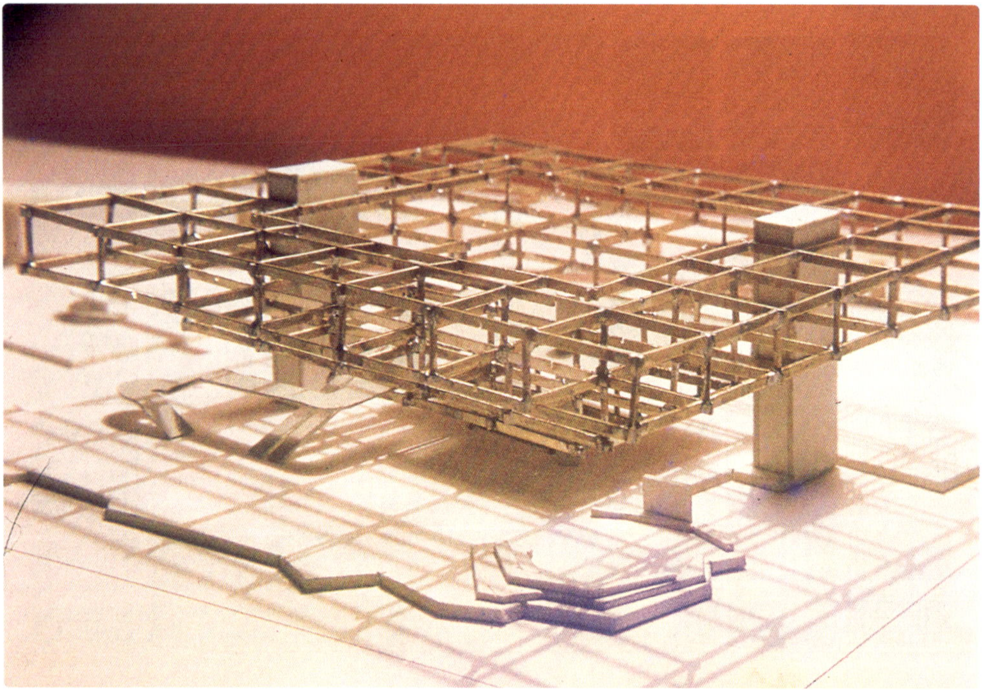

[32] Modell von Hans-Walter Müller im Wettbewerb zum Deutschen Pavillon auf der Weltausstellung in Montréal, 1967.

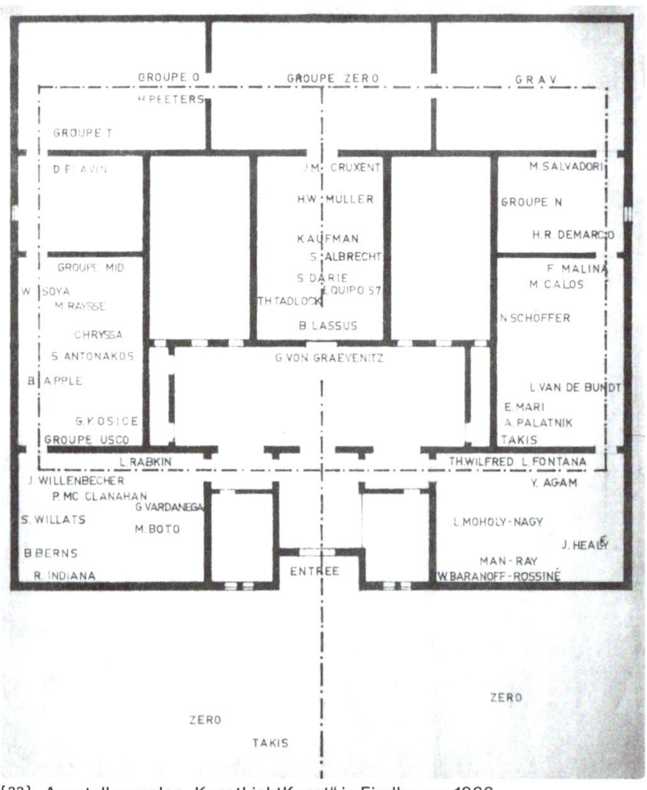

[33] Ausstellungsplan „KunstLichtKunst“ in Eindhoven, 1966.

[34] *Salle de Méditation* in der Ausstellung „Lumières et Mouvement“, in Paris, 1967.

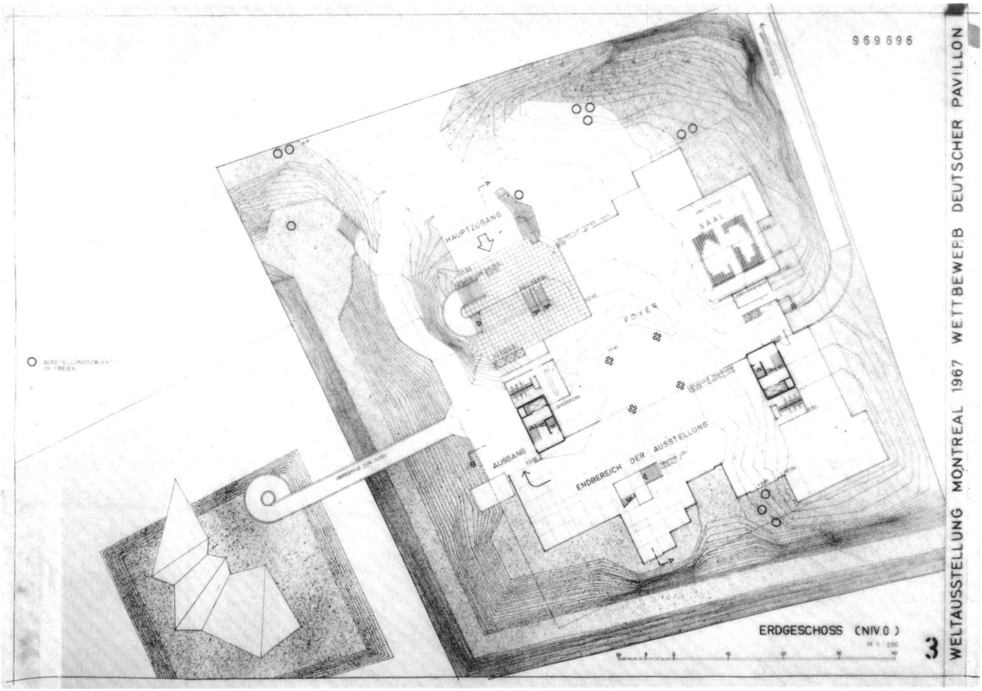

[35] Grundriss des Entwurfs im Wettbewerb zum Deutschen Pavillon auf der Weltausstellung in Montréal, 1967.

[36] Die Beteiligten der Ausstellung „Lumière et Mouvement“ vor dem Musée d'Art Moderne in Paris. Stehend von links nach rechts: Yaacov Agam, Nino Calos, Mariano Carrera, Otto Hahn, Catherine Bouchon, Henri Cazamayou, Nicolas Schöffer, Bernadette Contensou, Claude Pasquer, Hans-Walter Müller, Ugo Demarco, Unbekannt, Armando Durante, Pierre Faucheux, Denise René, Frank Popper, François Morellet, Lily Greenham, Angel Duarte, Constantin Xenakis, Unbekannt, Sergio de Camargo, Frank Malina, Julio Le Parc, Ana-Maria Gatti, Luis Tomasello, Gregoro Vardenega. Sitzend von links nach rechts: Takis, Liliane Lijn, Piotr Kowalski, Antonio Asis, Yvaral, Dadzu.

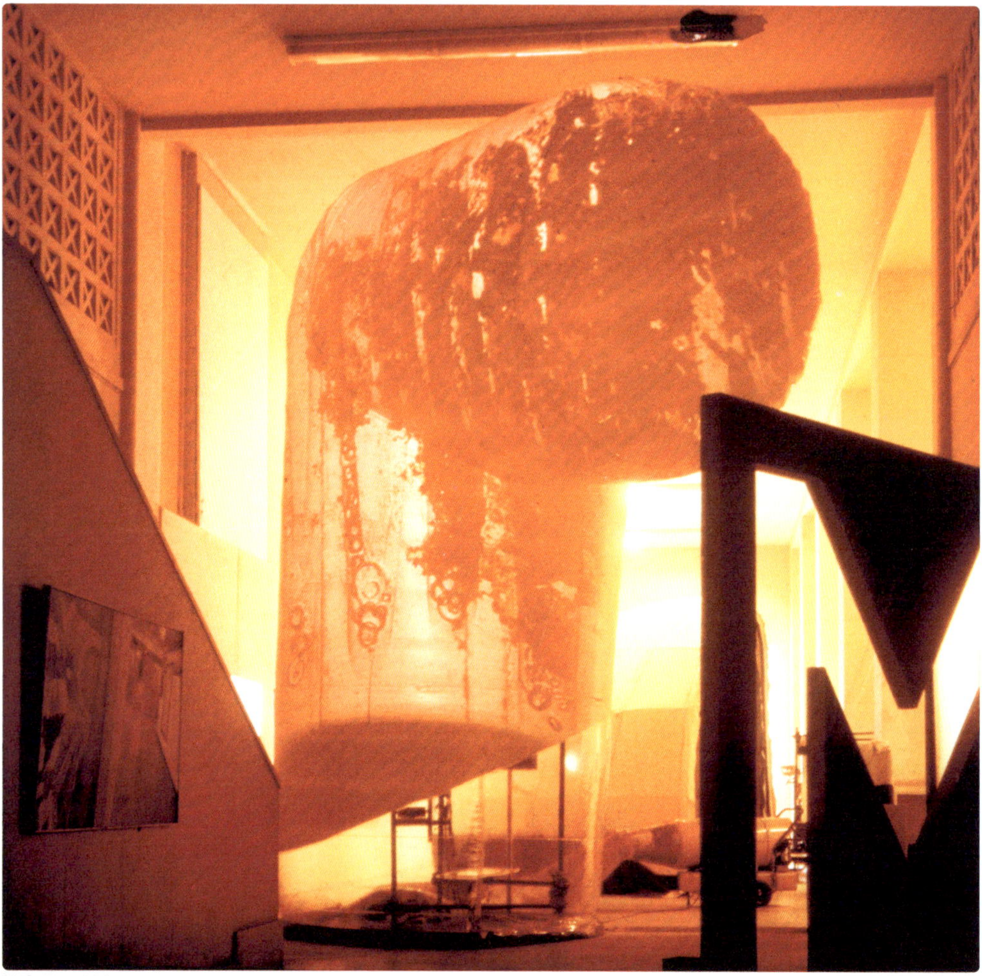

[37] Das *Volux* in der Ausstellung „structures gonflables“ in Paris, 1968.

[38 A, B] Hans-Walter Müller beim Ausstellungsaufbau des *Volux* im Musée d’Art Moderne in Paris, 1968.

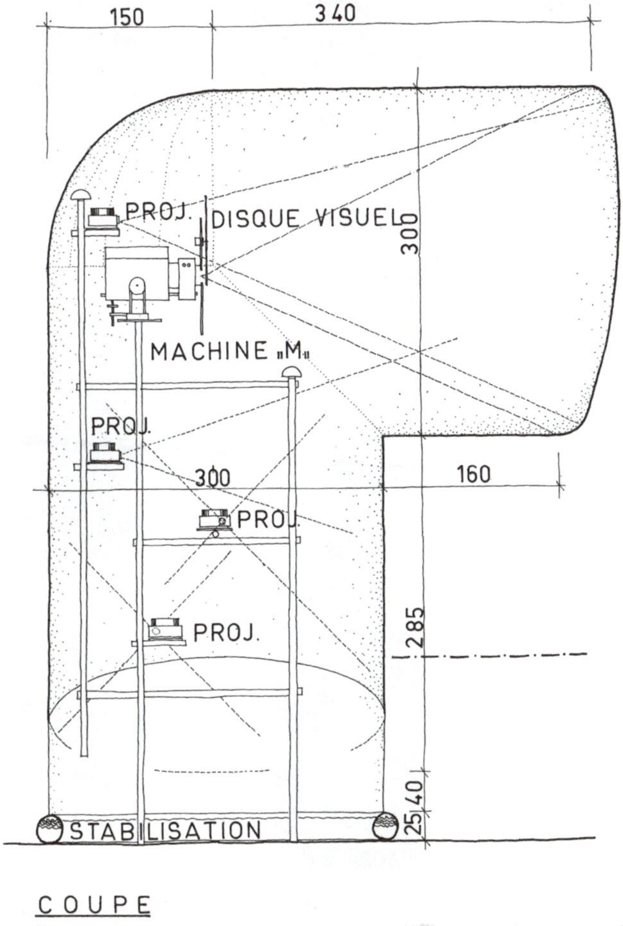

[39] Technische Zeichnung des Volumen *Volux* mit diversen Projektoren und einer *Machine M* im Inneren, 1968.

[40] Detail eines Volumen *Signal* in Gernes, 1967.

[41] Einladungskarte für die Ausstellung im Salon de la Jeune Peinture, 1966.

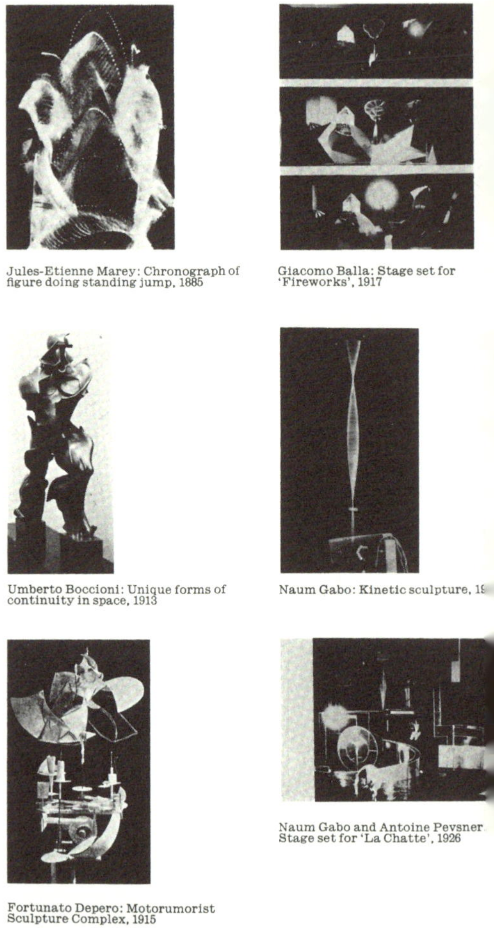

[42] Ausstellungskatalog *KunstLichtKunst*, 1966.

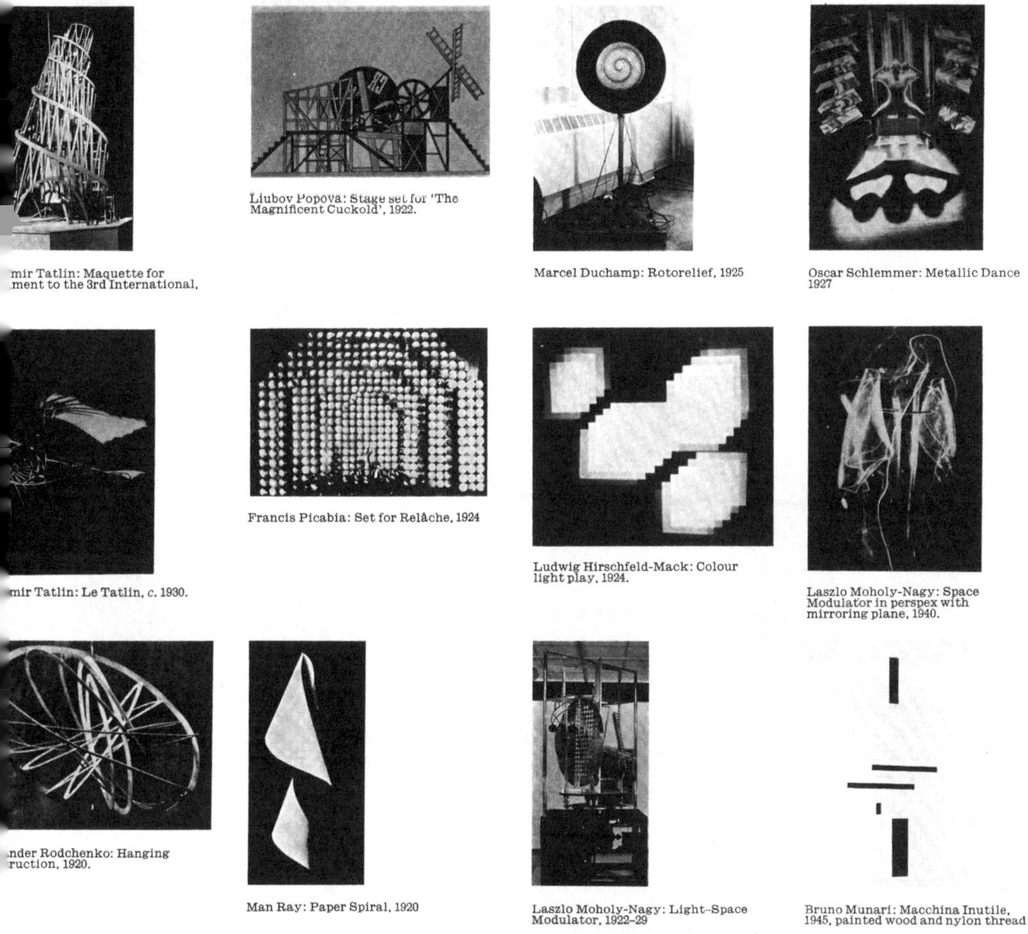

[43] Faltblatt zur Geschichte der Kinetischen Kunst im Katalog *Kinetics*, 1970.

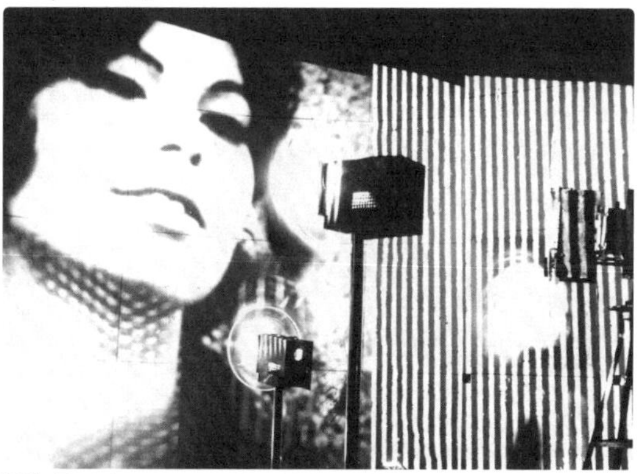

[44] Projektionen von Hans-Walter Müller in der Ausstellung „Lumière et Mouvement“ im Musée d'Art Moderne in Paris, 1967.

Il faut vivre vivre **vivre**

[46] Hans-Walter Müller beim Kongress der Gens d'images in Porquerolles, 1968.

[45 A, B] Präsentation der Volumen von Hans-Walter Müller in verschiedenen Städten Frankreichs, 1968.

[47 A, B] Präsentation der Volumen von Hans-Walter Müller in verschiedenen Städten Frankreichs, 1968.

[48] Das Volumen *M* auf der Messe Europlastique in Paris, 1970.

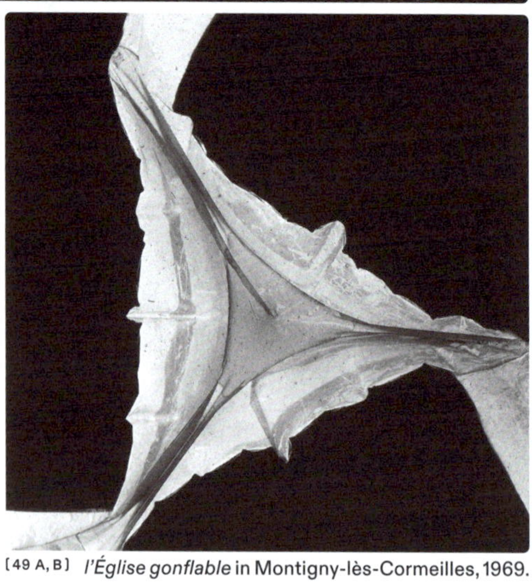

[49 A, B] *l'Église gonflable* in Montigny-lès-Cormeilles, 1969.

Claude Gaspari - Fondation Maeght

« EVENT III » DE MERCE CUNNINGHAM
Une fabuleuse maîtrise technique

en Indochine, le racisme, le soutien constant des fascistes dans le monde, la répression de toute idée politique non conformiste. Nous faisons appel à tous les artistes pour qu'ils se joignent à nous et à notre refus d'endosser ou de participer à toute initiative artistique du gouvernement des Etats-Unis. »

Ce texte est un signe. Au sein même des « vitrines » semi-luxe du système et parmi ceux qui jouent encore le jeu des institutions, une contestation se cherche en tâtonnant, une culture-agitation s'élabore qui rejoint le grand réveil collectif de la jeunesse universitaire américaine. Le fossé s'élargit entre les artistes qui croient pouvoir continuer tranquillement leur travail et ceux qui veulent assumer leur part dans les périls qui menacent nos sociétés.

Pour les premiers, tout va bien dans le meilleur des mondes. Pour les seconds, nous sommes mal partis, il faut s'opposer par tous les moyens au pouvoir croissant des hommes d'ordre, refuser le choix qu'ils proposent entre l'abrutissement

Musique

* Une avalanche de créations dans un véritable concile de l'avant-garde américaine du son

LUKAS FOSS, ENSEMBLE
« EVENING FOR NEW MUSIC »
MERCE CUNNINGHAM AND DANCE COMPANY
sous le théâtre gonflable
de Hans Walter Müller
aux Ve Nuits de la Fondation Maeght
Saint-Paul-de-Vence

Voilà ce qui s'appelle une initiative heureuse et efficace, le plus sûr moyen de nous sortir de l'égocentrisme européen pour nous faire participer au plus important du genre qui ait été réalisé chez nous.

Mais hélas ! côté musique, tout a fort mal commencé avec Lukas Foss et son ensemble de Buffalo, « Evening for New Music ». Pourtant, il faut le rappeler, Foss est, à quarante-huit ans, l'une des personnalités les plus brillantes et les plus dynamiques de son pays. Choisi en 1953 pour succéder à Schoenberg comme professeur de composition à Los Angeles, il est, dix ans plus tard, à la tête du Philharmonic Orchestra de Buffalo. Après s'être imposé par sa

a dans cette course décalée comme une fuite devant les devoirs du chercheur. Le talent de Lukas Foss lui fait oublier son génie.

Un jeu gratuit

Avec « M.A.P. », offert en primeur à la Fondation Maeght et dont le titre signifie à la fois « carte géographique » et « *men at play* » (« Hommes au jeu »), il démarque et caricature sans conviction la musique « intuitive » de Stockhausen. Cinq musiciens et lui-même « réagissent » aux sonorités électroniques tout à fait banales que dispensent cinq magnétophones, et ils se promènent de temps à autre dans un labyrinthe de vitres et de miroirs signé Robert Israël, suivant le fil d'Ariane d'un jeu secret. Des recherches « bruiteuses », d'intérêt souvent discutable, se succèdent alors, pendant plus d'une heure, sans logique apparente, sans pulsation organique, sans rien qui les puisse imposer à l'attention d'un auditoire que l'ennui écrase (mais où

[50] Auftritt der Merce-Cunningham-Dance-Company im Volumen *Théâtre expérimental*. Bericht in *Le Nouvel Observateur* zur Programmation der Nuits de la Fondation Maeght in Saint-Paul-de-Vence, 1970.

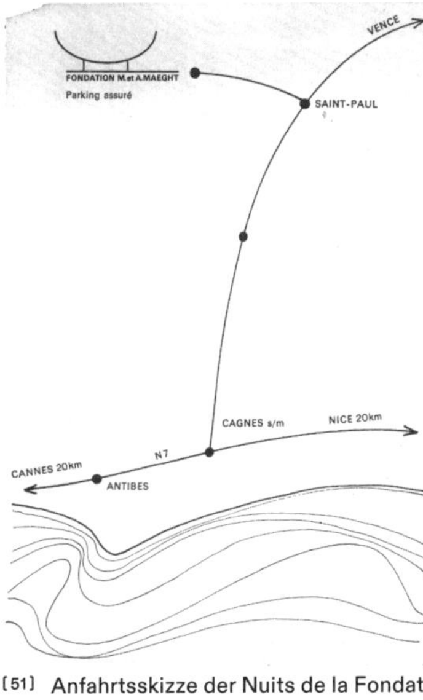

nuits de la fondation maeght 06 saint paul

[51] Anfahrtsskizze der Nuits de la Fondation Maeght in Saint-Paul-de-Vence, 1970.

[52] Backcover der LP *Sun Ra: Nuits de la Fondation Maeght* mit einer Aufnahme des Konzertes aus dem *Théâtre expérimental* von Hans-Walter Müller, Saint-Paul-de-Vence, 1970.

[53] Konzertbesucher der Nuits de la Fondation Maeght, 1970.

[54] Der Innenraum des *Théâtre expérimental*, 1970.

[55] Dekoration von Andy Warhol für das *Event I* der Merce-Cunningham-Dance-Company am 17. Juli 1970.

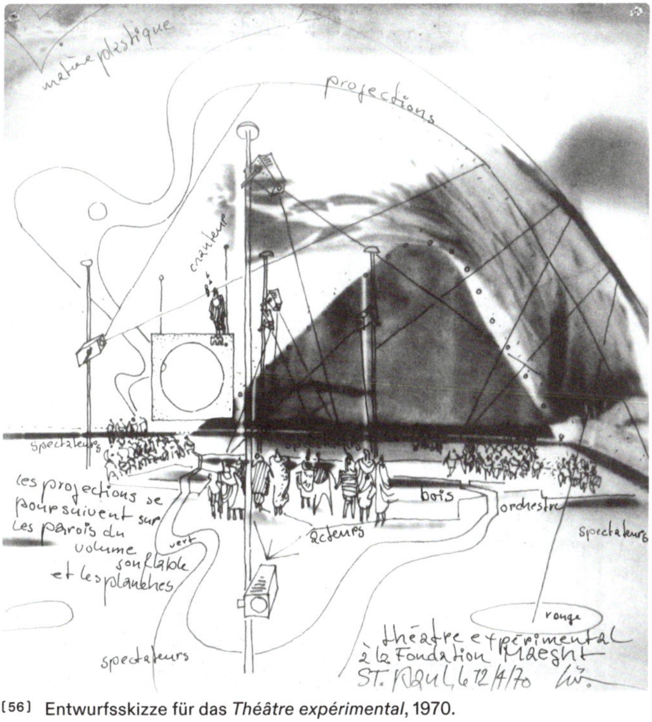

[56] Entwurfsskizze für das *Théâtre expérimental*, 1970.

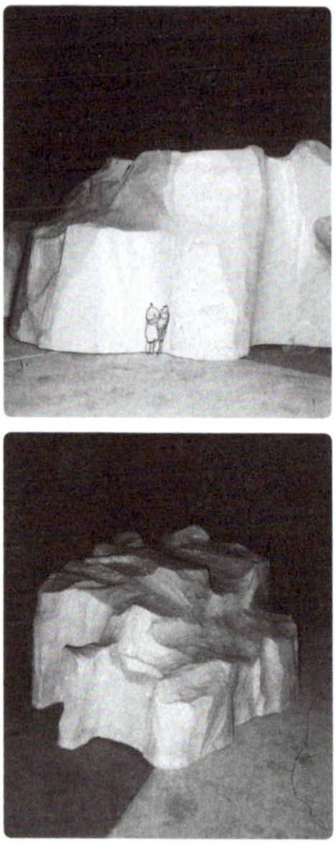

[57 A, B] Modell der Skulptur *Jardin d'hiver* von Jean Dubuffet, ca. 1970.

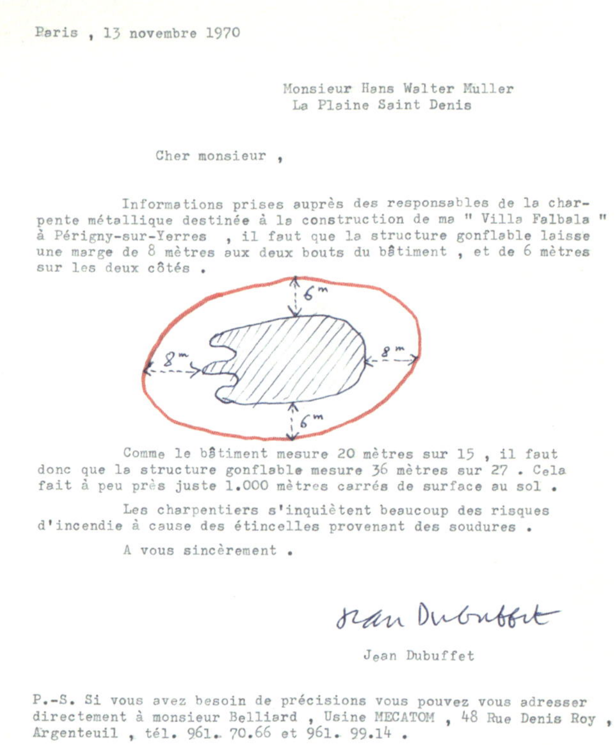

Paris , 13 novembre 1970

Monsieur Hans Walter Muller
La Plaine Saint Denis

Cher monsieur ,

Informations prises auprès des responsables de la charpente métallique destinée à la construction de ma " Villa Falbala " à Périgny-sur-Yerres , il faut que la structure gonflable laisse une marge de 8 mètres aux deux bouts du bâtiment , et de 6 mètres sur les deux côtés .

Comme le bâtiment mesure 20 mètres sur 15 , il faut donc que la structure gonflable mesure 36 mètres sur 27 . Cela fait à peu près juste 1.000 mètres carrés de surface au sol .

Les charpentiers s'inquiètent beaucoup des risques d'incendie à cause des étincelles provenant des soudures .

A vous sincèrement .

Jean Dubuffet

Jean Dubuffet

P.-S. Si vous avez besoin de précisions vous pouvez vous adresser directement à monsieur Belliard , Usine MECATOM , 48 Rue Denis Roy , Argenteuil , tél. 961. 70.66 et 961. 99.14 .

[58] Brief von Jean Dubuffet an Hans-Walter Müller mit einer Zeichnung und Abmessungen für das Volumen *Dubuffet*, 1970.

[59] Das Volumen *Dubuffet* in Périgny, 1971.

Hans-Walter
Müller

„Das Bilderspektakel“
Gens d’images Nr. 10, 1968

„Warum aufblasbare Strukturen?“
Techniques & Architecture
Nr. 304, 1975

Übersetzt von Leander
Berger und editiert von
Robert Stürzl

Als ich jung war, habe ich mit einem Puppentheater angefangen und auf der Bühne gespielt. Dann kamen Familien und wir haben zusammen gespielt. Nach der Schule entschied ich mich, Architektur zu studieren, was mich begeisterte, da mein Vater Architekt war. Das bedeutete für mich keine größere Mühe, ich habe einfach das gewählt, was mein Vater gemacht hat! Die gleiche Sache...

Nach meinem Abschluss erhielt ich ein Stipendium, um in Paris an der École des Beaux-Arts zu studieren.

Parallel zu meinem Architekturstudium bin ich als Zauberkünstler aufgetreten. Ich war bekannt, ich war berühmt! Ich stand jede Woche auf der Bühne, in jeder Stadt, überall, und ich verdiente eine Menge Geld, um mein Studium zu finanzieren und obendrein ein angenehmes Leben zu führen.

[...]

Also machte ich meinen Abschluss und ging nach Paris. Die École des Beaux-Arts langweilte mich. Ich studierte das Bauen und alle seine Systeme, ich ging auf Baustellen, ich trank mit Maurern, wir fühlten uns gut, wir waren frei; endlich lebten wir! Danach, weil ich ja ab und zu auch was essen musste, habe ich in Agenturen gearbeitet, drei Jahre lang bei Raymond Lopez. Dann fuhr ich nach Amerika. Daraufhin organisierte ich, zusammen mit Pierre Faucheux die Ausstellung „Lumière et Mouvement“, und war ganz bei mir. Ich begann zu leben, unabhängig von einem Chef, und beschäftigte mich während dieser ganzen Zeit mit dem Licht. Ich erfand eine ziemlich spektakuläre Maschine; für mich zumindest war sie spektakulär. Und ich habe mir das Vergnügen erlaubt, sie für mich selbst zu bauen, weil ich mich in dieser Welt langweilte. Ich wollte etwas haben, wenn ich abends nach Hause kam. Ich wollte eine Beschäftigung haben.

[...]

Davon abgesehen habe ich an einigen Wettbewerben teilgenommen: Ich habe vor zwei Jahren den Wettbewerb für den Deutschen Pavillon in Montréal gewonnen, aber dafür brauchte man Beziehungen, die ich nicht hatte. Ich habe ihn also nicht gebaut, aber für mich war es trotzdem wichtig...

Dann habe ich bei einem Wettbewerb für die Neue Pinakothek in München mitgemacht. Ein Museum, das natürlich kein richtiges Museum mehr ist, da der Ort ein integraler Bestandteil unseres Lebens ist, den man beim Milch holen durchquert...

Aber das Wichtigste, was nur wenige Menschen wirklich verstanden haben, sind meine Maschinen.

Es ist merkwürdig, weil die Leute sich nicht genug Zeit nehmen, um sie anzuschauen. Aber das will ich nicht verallgemeinern, denn in den sechs Monaten der Ausstellung „Lumière et Mouvement“ im Musée d'Art Moderne in Paris habe ich mich mit außergewöhnlichen Menschen angefreundet.

Alles, wonach ich im Leben suche, ist zu LEBEN. Ich versuche, jeden Moment zu leben, und deshalb spreche ich jetzt in einer übertriebenen Weise zu Ihnen, weil ich versuche, Ihnen zu sagen, dass man sich Mühe geben muss und ich gebe mir Mühe.

[...]

Man muss LEBEN und damit wird das LEBEN zur KUNST, das Leben wird zur Wissenschaft. Es ist ein einfacher Trick und alles, was man tut, muss einfach sein. Man muss nichts tun, UM ETWAS TUN ZU WOLLEN. Man muss ein Spektakel machen.

Ich werde etwas aufführen. Ich lasse die Struktur aufblasen, und sie platzt! Wer hat sie zum Platzen gebracht? Der Wind, die Natur, haben das gespielt und inszeniert. Ich habe nur einen Ausgangspunkt gesetzt und wie bei jeder kinetischen Kunst ist die Natur der größte Konkurrent, es sind die Wolken, es ist das Wasser. Aber heute können sie diese Struktur in ihrer Wohnung haben.

Ich bin Architekt und habe Architektur gelernt, aber ich mache keine Architektur. Ich will nicht bauen, weil es keine Menschen gibt, für die man bauen kann.

Bei mir zuhause habe ich einen Projektor. Ich sitze davor und schaue fünf Minuten lang Wasser an, Wasser. Aber nach den fünf Minuten nehme ich die Wiederholungen nicht mehr wahr. Ich sitze auf meinem Stuhl, vor dem Bildschirm und schaue zu…

Ich schaue nicht einmal mehr hin; ich wende dieser Projektion den Rücken zu. Aber mit dieser Erfahrung, weil ich mir das Ding vier Minuten lang angesehen habe, bin ich in einer Atmosphäre, habe eigene Vorstellungen.

[…]

Eines Tages machte ich mir Gedanken über diese eine Projektion und ich begann, meine Projektionen zu verzerren. Heute Abend werde ich Ihnen diese Projektionen auf einem verformten Bildschirm zeigen. Danach habe ich die Bewegungen gefunden und bin schließlich zu einem sehr interessanten Ergebnis gekommen.

Wenn ich Unsinn rede, müssen Sie es mir sagen, denn ich erzähle Ihnen ALLES und ich muss Ihnen auch meinen Unsinn erzählen, weil ich ETWAS LERNEN will.

Heute morgen, als ich zum Hafen ging, um die Ausrüstung zu holen, erzählte mir der Junge, dass er Filme und Fotos mag, dass er einen Projektor hat und […] dass er mit seinem Projektor den Film vor- oder rückwärts spulen und eine Aufnahme beschleunigen kann. Er sagte mir: „Ich habe ein Haus gefilmt, das zusammenfällt, und wenn ich Besuch habe, spiele ich den Film rückwärts ab, ich mache… zack… und das Haus wird wieder zum Haus! Und das mache ich mit unterschiedlichen Geschwindigkeiten.“ Der Zuschauer nimmt mit seiner Vorstellungskraft richtig daran teil, das ist von enormer Bedeutung.

Heute Abend will ich versuchen, Ihnen austauschbare optische Schallplatten zu zeigen, auf denen ein bestimmtes Programm in seinem ursprünglichen Charakter fixiert wurde. Es gibt keinen Anfang und kein Ende. Mit Musik von Xenakis oder Erik Satie[29] schaffe ich eine Atmosphäre, um der Musik lauschen zu können. Sie können dann zu jedem beliebigen Zeitpunkt rausgehen. Es gibt kleine 18-cm-Platten und ich möchte, dass man in Zukunft in den Laden für Schauplatten geht, um sich die Platte auszusuchen, die beruhigt oder die Persönlichkeit anregt, eine Platte, die zu Satie passt und eine andere mit dieser oder jener Musik. Und das gleiche möchte ich in meiner Architektur erreichen. Letztlich waren die Schauplatten der Ausgangspunkt für meine Entspannungsräume.[30]

Ich möchte, dass es in jeder Stadt einen Ort gibt, an den man gehen kann, um sich auszuruhen, um Musik zu hören und optische Phänomene zu beobachten. Ich meine nicht eine totale Inszenierung, denn das ist sehr schwierig. Wenn ich den Geruch hinzufügen würde, könnte es zu spektakulär sein.

Die Entspannungsräume, von denen ich spreche, habe ich sechs Monate lang im Musée d'Art Moderne aufgebaut, und ich versichere Ihnen, dass die Leute,

[60] Hans-Walter Müller mit einem Modell der *Cabine M*, 1968.

die dorthin kamen, mir immer noch Briefe schreiben. Einige von ihnen blieben einen ganzen Tag lang; das Wachpersonal musste sie um sechs Uhr wegschicken, aber sie wollten nicht gehen... Für mich war das wirklich außergewöhnlich.

Danach habe ich meine Entspannungskabine für zwei Personen entworfen, für mindestens zwei Personen. Noch ein Beispiel: Ich mache Kompositionen und diese Kompositionen sind eine Art von Metamorphose; Dinge, die sich zeitgleich und stetig verändern. Ich verändere nicht die Geschwindigkeit, weil ich möchte, dass der Betrachter sich der Geschwindigkeit und der Abläufe bewusst wird, dass er merkt, wie die Zeit vergeht.

In diese Sequenzen baue ich Überraschungen ein. Das ist wichtig in der Architektur. Oder anders gesagt: Stadtplanung bedeutet Überraschungen und Unfälle, aber kein Chaos.

Nun hat Kandinsky[31] zum Beispiel ein Buch über Linie, Punkt und Fläche geschrieben, dort spricht er von Vertikalen, Horizontalen, Linien, Kurven und Punkten. In der Komposition zeichne ich eine Kurve so, ich füge zwei Punkte hinzu, es ist sehr einfach... Aber Sie sind nicht ganz zufrieden, ganz und gar nicht zufrieden. Also kann ich mit Hilfe meiner Maschinen diese Kurve in eine andere Kurve verwandeln, nun zeichne ich sie nach oben offen, und Sie sind glücklich! Es ist der Ablauf eines unangenehmen Teils in einen angenehmen Teil. Setzen Sie die Diagonale in eine bestimmte Richtung, erweckt es den Eindruck, als würde man hinabsteigen, die Diagonale in die andere Richtung gibt Ihnen den Eindruck, als würde jemand nach oben gehen. Das verwende ich in meinen Projektionen.

Zurzeit untersuche ich eine Wohnung, die ich im Übrigen nicht als Wohnung bezeichnen möchte, da ich sonst die Gesetze der Konstruktion nicht verlassen könnte. Ich möchte diesen Ort auf sehr leichte Art und Weise machen, um die Gesetzte der traditionellen Konstruktion außer Acht lassen zu können, da diese hier keine berechtigte Existenz haben.

Zurzeit stelle ich eine Art Hülle her, in der man mit allen nötigen Lebensmitteln und der nötigen Energie eine Woche lang leben kann und in der es gar keine Möglichkeit gibt, Bilder aufzuhängen.

Sie gehen rein, es gibt Schalter und Sie schauen, wenn jemand Sie besucht, dass sie ein passendes Ambiente schaffen können. Das heißt, sie haben enorme Möglichkeiten und damit eine außergewöhnliche Bandbreite. In meiner Wohnung, ich esse meinen Salat mit einer Projektion und wenn ich zum Fleisch übergehe, wechsle ich die Projektion!

Und so muss es sein und genau das möchte ich bauen und mit Energie ausstatten. Es könnte für ein Hotel sehr nützlich sein. Man kann diese Zellen sehr leicht miteinander kombinieren und damit ein Hotel bauen.

Man muss das Publikum über solche Möglichkeiten informieren, aber auf keinen Fall sollte man sagen, dass es eine „Wohnung" sei. Die Leute würden dann sagen: „Das ist etwas für Stars, nicht für mich", so würde man die wahren Möglichkeiten, die die Sache bietet, gar nicht erfahren und das wäre schrecklich!

Das kommt daher, dass die Architektur eine der ältesten Traditionen ist, aus der man nicht mehr herauskommt. Dabei müsste man einen Ort haben, an den man geht, um einen Moment bewusst wahrzunehmen. Da man alles jederzeit machen kann, muss man sagen: „Jetzt trinke ich meinen Rotwein oder diesen Rosé, der in Porquerolles gewachsen ist." Man betrachtet es, man riecht es, man trinkt es! Und das ist die ganze Kunst.

29
Erik Satie (1866–1925) Französischer Komponist.

30
Cabine M, 1968 *Cabine de Relaxation Gonflable*, 1968.

31
Wassily Kandinsky (1866–1944) Russischer Maler und Kunsttheoretiker. Kandinsky, Wassily: *Punkt und Linie zu Fläche. Beitrag zur Analyse der malerischen Elemente*. Bauhausbücher Nr. 9, München, 1926.

Warum aufblasbare Strukturen?

Man könnte sagen: „günstig".
Man könnte sagen: „Schutz bieten".
Man könnte sagen: „einfach aufzustellen".
Man denkt an Provisorisches:
Nur um zu etwas zu dienen ... völlig stupide
Für die Industrie.
Zur Lagerung.
Für die Gemeinden (Festsaal).
Zur Abdeckung von Schwimmbecken.
Zur Abdeckung von Tennisplätzen.

Die gleiche Form. Wir kennen diese Form jetzt, diese halbe Wurst.[32] Die Gleiche, immer die Gleiche, mehr oder weniger lang, grau, industriell hergestellt.

Man sagt schlicht, es ist „provisorisch". Einfache Ausrede. Sie sind außergewöhnlich, diese magischen Konstruktionen, diese aufblasbaren Volumen. →Konstruktion Eine von der Luft getragene Architektur. Wenn Henri Michaux sie hätte erleben können ...

Eine Stadt will ich euch hinbaun, mit Lumpen und Fetzen, ja ich! Und euch errichten, ohne Plan und Zement, ein Bauwerk, das sollt ihr mir schon nicht niederreißen. Und dazu irgend so etwas Schäumend-Augenfälliges, das es stützt und großbläht und daherkommt und sich euch wiehernd unter die Nase reibt, und unter die gefrorene Nase all eurer Parthenons und all eurer arabischen Künste und all eurer Mings.

Mit Rauch, mit verdünntem Nebel und dem Laut vom Fell einer Trommel bau ich euch Festungen hin, erdrückende, herrliche, Festungen aus lauter Ruck und Stoß und Schüttern, an denen eure vieltausendjährige Ordnung, eure ganze Geometrie in lauter schales Zeug verfällt, lauter krauses Geschwätz und Gerede, in Sandstaub ohne Woher und Wohin.[33]

Eine Konstruktion, die in der Lage ist, in uns erneut eine Sensibilität für das Leben und die Architektur zu erzeugen, eine Konstruktion, die sich auf ein neues Lebenskonzept bezieht, die gleichzeitig „wahr" ist. Die Begegnung zwischen dem „Menschen" und dem Raum.

Das erklärt die Angst, die diese Konzeption hervorruft – die Angst der Baumeister ebenso wie die Angst der Menschen. Mit seiner Erscheinung werden viele bekannte Vorstellungen in Frage gestellt: Sicherheit, Einsturz, Schwere, Wände, Decken, Versicherungsverträge ...

Warum also diese aufblasbaren Strukturen?

Weil sie uns in eine andere Welt entführen, uns zum Nachdenken anregen, uns vergessen lassen, was wir in der Schule gelernt haben. Damit wir wieder wir selbst werden können.

Weil das Provisorische nicht existiert, keine Bedeutung hat, diese armen aufblasbaren Strukturen, die man sieht und die man dafür entschuldigt, provisorisch zu sein, nichtsdestoweniger außergewöhnlich.

Gibt ihnen ihr Dasein immer
ein provisorisches Leben?
Eine provisorische Liebe?
Eine provisorische Mahlzeit?
Provisorische Architektur?

So entdeckte ich das Zeitalter einer neuen Architektur, das der aufblasbaren Strukturen. Eine von der Luft getragene Architektur zu schaffen, begeisterte mich. Dazu künstliches Licht, Klang, Regen, Sonne, Mond, Schnee, Feuer, Schatten und Wind. Ich bin hier ..., ich akzeptiere, ich lebe.

Eine von der Luft getragene Architektur zu schaffen, ist schwierig und erfordert extreme Ehrlichkeit. Das Innere ist das Äußere. Das eine ist das Negativ des anderen. Es gibt keine kleinen Ecken, die durch eine kleine Mauer versteckt für immer versteckt werden sollen, wie in der heutigen Architektur.

Dieses Konzept lässt nicht die kleinste Auslassung zu und beurteilt sich selbst. Ein lebendiges Ensemble und wenn man glaubt, ein von außen betrachtetes Volumen verstanden zu haben, wie groß ist die Überraschung, wenn man das Innere besichtigt.

Natürliche Atmung. Eine Architektur, die atmet und atmen lässt. Man entdeckt die Architektur und ihre ewige Vornehmheit wieder. Man zittert, öffnet die Augen, hört zu, hat Lust zu lieben, wird von einer starken und aktiven Stille ergriffen, man lebt, man erkennt, dass man fähig ist, zu leben.

Deshalb aufblasbare Strukturen.

Vom ersten Tag an habe ich an der Seite meines Vaters gelebt, einem leidenschaftlichen Architekten, der die Kommerzialisierung der Architektur nicht gekannt hat. Nach meinem Studium der Architektur und der Stadtplanung in Darmstadt und dann als Mitarbeiter von Ernst May in Mainz erhielt ich ein Stipendium und kam nach Paris. Ich habe bei Raymond Lopez und Émile Aillaud gearbeitet. Zwei Jahre lang habe ich bei Étienne Decroux den Beruf des Pantomimen erlernt, und vielleicht war es dort, wo ich für Schönheit und Strenge empfänglich geworden bin.

Fasziniert von unserem Jahrhundert, hantierte ich mit Glühbirnen, optischen Geräten. Ich erschaffe eine Welt mit Kunstlicht, mit meiner kinetischen Maschine *Genèse 63*.

Eine Architektur mit Licht zu machen, einen Raum durch Projektionen zu verändern, zu transformieren, im Licht zu sein, sich bewusstwerden, dass hinter einem noch Licht ist, keine Projektionsfläche anschauen wie in der Schule. Dreidimensional schauen können, oder nicht, wie man möchte.

Das ist der Grund für meine aufblasbaren Strukturen.

Damit es keine Projektionsflächen mehr gibt, die Architektur ist die Projektionsfläche. Das Volumen wird zur unendlichen Leinwand und transformiert sogar das Bild. Und warum nicht in dieses Projektionsvolumen dringen, in dieses *Volux*? (Volumen + Lux = Licht).

Ich war glücklich, vergnügt und verzaubert. Mit den günstigsten Materialien begann ich, meine Räume zu gestalten, indem ich sie mit Tesafilm verklebte. Ich erinnere mich, dass ich, um zwei Bahnen mit einer Länge von 50 Meter abzukleben, rückwärts arbeitete. Auf diese Weise sah ich, was ich bereits geschafft hatte und nicht das, was ich noch zu tun hatte.

Als ich die Ergebnisse ausstellte, sah ein Großteil der Zuschauer nur den Flicken und war unempfänglich für das Geheimnis dieser Räume und dieser gehauchten Architekturen.[34] Sie nannten mich „Flicken-Müller".

Das Prinzip habe ich bis heute beibehalten; der einzige Unterschied ist, dass ich nicht mehr mit Tesafilm klebe: Ich schweiße mit Hochfrequenz, ich bin „Müller der Schweißer" geworden.

Die Entwürfe nehmen in meinen Träumen Gestalt an, nachts, oft bis ins kleinste Detail. Durch die direkte Arbeit mit der Materie habe ich das Wesentliche gelernt. Ich habe versucht, das Fluid durch seine Grenzen, *Triangulation des Fluides* → Mechanik der Flüssigkeiten und Gase zu beherrschen, und diese Grenzen sind die aufblasbaren Strukturen, das Zuschneiden ihrer Form.

In unserem Jahrhundert gibt es diese neue Konstruktion, die mit allen Konstruktionen der Vergangenheit nichts mehr gemein hat. Schluss mit den zwei Pfosten mit dem Balken, der ewigen Basis der Berechnung, der einzigen Möglichkeit, um die sich alle konstruktiven Kombinationen des Steines, des Holzes, des Metalls, des Betons drehen...

Das ist der Grund für die aufblasbaren Strukturen.

Seit vier Jahren lebe ich ausschließlich in und mit meinen aufblasbaren Strukturen auf einem Flugplatzgelände. Im Sommer schlafen wir auf diesen Volumen, umgeben von den Bäumen des Waldes und den Sternen. Farb- und Formprojektionen, die von unten projiziert werden, verändern das Aussehen unseres Bettes. Das Ganze leitet eine Sinfonie. Wir liegen zu fünft oder sechst, und jede Bewegung des einen bezieht die anderen mit ein. Wir bleiben zusammen in der natürlichen Mulde, die sich gebildet hat, man verliert sich, und sieht sich nicht mehr, und dieses „Dach", das zum Schlafzimmer geworden ist, wird morgen früh zu unserem Swimmingpool. Dafür reicht eine einfache Wasserleitung.

Auch dafür sind die aufblasbaren Strukturen.

Eine durchscheinende Architektur, eine transparente Architektur, eine Fortsetzung der Erfahrung im Inneren, eine Architektur aus transparenten Bahnen, eine ganzheitliche Architektur von Licht und Schatten. → Licht Das Durchscheinende macht uns die andere Seite bewusst. Die Seiten werden zu lebendigen Wänden und verändern sich mit der Tageszeit.

„Ein Fest", diese Welt der aufblasbaren Volumen.

Aber kann ich diesen Lebensentwurf der Öffentlichkeit unterbreiten? Wer will, wer kann denn so leben? Ich weiß sehr wohl, dass in alten und modernen Städten kein Platz für solche Häuser vorgesehen ist. Die Konzeption moderner Städte ist noch traditioneller, als man denkt. Aus Mangel an Vorstellungskraft. Meine Forschungen zur Stadtplanung haben mich dazu gebracht, einen Ort in Form eines Feriendorfes vorzuschlagen. Damit die Öffentlichkeit diese Welt ausprobieren kann. Dieses Dorf ist einfach auf- und abzubauen, man könnte es jedes Jahr an einem anderen Ort installieren.

Deshalb die aufblasbaren Strukturen.

Uns fehlt die Sensibilität für die Magie der Dinge, die „fast" unerklärlich ist. Es ist ein Fehler, alles verstehen zu wollen. Das eigentliche „Phänomen" entgeht der breiten Öffentlichkeit.

Um sich abzusichern, verlangt die Öffentlichkeit ein doppelwandiges aufblasbares System, ein System, das unseren statischen und traditionellen Bauweisen besser entspricht. In den einwandigen aufblasbaren Strukturen sehen die Leute immer nur das Provisorische.

Wut...
Das Kulturministerium bat mich, ein Theater zu entwerfen, in dem das aufblasbare Volumen als Bühnenelement eingesetzt werden sollte. Dieses aufblasbare Volumen, nicht nur ein Element auf der Bühne sondern ein echtes Werk-

zeug für den Regisseur, womit wechselnde und bewegliche Räume geschaffen werden könnten.

Ein anderes Projekt von mir ist eine springende Kugel, 12 Meter im Durchmesser; sie schwimmt auf einem See, wenn man in die Hände klatscht, erhebt sie sich 4 Meter über das Wasser, und dreht sich um sich selbst; im Inneren kann man einer Aufführung folgen.

Ich habe vor kurzem „aufblasbare Unterstände" an die Obdachlosen von Paris verteilt: ein einwandiger, kegelförmiger Schutzraum, der, durch die aus den Luftschächten der Metro und der städtischen Heizung aufsteigende Luft aufgerichtet wird. Der Entwurf einer zukünftigen Stadt würde das wunderbare „Phänomen" der aufblasbaren Strukturen nutzen, aber diese Stadt bestünde nicht nur aus aufblasbaren Strukturen!

Ein weiteres interessantes Phänomen: „Bewahrte Architektur". Bis heute war es nicht möglich, eine Architektur im Neuzustand zu erhalten – wir kennen Architektur, die über die Jahrhunderte mehr oder weniger gut erhalten geblieben ist und die Art und Weise, wie sie gelebt hat, gibt ihr, auf natürliche Weise, ein interessantes, aber oft verformtes Aussehen.

Zurzeit zeige ich in einer öffentlichen Veranstaltung das jüngste Ergebnis der *Triangulation des Fluides* in Form eines aufblasbaren Volumens. Sobald dieses Volumen installiert wäre, würde man die Luft entweichen lassen und es mit allen notwendigen Erklärungen für eine Wiederinbetriebnahme im Jahr 3 000 vakuumverpacken. Zum ersten Mal in der Geschichte der Architektur wird man im Jahr 3 000 eine zehn Jahrhunderte alte Architektur intakt vorfinden.

So erfüllen die aufblasbaren und die ausblasbaren Strukturen mein Leben. Dank ihnen konnte ich meine Forschung gewissenhaft betreiben. Sie lehrten mich den Humor des Augenblicks, ohne den keine Forschung etwas wert ist.

An dieser Stelle konnte ich nur über meine Leidenschaft für aufblasbare Strukturen und mein Leben mit ihnen sprechen. Ich danke Ihnen, dass Sie mir den Titel „Warum aufblasbare Strukturen" und nicht „Warum nicht aufblasbare Strukturen" vorgeschlagen haben. Die aufblasbaren Strukturen zeigen uns die Richtung an, in die es gehen sollte, und gerade deshalb sind sie so wichtig.

32
Die Standardausführung pneumatischer Architekturen sind Kugeln oder längs halbierte Zylinder, die bereits in den 1960er Jahren vielfach als Abdeckungen unterschiedlicher Flächen verwendet wurden.

33
Henri Michaux: *Contre!* (1934), übersetzt und herausgegeben von Paul Celan. Michaux, 1966

34
Ich spreche gerne von einer gehauchten Architektur. Wie bei einem Soufflé, einem französischen Dessert. Leicht gehaucht, eine gehauchte Architektur. Die Erinnerung an diesen Nachtisch kann vielleicht zu einem besseren Verständnis meiner Volumen beitragen.

Im Gespräch

Umzug nach La Ferté-Alais, Funktionsweise der Volumen-architektur

Robert Stürzl

Ende der 1960er Jahre hast du deine Schweißmaschine gekauft und dich damit in der Herstellung deiner Volumen unabhängig gemacht. Wie funktioniert diese Hochfrequenzschweißmaschine?

Hans-Walter Müller

Ich hatte die zwei Aufträge für die Fondation Maeght und das Volumen für Dubuffet. Erst aus diesem Grund habe ich die Schweißmaschine gekauft und in meinem Atelier in einem Fabrikgebäude in La Plaine Saint-Denis installieren lassen. Die Maschine wurde eigens für meine Anforderungen mit einem austragenden Arm hergestellt. Zwischen der Maschine und der Elektrode, wo die Energie zugeführt wird, bleiben 1,5 Meter Platz für das Material,[35] welches damals in dieser Breite hergestellt wurde.

Die gesamte Maschine ist wie ein Kondensator im Radiobau zu betrachten, wobei die Isolierung des Kondensators die zu schweißende Kunststoffbahn ist. Die Firma, die die Maschine hergestellt hat, hieß TRM (Technique-Radio-Mecanique). Es geht dabei um hochfrequente Energie. Im Grenzbereich der Belastung wird die Isolierung warm, was im Radiobau natürlich zu verhindern wäre. Beim hochfrequenten Schweißen erhitzt sich der Kunststoff, der von mir als zwei sich überlagernde Schichten unter der Elektrode platziert wird, und schmilzt zusammen. Die Moleküle verbinden sich, aus zwei Schichten wird ein Material. Die Elektrode selbst bleibt dabei kalt, ähnlich wie eine Mikrowelle in der Küche. Ich besitze heute zwei Maschinen dieser Art, eine kleinere mit 4 500 Watt und weiterhin auch die große Maschine mit 12 000 Watt. Die maximale Länge der Elektrode beträgt hier 80 Zentimeter, diese Länge des Materials kann ich also in einem Vorgang schweißen.

Als die Maschine in meinem Atelier in La Plaine Saint-Denis angeliefert wurde, war ich schon etwa drei Jahre vor Ort. Dort hatte ich eine ganze Etage zum Leben und Arbeiten gemietet. Die Maschine wurde durch das Fenster in die dritte Etage gehoben, obwohl ich wusste, dass ich nur sechs Monate später das Gebäude verlassen musste. Das fiel zeitlich gut zusammen, da ich größte Lust hatte, selbst in einem Volumen zu leben. Ich habe noch darum gebeten, ein Volumen auf dem Flachdach des Gebäudes realisieren zu können. Das Dach hatte eine Fläche von bestimmt 400 Quadratmetern. Das war zunächst mein Wunsch, aber es wurde nicht erlaubt. Da habe ich einige Briefe an meine Freunde geschrieben, dass ich einen Platz suche, an dem ich leben und experimentieren kann. Einen Ort, wo niemand hin möchte, zum Beispiel an einer

35 Zur Anwendung kommen beim Hochfrequenzschweißen Textilien mit luftdichten Beschichtungen, beispielsweise aus Polyvinylidenfluorid (PVDF), Polyvinylchlorid (PVC) oder Polyurethan (PU).

Autobahn oder auf einem Baugelände, und so weiter. Überall wo keiner hin will, wo viel Lärm ist. Ich habe mir vorgestellt, dass ich auf diese Weise einen Ort finden könnte, ohne viel Geld zu haben.

Ich habe zwei, drei Möglichkeiten gefunden, aber in der letzten Minute kam dann noch ein Anruf von Alain Perceval,[36] einem Fotografen, der ganz Frankreich aus der Luft fotografiert hat. Der rief mich an und erzählte, dass er zwei Flugzeuge auf einem Flugplatz südlich von Paris hätte und dass es dort viel Platz gäbe und ich den Besitzer fragten sollte. Den habe ich kurze Zeit später getroffen und der fand das super, was ich gemacht habe. Ich bin am nächsten Tag umgezogen. Wenn ich mich richtig erinnere war das im Juni 1971.

Der Witz dabei war; ich hatte die zwei Tonnen schwere Schweißmaschine, die musste wieder herunter von der Etage in La Plaine Saint-Denis. Sie wurde heruntergelassen und abtransportiert von einem Spezialisten und ich habe sie abladen lassen, mitten im Wald am Flugplatz in La Ferté-Alais. Ich hatte gar keine Zeit, das vorzubereiten und die waren sehr erstaunt, dass man eine teure Maschine mitten im Wald ablädt. Ich hatte zwei rote Punkte auf der Erde eingezeichnet und da stellten sie die Maschine ab. Dann habe ich ein Volumen, das ich schon in La Plaine Saint-Denis hergestellt hatte, über die Schweißmaschine gebracht und habe angefangen, im Inneren zu roden. Alles war noch im Volumen, dicke Büsche und Bäume, zusammen mit der Schweißmaschine. Es war eine wunderbare Situation, könnte man sagen. Die hätte man sogar beibehalten können, wenn ich nichts zu tun gehabt hätte. Und da war ich dann zunächst. Dieses erste Volumen stand dort oben, gegenüber von dem heutigen Restaurant.

RS

Dieses Volumen war dann das erste, in dem du selbst gelebt hast?

HWM

Ja, das war auch ein Volumen *M210*, das gleiche Volumen wie heute, in einer braunen Ausführung. Gleichzeitig habe ich nebenan das *Maison Carrée* gebaut. Das war kein Volumen, es bestand aus einer festen Struktur mit diversen unterbrochenen Ebenen im Innenraum und einer Kunststoffhülle, die ich aus den Resten meiner Materialien hergestellt hatte. Diese beiden Architekturen existierten in der Anfangszeit in La Ferté-Alais parallel und mit beiden konnte ich unterschiedliche Aspekte des Wohnens erproben. Der Dialog zwischen dem Schwerelosen und der Gravität half mir schon damals, beide Bereiche besser zu verstehen.

36
Alain Perceval (geboren 1933) Französischer Fotograf.

1973 wurde die Straße zum Flugplatz gebaut. Bis dahin gab es nur einen gepflasterten Weg, der hier auf das Plateau führte. Ich war genau dort, wo die Straße geplant war und musste umziehen. Dieses mal hatte ich aber genügend Zeit, den Umzug vorzubereiten und hatte eine genaue Idee, welches Volumen ich an dem neuen Standort aufbauen würde.

RS

Das heißt, dass neue Volumen hast du speziell für den neuen Standort entwickelt?

HWM

Nein, auch dieses Volumen existierte schon und ist gegenüber vorherigen Nutzungen unverändert geblieben. Ich habe zur Vorbereitung des Umzugs lediglich mit einem Bagger das Untergeschoss ausheben lassen. Eine gerade Linie von einer Seite des Volumens zur anderen. Ein einfacher Gang im Grunde, 15,6 Meter lang und 2,4 Meter breit. Der Bagger gehörte zu einem Steinbruch hier in der Nähe und dem Fahrer habe ich etwas Geld gegeben. Und dann hat er mir das am Abend gemacht. Selbst den Kamin habe ich bei dieser Gelegenheit sofort gebaut, auch aus dem Grund, damit ich es warm hatte. Ich hatte wenig Geld; die Heizung hatte ich nicht von Beginn an.

RS

Das bringt mich auf die Zwischenfrage: Wie funktioniert der Kamin? Wie kommt das warme Ofenrohr durch die Kunststoffhülle des Volumens nach draußen?

HWM

Normalerweise funktioniert ein Kamin ja durch einen Schornstein. In einem Erdgeschoss existiert ein höherer Luftdruck als in der dritten Etage. Durch den Druckunterschied zieht der Kamin und je höher der Kamin nach oben geht, desto besser zieht derselbe. In meiner Tragluftarchitektur gibt es den nötigen Druckunterschied bereits durch den Überdruck im Inneren des Volumens. Ich brauche mit dem Rohr nicht in die Höhe zu gehen, es zieht sowieso, sobald das Rohr das Volumen verlässt. Und so geht das Rohr durch die Erde horizontal nach draußen, ohne die Hülle des Volumens überhaupt zu berühren.

RS

War dir diese Möglichkeit von Beginn an bewusst?

HWM

Nein, das habe ich nicht sofort gewusst, aber wenn man etwas braucht, dann erfindet man es. Als ich zu Beginn in La Ferté-Alais erstmals in einem Volumen wohnte, hatte ich in der Mitte des Volumens eine Vertiefung zum Sitzen. Im Winter war es fürchterlich kalt und da habe ich diese Vertiefung als Feuerstelle benutzt und habe eine Art Kamin erfunden. Ich hatte so ein flexibles Rohr, das habe ich durch die Tür nach draußen gelegt und da kam mir die Idee, dass das durch den Überdruck funktionieren müsste. Das funktionierte auch gut, nur auf einmal brannte das Rohr und plötzlich ging eine Feuerlinie durch das Volumen und durch die einzige Tür. Da war der Spaß schnell vorbei. Als ich das neue Volumen gebaut habe, habe ich den Kamin gleich eingebaut.

RS

Wenn ich dich zuvor richtig verstanden habe, dann waren die Form und die Abmessungen des Volumens schon festgelegt, bevor du den Standort des Volumens kanntest?

HWM

Genau, ich habe das Gelände dem Volumen angepasst, nicht anders herum. Das Volumen *M210* hatte ich in der Zwischenzeit in zwei weiteren Ausführungen hergestellt. Ich hatte eine braune, eine gelbe und eine rot-weiß gestreifte Ausführung dieses Volumens. Meine Idee war, dass ich nach Bedarf die Hüllen wechseln konnte. Wie ich die Kleider wechsle, so wollte ich auch mein Haus wechseln können. Im Sommer, voller Lebensfreude etwa das Rot-Weiße, im Winter, um die Sonnenstrahlen optimal zu empfangen, das Braune und das Gelbe war in der Hauptsache vorgesehen für Projektionen. Das war ein spezielles Material innen mattweiß und von außen Gelb. Dieses gelbe Volumen ist auch heute noch installiert. Hergestellt 1972 und bis heute im Gebrauch.

Während ein Volumen hier in Benutzung war, habe ich die anderen beiden für verschiedene Ausstellungssituationen verwendet, um finanziell mein Unternehmen und mein Forschen zu gewährleisten. Dadurch habe ich in vielen Situationen meine Erfahrungen mit den Volumen vertieft und da ich alles selbst machte, stand ich mit einem Bein im Traum und mit dem anderen in der Wirklichkeit. Was mir zunächst zu schwierig erschien, habe ich in der Folge eliminiert, für mich, aber auch für meine Kunden. Ich habe Erfahrungen gesammelt und immer wieder gelernt.

Alle drei Ausführungen des Typs *M210* haben Reißverschlüsse; aus diesem Grund nenne ich sie auch Additionale Volumen.→ Additionale Volumen Ich habe sie auch verwendet, indem ich zwei oder später drei Volumen miteinander verbunden habe. So konnte beispielsweise in einem Volumen eine Ausstellung mit Tageslicht stattfinden, während es im angrenzenden Volumen völlig dunkel war, ideal für Projektionen. Auf diese Weise sind mehrere Ausstellungen entstanden mit ganz unterschiedlichen Themen und an verschiedenen Orten.

Das waren Momente, die sehr gut waren. Wenn ich Projektion, Musik und Volumen zusammenführen kann, das ist für mich das Idealste und das Schönste. Die Arbeit mit Musik und Projektionen ist ja, wie bereits gesagt, der Ausgangspunkt für meine Volumenarchitektur.

Bei einem Vortrag habe ich demonstriert, wie die Projektionen und die Volumen für mich zusammengehören. Ich habe den Saal verdunkelt und ein Raster in das Dunkel projiziert. Dann bin ich mit einem Tuch und zwei Stöcken in die Projektion getreten und habe das bewegt. Das war ein Spektakel, das war super gut. Das Licht ging wieder an und ich war umrahmt, eingewickelt in diesem Tuch. So kam mir die Idee, Volumen zu machen.

RS

Du wolltest eine zunächst statische Projektion durch eine Bewegung der Projektionsfläche in Bewegung versetzen?

HWM

Genau, aber mehr noch. Ich wollte drinnen sein. Einen Projektionsraum erschaffen, viel mehr als eine Projektionsfläche. Ich kam wie ein Kind auf spielerische Art und Weise, rein persönlich aus der Freude mit Fantasie zu leben, zu meinen Volumen. Die Tragluftvolumen selbst existierten schon. Die Amerikaner haben das Prinzip für militärische Zwecke entwickelt. Aber davon wusste ich nichts. Zunächst habe ich Volumen gebaut, die habe ich noch mit doppelseitigem Klebeband hergestellt.

Als ich mit den Volumen gerade erst begann, habe ich an einer Ausstellung in Lons-le-Saunier teilgenommen. Es begann zu regnen und ich bin gegenüber in ein Café gegangen und als ich wieder zurückkam, lagen plötzlich einige Schuhe vor dem Ventilator. Das war nicht vorgesehen, dass die Leute da hineingehen, aber ich hatte den Verschluss nicht so gut gemacht. Und so saßen sie drinnen und haben meine Projektionen angeschaut, während es draußen geregnet hat.

In Bezug auf mein eigenes Haus sage ich oft: Das ist mehr das Haus eines Zauberkünstlers als das eines Architekten. Das ist eine Art der Metamorphose, bei der es plötzlich einen Zauberkünstler gibt, der etwas verschwinden lässt. Das ist die Freude am, wie will ich es sagen… die Freude am Erstaunlichen.

RS

Ein für mich ganz entscheidender Unterschied zwischen der Vielzahl von Tragluftarchitekturen und dem *M210* in La Ferté-Alais ist die Zeitlichkeit. Die Strukturen, die mir bekannt sind, werden für einige Tage, Wochen oder auch Monate installiert, aber das Volumen an dieser Stelle existiert seit 1973. Das sind nun fast schon 50 Jahre, ist das noch eine temporäre Architektur?

HWM

Meine Arbeit wird als ephemer bezeichnet, als kurzlebig und vergänglich. Das ist im Grunde nicht falsch, denn es ist keine statische, tote Struktur.→ Kurzlebigkeit Viele Menschen sind heute nicht mehr mit ihrem Haus verbunden, der Wohnort wird in erster Linie repräsentativ gesehen. Zudem haben manche Menschen mehrere Häuser oder Aufenthaltsorte, sind manchmal hier, manchmal dort. Mein Haus lebt, es lebt aber nur durch mich. Indem ich den Strom anschalte und den Luftdruck reguliere. Meine Architektur ist lebendig, aber vielleicht nicht unbedingt kurzlebig.→ Lebendigkeit

Ich denke, viele haben davon geträumt, dauerhaft in einem Tragluftvolumen zu leben. Es regt ja auch zum Träumen an. Das ist ein neuer Weg zu leben und das ist vielleicht das Wichtigste an der Sache. Die heutigen technischen Möglichkeiten haben einen direkten Einfluss auf die Architektur und auf den Städtebau. Die Zukunft der Architektur sieht interessant aus und völlig anders als bisher. Auch die Stadt der Zukunft sieht nicht so aus wie sie heute aussieht. Man muss sich immer fragen, wie das Zusammenleben der Menschen mit den gegebenen Möglichkeiten funktionieren kann. Was mich dabei am meisten interessiert, ist zu verstehen, wie jemand glücklich, gut und dazu noch relativ günstig leben kann.

Das geht zusammen mit dem Gedanken, dass das traditionelle Bauen bis heute ein Prinzip der Akkumulation ist. Man baut Stein auf Stein auf Stein. Das ist die wunderbare Idee, der Mensch hat herausgefunden, dass die Dinge aufeinander stehen bleiben durch die Schwerkraft, und dass man sich hinter etwas Gebautem verstecken oder schützen kann. Das Prinzip meiner Volumen ist nun aber das Gegenteil von Akkumulation. Es ist das Prinzip der Verteilung. Man verteilt den vom Ventilator erzeugten Druck gleichmäßig in einem Volumen pro Quadratzentimeter der Haut. Und jetzt passiert das Paradoxe, das Unglaubliche des Pascalschen Prinzips.[37] Der Druck breitet sich allseitig aus, bleibt immer der gleiche und wirkt identisch in alle Richtungen. Er erzeugt in der Haut eine Spannung abhängig vom Radius der Krümmung. Das heißt, der Druck wird multipliziert mit der Oberfläche des Volumens. Tragluftarchitektur ist die Anwendung dieses physikalischen Prinzips in der Architektur, gleich einem hydraulischen Hebelarm.

37
Das Pascalsche Prinzip oder Pascalsche Gesetz nach Blaise Pascal besagt, dass sich der auf eine Flüssigkeit oder ein Gas ausgeübte Druck in jede Richtung gleichmäßig verteilt. Dieses Gesetzt gilt unter der Voraussetzung, dass die Schwerkraft gegenüber den vorhandenen Drücken innerhalb und außerhalb des Volumens vernachlässigt werden kann.

RS
Kannst du diese Funktionsweise der Volumen noch genauer ausführen?

HWM
Der Ventilator erzeugt einen Druck pro Quadratzentimeter. Dieser Druck drückt von innen gleichmäßig auf die Außenhaut des Volumens. Dabei spielt es für die Reinheit des Prinzips überhaupt keine Rolle, welche Größe das Volumen hat. Der am Ventilator erzeugte Druck ist identisch mit dem auf die Außenhaut wirkenden Druck. Das ist diese wunderbare Sache, die mir enorm gut gefällt. Das Prinzip multipliziert die Kraft und verteilt sie gleichmäßig. Multiplizieren und Verteilen, das ist wunderbar. Der Mensch müsste so sein. Der müsste seine Energie, seine Gedanken multiplizieren und verteilen. Dagegen das Prinzip der Schwerkraft, in welchem der Druck einfach addiert wird. Die ganze Kraft kommt immer auf derselben Fläche unten am Boden an. Das ist also nicht unbedingt elegant. Darin liegt also ein wesentlicher, sensationeller Unterschied. Aber man sollte beides haben, nicht das eine mit dem anderen ersetzen. Aber man sollte sich dieser Unterschiede und Möglichkeiten bewusst sein.

RS
Das ist dann ja ein äußerst effizientes Wirkungsprinzip.

HWM
Ja, klar. Die Natur baut so und die ist nicht dumm. Die Natur baut so effizient und ist auch gleichzeitig verschwenderisch. Das ist für mich eine sensationelle Sache. Das sind Prinzipien, die der Mensch noch nicht verstanden hat. Die Bäume, auch unser Körper. Die Pumpe ist das Herz, wir bestehen zum großen Teil aus Wasser und in den Venen herrscht ein unwahrscheinlicher Druck. So wie der Arzt den Blutdruck misst, um zu sehen, ob man gesund ist, so mache ich es mit meiner Architektur auch. Ich installiere ein Manometer am Eingang und lese den Gesundheitszustand meines Volumens jederzeit ab.

RS
Das Volumen lebt?

HWM
Mit Sicherheit, ja klar. Es lebt, solange es Energie hat.→ Energie Steinhäuser können unwahrscheinlich lange stehen, weil sie nicht leben. Ein Volumen lebt nur, so lange Energie da ist und man den Strom bezahlen kann. Diese Art zu bauen ist also spontan. Eine spontane Sache wie die Liebe. Die muss man auch ständig erneuern und kann sich ihrer nicht versichern.

Aber zurück, die Volumen sind noch unbegreiflicher. Denn zusätzlich gilt, je größer ein Volumen ist, desto weniger Druck wird benötigt, um die Stabilität des flexiblen Körpers zu erzeugen. Der Druck auf die Hülle erzeugt einen Zug in der Materie und dieser Zug führt zur Stabilität des Volumens. Dieser Zug wird mit zunehmendem Radius größer. Es ist also möglich, bei einem größeren Volumen im Vergleich zu einem kleineren, den Luftdruck zu reduzieren, ohne dabei die Stabilität der Konstruktion zu gefährden.→Zugspannung

Diese Ausführungen zunächst, um das Prinzip möglichst einfach zu erklären. Zu beachten sind in der Konzeption eines Volumens aber weitere Aspekte. Zwei weitere Dinge möchte ich ausführen. Der nötige Luftaustausch und mögliche Druckverluste an den Türen oder vielleicht durch Schlitze oder Löcher in der Hülle. Der Luftaustausch ist in öffentlichen Gebäuden in Frankreich per Gesetz genau definiert. Die gesamte Luft muss dreimal in der Stunde ausgewechselt werden. Das heißt, du musst das Volumen des Innenraumes kennen und mit drei multiplizieren und dieses Luftvolumen jede Stunde auswechseln. Druckverluste, beispielsweise am Fundament oder an der Tür, lassen sich berechnen anhand des Drucks, den man im Inneren hat und der Größe der Austrittsflächen. An meiner Eingangstür in La Ferté-Alais zum Beispiel ist der Schlitz einen Zentimeter breit und geht zwei Meter hoch.

RS

Dadurch, dass der Luftdruck im Volumen überall identisch ist und du die Öffnungen des Volumens kennst, kannst du den Luftverlust also genau berechnen und entsprechend die Luftzufuhr regulieren?

HWM

Das muss ich auch an offizieller Stelle für die Genehmigungen nachweisen, wenn ich ein Volumen an einer Stelle aufbauen möchte. Dazu kommt dann auch noch, dass das Material feuerfest ist, dass es nicht brennen kann. So erhalte ich die offiziellen Papiere und voilà, das ist es.

RS

Wenn ein Volumen wie in Ferté-Alais lange existiert und altert, entstehen über die Zeit doch auch immer wieder Löcher. Passt du deine Berechnung für die Luftzufuhr immer wieder an die gegebene Situation an?

HWM

Normalerweise dürfte es keine Löcher geben. Im Grunde gibt es auch nach den vielen Jahren keine Löcher im Material oder an den Nähten. Nur das transluzente Material; das verwende ich für die drei Fensterflächen, das hält nicht so lange und wird mit der Zeit brüchig. Was ich hier aber mache, ich belasse die Löcher wenn sie entstehen. Weil ich in La Ferté-Alais ja in meinem Versuchsgelände bin. Ich muss hier praktisch nicht den üblichen Regeln entsprechen. Ich bleibe hier auch mit dem Innendruck viel niedriger als normal. Der Kunststoff ist wie gesagt unter Zug, der muss sich anstrengen, um dem Zug entgegen zu wirken. Um dem Material größere Freiheit zu geben, um dem Material also nicht weh zu tun, habe ich hier einen viel geringeren Luftdruck als sonst. In Ferté ist alles ein bisschen an der Grenze des Möglichen, damit ich lerne. Zudem erschrecken die Löcher die Besucher natürlich immer.

RS

Du meinst, mit einigen sichtbaren Löchern in der Hülle ist es für Besucher noch weniger vorstellbar, dass das Prinzip funktionieren kann?

HWM

Ja, aber im Grunde kommt man dem Konzept dadurch nur noch näher. Denn es veranschaulicht, dass das Volumen kein Ballon ist, der aufplatzt, wenn man mit einem Messer hineinsticht. Was verloren geht, wird hinzugefügt.

Das Prinzip gibt es bei jedem Pneu, also einem Reifen am Auto oder Fahrrad. Aber, es ist wichtig zu verstehen, je geringer das Volumen ist, desto höher muss der Druck im Inneren des Volumens sein, um die Stabilität des verformbaren Körpers zu gewährleisten. Frei Otto hat in diesem Zusammenhang auch von „pneumatischer Architektur" gesprochen.→ Pneumatische Architektur In Bezug auf meine Architekturen ist dieser Begriff aber irreführend. Das Volumen ist eben kein Pneu, der geschlossen ist und in dem ein hoher Überdruck herrscht. Meine Volumen sind einwandig und werden im Inneren genutzt. Ich unterscheide deshalb zwischen den doppelwandigen und den einfachen Volumen.→ Wand

Meine Volumen sind immer einwandig. Hier lebt man innerhalb des Überdrucks, der aber sehr klein und nicht vergleichbar ist mit dem Druck in einem Autoreifen.[38] Und dann gibt es andere Architekturen, wo der Begriff der pneumatischen Architektur besser passt, wie zum Beispiel der Fuji-Pavillon 1970 bei der Weltausstellung in Osaka.[39] Die Fassade waren pneumatische Elemente, wie Reifen aneinandergereiht. Dann brauchst du natürlich auch keine Eingangsschleuse. Man dringt niemals in den Überdruck ein, ist also niemals im Inneren dieser Pneus und das ist genau der Unterschied für mich. Das hat mit meiner Philosophie, mit meiner Poesie nichts zu tun. Das ist auch sehr traditionell, da ersetzt man einfach einen Betonunterzug durch einen pneumatischen Unterzug. Der Rest muss dann nichts Neues sein.

Das ist zunächst vielleicht kompliziert und kaum zu verstehen, weil es gegen unsere gewohnten Denkweisen ist.

38
Druck innerhalb des Volumens *M210* in La Ferté-Alais = ca. 1 g pro Quadratzentimeter, vgl. Druck in einem Autoreifen = ca. 3 kg pro Quadratzentimeter, vgl. Druck in einem Rennradreifen = ca. 6 kg pro Quadratzentimeter.

39
Der Fuji Group Pavillon war ein ca. 30 Meter hohes Ausstellungsgebäude auf der Expo 1970 in Osaka, dessen Fassade aus mehreren parabelförmigen, luftgefüllten Elementen bestand und eine Ausstellungsfläche von ca. 3300 Quadratmetern überdachte.

Ich kenne das selbst ja auch tief im Inneren und versuche immer, mir einen großen Vorstellungsspielraum zu erarbeiten. Das sind Wirkungsweisen, die gehören uns Menschen nicht. In unserer Zivilisation, der Art und Weise wie wir denken, sind wir gewohnt, Stein auf Stein zu bauen. Die Untersuchungen, die ich mache, entsprechen damit noch nicht unserer Zeit. Das fasziniert, aber keiner wagt es, länger in so einem Überdruck zu leben. Das ist wohl einer der Nachteile dieser Architektur.→ Nachteil

Ein wirklicher Nachteil ist auch die Isolation von Temperaturunterschieden und Geräuschen. Ein weiterer Nachteil ist vielleicht auch, dass das Volumen zusammenfallen kann. Aber man muss sagen, das gehört alles zu der Natur dieser Konstruktion und das sind Eigenschaften, mit denen man arbeiten, die man bewusst einsetzen und nutzen kann. Man muss sich nur lösen, von einer eingeschränkten Art zu denken. Man muss sich lösen, damit man diese Nachteile akzeptiert und Neues darin entdecken kann. Meine Geschichte mit dem Kamin ist nur ein Beispiel dafür. Wenn du vorher gesagt hättest, ich möchte einen Kamin in einem Volumen, dann hätte man daran gedacht, dass das Rohr durch die Haut muss, dass das Rohr warm ist und dass die Haut aus Kunststoff ist und sich außerdem bewegt. Was für ein schlimmes Ding. Aber plötzlich entdeckst du, dass du die Bedingungen für den nötigen Zug von eines Kamins schon automatisch hast. So gehst du einfach horizontal raus und das funktioniert noch besser.

Oder wenn ich den Schmutz herauskehren möchte. Ich kehre es nur grob zusammen an der Tür und mache die Tür auf und alles fliegt von selbst heraus. Ich habe einen Staubsauger automatisch. Eine weitere Sache, die ich auch untersuche, sind akustische Veränderungen durch Druckveränderungen. Das ist ein bisschen so, wie wenn man eine Trommel spannt. Damit kann man den Ton verändern. Das ist eine Sache, die mich im Moment interessiert und ich versuche, da zu experimentieren und etwas Neues herauszufinden.

Es ist also so, im Grunde sehe ich die genannten Nachteile nicht. Einen Nachteil baue ich zu einem Vorteil um und plötzlich entdeckt man, dass völlig neue Sachen möglich sind, die man ausarbeiten kann. Ich muss einfach immer dabei bleiben und über 50 Jahre ist das längst eine Leidenschaft geworden. Es ist eine Architektur in Bewegung, eine andere Wirklichkeit und ich bin sehr mit dieser anderen Wirklichkeit verbunden.

RS

Du hast über die physikalischen Grundsätze deiner Volumen gesprochen. Kommen wir zu architektonischen Grundsätzen. Wie ist dein Wohn- und Atelierhaus in La Ferté-Alais aufgebaut?

HWM

Ich bin bei dem Volumen Typ *M210* von einem Kubus ausgegangen, nicht etwa von einer Kugel oder noch einer anderen Form. Ich habe mir das Leben immer schwer gemacht und mir war eine Kugel zu leicht. Ich habe etwas Unmögliches gesucht. Nur muss man dann sagen, in dem Augenblick, wo die Utopie realisiert ist, ist sie auch keine mehr.

RS

Warum ist gerade der Würfel als Ausgangspunkt für ein Volumen eine solche Schwierigkeit?

HWM

Das war ein Widerspruch.→Würfel Eine Kugelfläche wäre die natürliche Ausgangsform für ein Volumen. Vom Kreis kommst du zur Kugel, eine Idealform für ein aufblasbares Volumen, weil hier die Oberflächenspannung in alle Richtungen identisch ist.→Kugel Mit dem Quadrat kommst du zum Kubus. Indem ich diesen Kubus zerschneide, von einer Diagonale zur anderen, rundherum, erhalte ich ein Sechseck. Dieses Sechseck ist die Grundfläche meines Volumens. Das war eine besondere Herausforderung. Ich zeichne es hier einmal auf, dann ist es leicht zu verstehen.→Abb. 84

Das Quadrat ist aber nicht nur Ausgangspunkt für die Entwicklung des Volumens, es ist der gesamten Architektur eingeschrieben und zeigt sich bis ins Detail, beispielsweise an meinem Grundmaß von 1,2 × 1,2 Meter. Dieses Grundmaß kommt aus der Zeit der Ausstellung „Lumière et Mouvement“ im Jahr 1967. Damals habe ich einen Saal konzipiert für Rundprojektionen mit mehreren kinetischen Maschinen. Um meinen Raum modular herzustellen, habe ich mit einem quadratischen Maß experimentiert und dabei 1,2 × 1,2 Meter für mich als ideales Maß gefunden. Bei dem Bau meines Hauses in La Ferté-Alais habe ich die gesamte Architektur vom Funktionsgang im Untergeschoss, über die Bodenelemente, bis hin zur Einrichtung auf diesem Grundmaß aufgebaut.

Die Architektur als Ganzes basiert damit auf einem definierten Rhythmus. Alle Elemente stehen in einem kalkulierten Verhältnis zueinander. Diese Vorgehensweise habe ich auch außerhalb des Volumens fortgeführt. Hier gibt es einen anderen Rhythmus, der aber auf dem genannten Grundmaß aufbaut und somit eine Ordnung mit Unterordnungen schafft. So muss es auch sein; gestalterische Freiheit gibt es nur innerhalb einer Ordnung. Sonst wird es nur irgendetwas. Dann macht man das Eine hier und dort wieder etwas anderes. Ich kann nur schöpferisch sein innerhalb einer Ordnung. Ich bin Architekt; aus dem Grund ist wohl eine geometrische Ordnung für mich notwendig. Der Ordnung zu folgen, das ist eine Schwierigkeit, aber auch der Reiz der Arbeit.

Die Planung in La Ferté-Alais war zu Beginn viel gigantischer als das, was heute existiert. Das Grundschema war festgelegt, aber innerhalb dessen war vieles möglich. Ursprünglich war mein Plan, drei Volumen Typ *M210* hier in Kombination aufzubauen. Eines zum Wohnen, das zweite als Atelier zur Herstellung der Volumen und das dritte als Atelier für Projektion und Kinetik. Zu diesen Überlegungen gehört auch das Volumen *Petite Maison*; eine Arbeit die ich ebenso aus dem Kubus heraus entwickelt habe und die auch zu den Additionalen Volumen zählt. Ich habe diese ursprüngliche Planung in La Ferté-Alais nie umgesetzt, aber an anderer Stelle wurden Additionale Volumen in verschiedenen Kombinationen aufgebaut. Was das *Petite Maison* betrifft; dieses Volumen habe ich 1972 auf der Europlastique präsentiert und dabei eine mögliche Konzeption des Innenraums als Wohnraum vorgestellt.

Jedes Projekt folgt einer präzisen Aufgabenstellung und bringt mir Erkenntnisse für die nächsten Arbeiten. Für mein Haus in Ferté-Alais bedeutet das, dass ich Ergebnisse aus vorherigen Arbeiten wie etwa den diversen Anwendungen des Typ *M210*, der Konzeption des *Petite Maison* und des *Maison Carrée* in der Konzeption berücksichtigen konnte. Ich war 1973 beim Einzug in das Haus, in dem ich nach fast 50 Jahren noch immer lebe und arbeite, bereits sehr gut auf das dauerhafte Leben in einem Volumen vorbereitet.

[61] Projektionen im Atelier von Hans-Walter Müller in Saint-Denis, ca. 1969.

[62 A, B] Hans-Walter Müller in Saint-Denis, 1969.

WOHN-FASZINATION

...die nah mit den freien Künsten verwandt sind und so wenig mit Ausstattungskünsten à la carte ●● Wohnen wird zum Happening, dieser schönen Form des Widerstands ●●●

[63] Das Atelier in La Plaine Saint-Denis in einem Bericht der Zeitschrift *Schöner Wohnen*, 1974.

[64] Das Atelier mit Projektion in La Plaine Saint-Denis, 1969.

[65 A, B] Hans-Walter Müller mit Freunden auf dem Dach des Ateliergebäudes in La Plaine Saint-Denis, 1969.

[66 A, B] Die Schweißmaschine beim Auszug aus dem Atelier in La Plaine Saint-Denis, 1971.

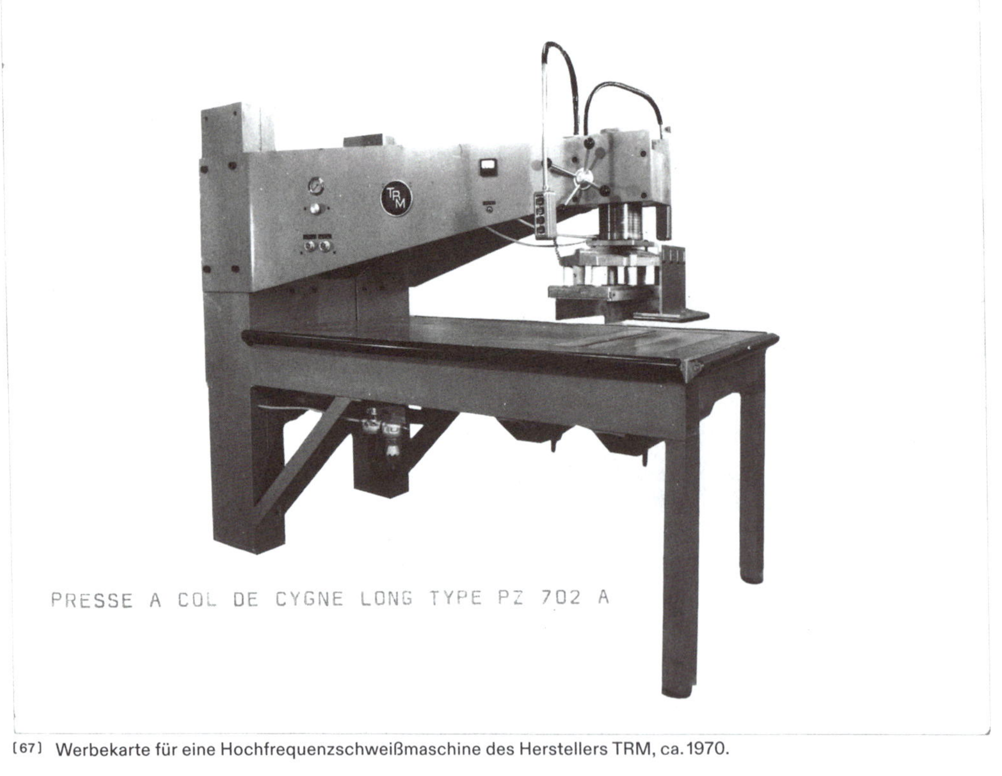

[67] Werbekarte für eine Hochfrequenzschweißmaschine des Herstellers TRM, ca. 1970.

[68] Volumen und Materialen im braunen Volumen *M* in La Ferté-Alais, 1971.

[69] Hans-Walter Müllers Schweißmaschine im Wald nach Ankunft in La Ferté-Alais, 1971.

[70] Rodungen in La Ferté-Alais in Vorbereitung des Volumen *M*, 1971.

[71] Das Volumen *M* in La Ferté-Alais, 1971.

[72] Arbeiten an der Schweißmaschine in La Ferté-Alais, ca. 1972.

[74] Detail der Befestigung des braunen Volumen *M* in La Ferté-Alais, 1971.

[73 A, B] Produktion eines Volumen in La Ferté-Alais, ca. 1972.

[75 A, B, C] Das *Maison Carrée* in La Ferté-Alais, 1971.

[76] Das Volumen *Petite Maison* in La Ferté-Alais, 1973.

[77] Fundamentarbeiten für das Volumen *M210*, 1973.

[78] Der Platz für den Kamin im Untergeschoss des Volumen, 1973.

[79] Arbeiten am Untergeschoss des Volumen *M210* in La Ferté-Alais, 1973.

[80 A, B] Betonfundament für die Verankerung des Volumen *M210*, 1973.

[81 A, B] Die Schweißmaschine wird auf das Fundament des neuen Volumen *M210* gesetzt, 1973.

[82] Untergeschoss, Fundament und Schweißmaschine vor der Montage des Volumen *M210* in La Ferté-Alais, 1973.

[83] Das rot-weiße Volumen *M210*, 1974.

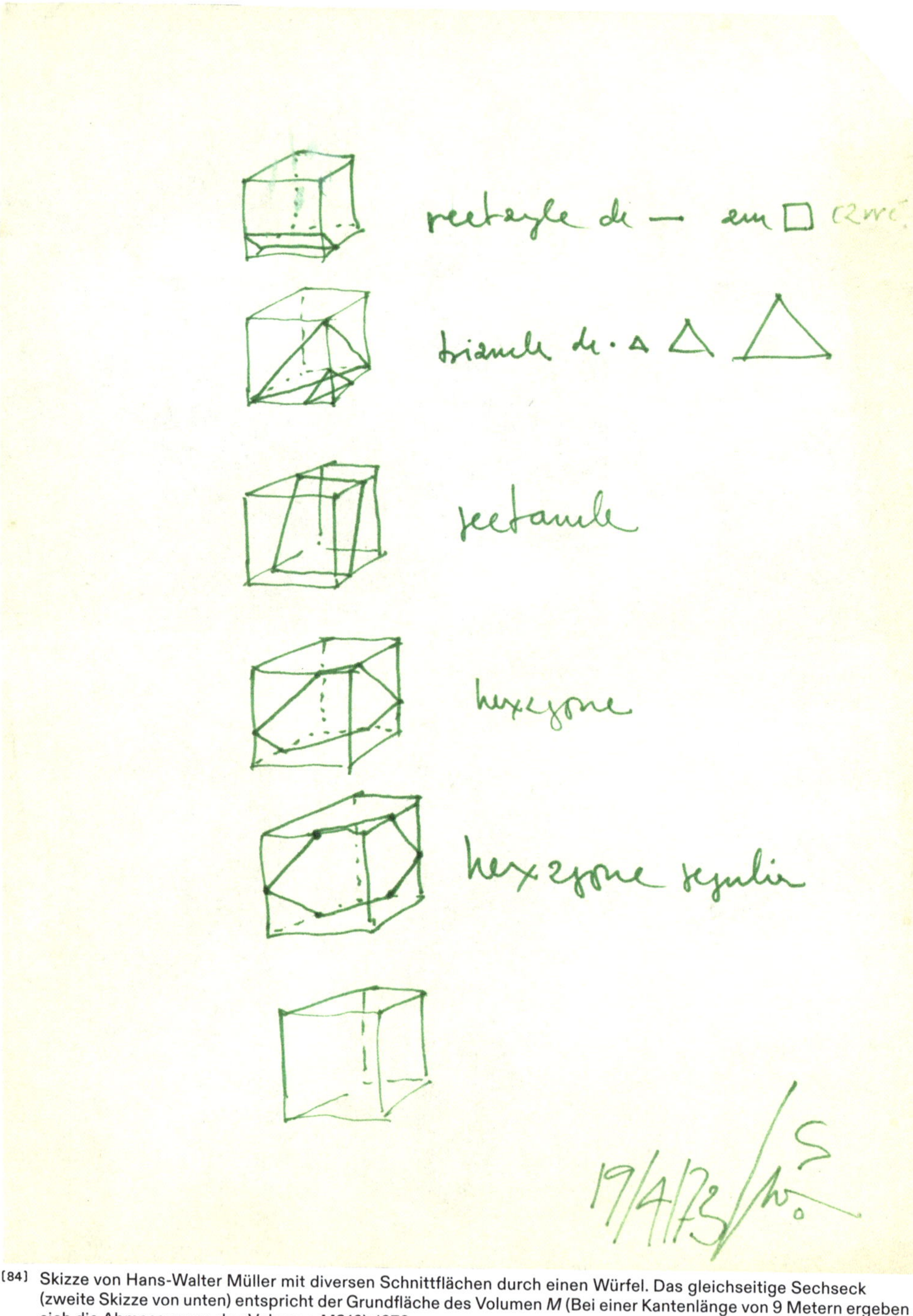

[84] Skizze von Hans-Walter Müller mit diversen Schnittflächen durch einen Würfel. Das gleichseitige Sechseck (zweite Skizze von unten) entspricht der Grundfläche des Volumen *M* (Bei einer Kantenlänge von 9 Metern ergeben sich die Abmessungen des Volumen *M210*), 1973.

[85] Das rot-weiße Volumen *M210* in La Ferté-Alais im Innenraum. Im Vordergrund ein Modell des Volumen *La Volière*, im Hintergrund die Studie einer aufblasbaren Trennwand, 1975.

[86] Modelle von Varianten des Volumen *M*, 1994.

[87] Innenausbau des Volumen *M210* in La Ferté-Alais, 1974.

[88] Kamin und Esstisch im Untergeschoss, 1978.

[89] Das gelbe Volumen *M* bei einer Präsentation in Sceaux, 1971.

[90] Das gelbe Volumen *M* in Paris, 1971.

[91] Innenraum des Volumen *M*, 1971.

(92) Präsentation unterschiedlicher Volumen in Sceaux, 1971.

(93) Das gelbe Volumen *M* mit einer Ausstellung im Innenraum in Nancy, 1971.

(94) Das gelbe Volumen *M* in der Region Plateau d'Assy, 1972.

(95) Das rot-weiße Volumen *M* für eine Satellitenausstellung der ESA in Darmstadt, 1973.

Hans-Walter Müller

„Eine von Luft getragene Architektur“ *les miniPA* Nr. 33, 2004

Übersetzt von Leander Berger und editiert von Robert Stürzl

Als Architekt will ich vor allem Räume schaffen und verändern, in denen man sich frei entfalten kann. Für mich darf ein Haus oder eine Wohnung kein Dekor sein, sondern muss ein Lebensumfeld sein, das veränderbar ist. Heute könnten wir das erreichen, aber wir begnügen uns damit, unbeholfen immer leistungsfähigere technologische Erfindungen hinzuzufügen und anzuhäufen, während sich der Rest kaum ändert. Ich selbst habe immer auf die technologischen Phänomene unserer Zeit geachtet, von der elektrischen Energie bis zur Elektronik, um mit diesen neuen Komponenten, mit diesem neuen Rohstoff, Architektur zu machen. Es mag Ihnen merkwürdig vorkommen, dass ich diesen Vortrag mit dem Bericht über eine kinetische Maschine beginne. Diese Maschine, ausgestattet mit einer Lichtquelle und einer optischen Vorrichtung mit Mehrfachblende, erzeugt eine permanente Bewegung. Die leuchtende Projektion dieser farbigen Formen in ständiger Verwandlung ist nicht unidirektional; wir selbst tauchen in die Projektion ein, die sich um uns herum und durch uns verwandelt. Als Architekt bin ich vor allem für die dritte Dimension empfänglich. Was hinter unserem Rücken oder über uns passiert, ist genauso wichtig wie das, was vor uns passiert.

Nun aber basiert unsere gesamte Kultur auf Monodirektionalität. Wir werden erzogen, den Dingen gegenüberzustehen und nicht in ihnen: vor einem Fernsehbildschirm, vor dem Pfarrer in der Kirche, vor dem Lehrer in der Schule, vor den Schauspielern im klassischen Theater... 1967 hatte ich, nach der Ausstellung „Lumière et Mouvement“ im Musée d'Art Moderne de la Ville de Paris, die Gelegenheit, mich mit dem kinetischen Experimentieren in diese Richtung zu bewegen. In meinem Atelier in La Plaine Saint-Denis lebte ich 1968 die ganze Zeit mit und in der Projektion von Bildern. Natürlich konnte ich sie auch unterbrechen, so wie wir es mit dem Klang machen und wie ich es bei der Architektur tue. Projektionen benötigen einen Träger; ohne das Material, das sie offenbart, ist kein Licht sichtbar. So kam mir die Leinwand, als unbegrenzte, bewegliche Bildfläche gelegen. Ich hatte dann die Idee, einen Ballon zu konstruieren, in den ich einsteigen konnte und auf dessen Oberfläche ich Bilder projizieren würde. Ich befand mich in einer Welt ohne Störgeräusche, ohne Wände, ohne Decken, ohne die üblichen vertikalen und horizontalen Schnitte. Auf die Leinwand dieser aufblasbaren Konstruktionen projizierte ich nicht nur farbige Bilder, sondern auch Schlagschatten. Meine ersten aufblasbaren Volumen stammen aus dieser Zeit 1967 – 1968. Ich nannte sie *Volux* (Volumen + Lux = Licht). Sie bestanden aus einer Leinwand, der Hülle, auf die Licht – ein abstraktes Bild oder ein Schatten – projiziert wurde. Diese aufblasbaren Volumen wurden 1968 im Musée d'Art Moderne de la Ville de Paris ausgestellt. Einer programmierten Bewegung folgend, füllten sie sich mit Luft und fielen wieder zusammen. Die Tatsache, dass eine Konstruktion ihre Form verlieren, sterben und wieder auferstehen konnte, stellte einen Bruch mit der Tradition dar. Diese neue „aufblasbare“ Konstruktion hatte diese Gabe: sie konnte erscheinen und verschwinden. Was beinahe so faszinierend war wie die elektrische Energie. Man braucht nur auf einen Knopf zu drücken und bekommt Ton, Licht, „ein Haus“. Ich hatte den Ehrgeiz, in der Bewegung dieser Bildflächen zu leben, die von Luft, Licht und Klang getragen werden.

Nach der Pariser Ausstellung wollte ich diese Erfahrung auf die Straße, auf ganz Frankreich, ausdehnen. Ich unternahm eine lange Reise. Im Herzen der Städte, in denen ich Halt machte, installierte ich meine aufblasbaren Volumen und kinetischen Maschinen bei Einbruch der Dunkelheit und lud das Straßen-publikum ein, eine neue Form der Höhlenmalerei zu entdecken und zu erproben. 1968 in Annecy, Barcarès, Aix-les-Bains, Avignon, Aix-en-Provence, etc. In letztgenannter Stadt wurde der Cours Mirabeau zum ersten Mal für die Dauer meiner Ausstellung gesperrt. Heute ist es zweifellos einfacher, diese Art von Veranstaltungen zu organisieren. Damals aber war das nicht der Fall. Einzig die tiefe Überzeugung einer von der Leidenschaft getragenen Entscheidung ermöglichte es mir, die verrücktesten Projekte in Angriff zu nehmen und damit auf die Welt zuzugehen. Eines Tages bat mich ein Priester, der von dieser Entdeckung begeistert war, sein Pfarrfest zu beleben. Er wollte Geld für den Bau einer neuen Kirche sammeln. Ich schlug eine aufblasbare Kirche vor, unter der Bedingung, dass er darin die Messe hält. Er stimmte zu und ich fertigte eine Kirche an, die, einmal gefaltet, zu einem kleinen, 39 Kilo schweren Paket wurde, das der Priester mitnehmen konnte, wohin er wollte, um vor zweihundert Gläubigen die Messe zu feiern. Einer der Vorteile des aufblasbaren Volumens ist, dass es, einmal gefaltet, sehr klein wird. Es ist eine ideale Struktur für das Theater oder für Wanderausstellungen, da es dank seines geringen Umfangs sehr leicht zu lagern und zu transportieren ist. Den meisten Platz nimmt das Zubehör ein.

Die ersten Anwendungen

Mein erster Auftrag war gleich ein sehr kühner. 1969 wurde ich von der Fondation Maeght in Saint-Paul-de-Vence gebeten, ein Theater mit 800 Plätzen zu bauen, in Anerkennung verschiedener amerikanischer Künstler wie John Cage, La Monte Young, Merce Cunningham und weiteren, mit einem von Andy Warhol entworfenen Bühnenbild. Jeden Abend fanden in diesem Theater Musik, Tanz und Performances statt. Das speziell für diesen Anlass angefertigte Material hatte außen rote und weiße Streifen, während die Innenseite einheitlich weiß gehalten war. Tagsüber konnte man unter Sonneneinwirkung durch die durchscheinende Wand die farbigen Streifen der Außenseite von innen perfekt sehen. Nachts aber befand sich der Zuschauer an einem völlig neutralen Ort, an dem er sich voll auf die Aufführung konzentrieren konnte.

Licht ist ein wesentlicher Bestandteil meiner aufblasbaren Konstruktionen, da das Material unterschiedlich gefärbt, opak, transluzent oder transparent sein kann. Der große Reichtum dieser Palette, deren Anwendung in Japan vertrauter ist als in Europa, ist ein integraler Bestandteil der Komposition und der Qualität des Raumes. Kurze Zeit später beauftragte mich der Künstler Jean Dubuffet mit der Gestaltung einer aufblasbaren Werkstatt, in der er insbesondere sein Werk *Le Jardin d'hiver* gestalten wollte. Dieses Volumen war einheitlich weiß und transluzent, so dass das Licht beim Durchscheinen durch die Wand die Skulptur im Laufe ihrer Entstehung gleichmäßig und ohne jeden Schatten beleuchtete.

Spezifische Besonderheiten aufblasbarer Strukturen

Die Verbindung nach außen: Bedingt durch seine unweigerliche Schwere bleibt die Stelle, an der das Haus auf den Boden trifft, immer unsichtbar. Das aufblasbare Volumen hingegen entkommt der Schwere und will ständig den Boden mit einer nach oben treibenden Kraft verlassen. Aus diesem Grund muss man das Volumen festhalten. Es scheint mir entscheidend, diese wesentliche Schnittstelle mit der Erde zu betonen. Das Fehlen von Fundamenten stellt einen radikalen Unterschied im wahrsten Sinne des Wortes dar: eine wurzellose Wohnkapsel. Sich nach unten senkende Fundamente werden von nach oben gezogenen Verankerungspunkten ersetzt.

Die Tür: Um in das Innere der aufblasbaren Strukturen zu gelangen, habe ich zwei vertikale Zylinder aus flexiblem Kunststoff konstruiert, die sich durch den Innendruck leicht berühren, damit nicht zu viel Luft entweichen kann. Wer diese Schwelle überschreitet und zwischen den beiden „Säulen" hindurchgeht, fühlt eine Berührung und spürt einen leichten Lufthauch in den Haaren. Es war früher ziemlich schwierig, diese Art von Türen einzusetzen, außer an außergewöhnlichen Orten wie der Fondation Maeght.

Bei anderen Veranstaltungen wurde diese Tür abgelehnt, weil es sich nicht um eine echte Tür handelte und es zum Beispiel unmöglich war, die Geste des Öffnens zu vollziehen, um jemanden hereinzulassen oder weil der Luftzug die Frisuren der Gäste auseinandernahm. Wie auch immer, beim Überschreiten dieser Schwelle wird einem bewusst, dass man eine andere Welt betritt. Eigentlich ist es wie in der traditionellen Architektur, wenn man durch eine Tür tritt. Man achtet bloß nicht mehr unbedingt darauf. Die Tür der aufblasbaren Volumen drückt den wesentlichen Charakter aller Türen aus. Jede mit ihren spezifischen Eigenschaften verwirklicht die Schwelle zwischen zwei Welten.

Ein geringer Druck für eine große Spannung: Bevor ich auf andere Anwendungen eingehe, scheint es mir notwendig, Ihnen die konstruktiven Prinzipien dieser neuen Konstruktion zu erläutern. Sie ist neu, weil sie sich wirklich noch in ihrer Entstehungsphase befindet. Sie hat keine Geschichte. Ihr Konstruktionsprinzip unterscheidet sich so sehr von denen, die wir seit Jahrhunderten praktizieren, dass es verwirrend ist. Manchmal ist es schwierig, ihre Einzigartigkeit zu begreifen.

Es gibt zwei Arten von aufblasbaren Strukturen, die sich in ihrer Funktionsweise grundlegend unterscheiden: Die doppelwandigen Strukturen sind „aufblasbare Gerüste" aus Pfosten und Balken. Dieses Gerüst kommt dem traditionellen Konstruktionsprinzip sehr nahe, der einzige Unterschied liegt in der Natur des Materials: Die Balken und Pfosten sind nicht aus Beton, sondern mit sehr hohem Druck aufgeblasen, in der Größenordnung von 300 bis 1000 Millibar. Das aufblasbare Gerüst spielt die gleiche Rolle wie ein Gebälk; in diesem Fall ein pneumatisches Gebälk. Meine gesamte Forschung konzentriert sich jedoch auf einwandige Strukturen mit einem ganz anderem Prinzip: Die Luft, die ins Innere des Volumens geblasen wird, trägt die Hülle und hält sie in Form. Wir bewegen uns im Inneren, in der tragenden Luft und durch sie hindurch, als würden wir durch tausende von unsichtbaren Pfosten schreiten.

In einer einwandigen aufblasbaren Struktur von mir „Volumen" genannt, läuft ständig ein Ventilator, der Luft in eine einfache Haut bläst.→Ventilator Er erzeugt einen sehr geringen und nicht wahrnehmbaren differenzialen Überdruck von etwa 1 bis 3 Millibar Wassersäule. Dieser winzige Druck erzeugt eine Spannung im Gewebe, die ihm seine Stabilität verleiht. Diese Phänomene fallen unter die physikalischen Gesetze der Mechanik von Gasen und Flüssigkeiten, die eine wunderbare Wissenschaft ist. Sie erinnern sich vielleicht an Autos, deren Bremsen mit Drähten ausgestattet waren, die nacheinander eingestellt werden mussten. Eine Fehleinstellung führte dazu, dass die Lenkung zu weit nach rechts oder zu weit nach links abdriftete. Mit dem Einzug der hydraulischen Bremsen, verteilt sich der Druck durch Betätigung des Bremspedals gleichmäßig in das gesamte Leitungssystem bis hin zu den Bremsen. Man muss nichts mehr einstellen. Dieses physikalische Phänomen wirkt auch bei einer aufblasbaren Konstruktion. Der vom Ventilator erzeugte Druck verteilt sich gleichmäßig über das gesamte Volumen und spannt dabei das Gewebe in alle Richtungen. Der Spannungsgrad hängt vom Radius der Krümmung des gebauten Volumens ab. Je größer die Krümmung, desto größer die Spannung, bei gleichem Druck. Der Ventilator erzeugt einen definierten Druck. Es herrschen nie zwei verschiedene Drucke in einem Volumen.

Außerdem benötigen zwei getrennte Volumen mit unterschiedlichen Abmessungen nicht den gleichen Druck. Bei gleicher Spannung benötigt das kleinere Volumen mehr Druck als das größere. Je größer ein Volumen ist, desto weniger Druck braucht es. Nehmen wir ein sehr schönes Beispiel, um dieses Prinzip zu verdeutlichen: Sie legen eine kleine Seifenblase neben eine größere, verbinden sie mit einem Strohhalm und können beobachten, dass die kleine Blase in der großen verschwindet. Ein Kräfteverhältnis entsteht zwischen beiden. Das Experiment zeigt, dass die größere, in ihrem Druck schwächere Seifenblase sich der kleineren Blase mit höherem Druck „beugt". Ich weiß, dass es schwierig ist, dieses Phänomen zu begreifen, das Blaise Pascal selbst als paradox bezeichnete. In einer traditionellen Konstruktion will eine Kraft, die auf ein Gebäude ausgeübt wird, immer zum Boden gehen und sucht das Fundament; sie muss dann den Weg dorthin finden. Daher werden Balken und Pfosten nach dem für alle Konstruktionen allgemeinen geltenden System angeordnet: zwei Pfosten und ein Balken. Natürlich gibt es Variationen, wie zum Beispiel Überhänge oder verschiedene intelligente und sehr erfinderische Kombinationen, aber immer geht es um Schwerkraft. Was die dreidimensionalen Konstruktionen betrifft, den Eiffelturm zum Beispiel, so ist sein Konstruktionsprinzip zwar komplexer, aber dennoch kann er als ein Pfosten definiert werden, in dem Druck und Spannung in Harmonie herrschen. Das Alleinstellungsmerkmal der aufblasbaren Struktur ist, dass sie nicht auf diesem kombinatorischen Prinzip basiert. Das Gewebe selbst, die Haut, besteht nur aus Spannung, die immer in alle Richtungen wirkt, sie besteht aber niemals aus Druck in Verbindung mit der Schwerkraft. Wenn man bei aufblasbaren Strukturen von Druck spricht, obwohl dieser Begriff für alle Konstruktionstechniken der gleiche ist, handelt es sich nur um den vom Ventilator erzeugten Druck. Dieser Druck, der sich senkrecht zur Tangente der Krümmung ausrichtet, erzeugt die Spannung der Haut.[→Rechter Winkel] Der grundlegende Unterschied zwischen dem Konzept des Drucks und dem Konzept des Ventilators besteht darin, dass der vom Ventilator erzeugte Druck niemals durch das Gravitationszentrum, das heißt den Erdmittelpunkt, verläuft. Ist die aufblasbare Volumen schlecht konzipiert, ergeben sich Falten, die auf eine fehlende oder schlecht verteilte Spannung hinweisen.

Um diese Überlegungen zum Paar Druck/Spannung zu ergänzen, nehmen wir das weitere Beispiel der geodätischen Kuppeln, das die unterschiedliche Verteilung von Druck und Spannung zwischen einer dreidimensionalen Konstruktion und einer aufblasbaren Konstruktion verdeutlicht. Dem allgemeinen Prinzip folgend und abgesehen von einigen Feinheiten, stehen die Stäbe, die einer geodätischen Kuppel ihre Struktur geben, unter Druck. In einer aufblasbaren Konstruktion, wie zum Beispiel einem Polyeder, herrscht dagegen nur Spannung. Alle vorhandenen Linien, die den Stäben entsprechen, stehen unter Spannung. Die Knotenpunkte sind entlastet. Das Funktionsprinzip ist umgekehrt.

Deshalb erfordert die Konzeption einer aufblasbaren Konstruktion vor allem die Beherrschung der Lehre der Mechanik der Gase und Flüssigkeiten, um eine Anordnung der Haut zu erreichen, die für eine durchgängige harmonische Spannung sorgt. Aus mechanischer Sicht ist der Begriff der Kontinuität grundlegend.[→Kontinuität] Nach meiner Art, aufblasbare Volumen zu entwerfen, könnte man mich als Couturier der Architektur bezeichnen. Ich entwerfe sozusagen weite Kleider, die mich umhüllen und in denen ich lebe. So wie ein Schneider muss man Schablonen und Schnittmuster entwerfen, dann den Rohstoff nach diesen Schablonen ausschneiden und zusammenlegen, um dann in chronologischen Schritten die ursprünglich entwickelte Form zu erhalten. Diese Form bleibt während des gesamten Herstellungsprozesses unsichtbar; erst nach ihrer Fertigstellung wird die tragende Luft sie sichtbar machen.

Eine aufblasbare Struktur ist ein lebender Organismus

Da die aufblasbare Struktur der Schwerkraft nicht unterliegt, gehört sie zu einer biologischen Konstruktionsart, für die die Mechanik der Gase maßgeblich ist. Wir könnten sie in mechanischer Hinsicht mit unserem Körper vergleichen, der den gleichen Gesetzen unterliegt und ebenfalls aus einer Flüssigkeit besteht, die von Haut umschlossen wird und wie jeder lebende Organismus durch Energie funktioniert: Wie eine Pumpe erzeugt das Herz den Druck im Blut. In Frankreich wird beim Arzt die „tension artérielle“ gemessen, während wir in Deutschland vom Blutdruck sprechen, was die innige Beziehung zwischen Druck (pression) und Spannung (tension) deutlich macht.

In einem aufblasbaren Volumen ersetzt die gespannte Haut die traditionellen Wände. Diese Konstruktion besteht kaum noch aus Materie; die Haut ist nicht einmal einen Millimeter dick – die Dicke eines Gewebes wird in Mikron gemessen. Als Architekt habe ich daher keine Probleme mehr mit der Achse oder mit der Dicke des Materials. Die Feinheit dieser Haut, die allein die Grenze zwischen innen und außen gewährleistet, ist sehr dünn und wirkt empfindlich. Eine Messerklinge reicht in der Tat, um sie aufzureißen. In der Welt, in der wir leben, wird Empfindlichkeit als Nachteil empfunden und unweigerlich als negativ wahrgenommen.

Diese Fragilität ist jedoch relativ: Unser Körper ist genauso fragil.→Fragilität Wenn wir beim Überqueren einer Straße von einem Auto angefahren werden oder sich eine Messerklinge in unsere Haut bohrt, wird diese durchstochen und unser Blut vergossen. Das geschieht aber sehr selten, solange wir vorsichtig sind und auf das achten, was uns lieb und teuer ist – und mir sind die aufblasbaren Volumen lieb! Eine aufblasbare Struktur ist ein lebendiger Organismus, der mit Energie funktioniert.→Lebendigkeit Diese Architektur lebt im Augenblick. Die von einem Kraftwerk erzeugte Energie wird immer genau in dem Moment genutzt, in dem sie erzeugt wird, sonst ist sie unwiederbringlich verloren. Es handelt sich um eine flüchtige Quelle, die nicht eingeschlossen und gespeichert werden kann. Naturgemäß verlangt sie den sofortigen Gebrauch. Die Ökonomen und Ökologen unserer Zeit sehen diesen permanenten Energieverbrauch mit Argwohn in einer durch die Erschöpfung der Ressourcen destabilisierten Welt. Gleichwohl beweisen wir oft Naivität in Bezug auf die Produkte, die wir konsumieren, da die in ihnen enthaltene Energie, wie in jedem Endprodukt, unsichtbar und ungreifbar ist. Wenn wir zum Beispiel für einen Hausbau Materialien kaufen, blenden wir unbewusst die Energiemenge aus, die zu ihrer Herstellung nötig war. Wenn man diesen Energieaufwand berücksichtigen würde, käme man zu einem kolossalen Ergebnis. Vergleicht man dieses Ergebnis mit dem Stromverbrauch eines einzigen Ventilators, der ein Leben lang ununterbrochen läuft, spräche dies sicherlich Bände. Mit der gleichen Menge an Energie könnten wir eine beträchtliche Anzahl von aufblasbaren Volumen bauen und in Betrieb halten.

Konfrontiert mit den Naturgewalten ist das aufblasbare Volumen nicht starr, sondern steht im Dialog mit Schnee, Licht und Wind, die sie als Antwort auf diese Einwirkungen verformen können. Der Isolationsfaktor der verwendeten Materialien entspricht nicht dem, der heute in der Marktwirtschaft empfohlen wird. Aber ich bin mir sicher, dass wir in sehr naher Zukunft dahin kommen werden. Zur Zeit leben wir in einem Volumen nicht isoliert, was sich vielleicht später zu einer Chance verwandeln kann!

Getragen von der Luft, hier und anderswo

Das Beispiel des Volumens *Chaillot II*. Wie immer beginnt das Projekt mit Skizzen, gefolgt von einem Modell und wird mit Ausführungs- und Schnittplänen bis zur Fertigstellung weiterentwickelt. Das hier verwendete Kunststoffmaterial ist ein PVC, das nicht genäht, sondern mit Hochfrequenz verschweißt wird. Dieses Schweißverfahren garantiert eine Widerstandsfähigkeit, die der des Materials entspricht, und hinterlässt eine gleichmäßige Schweissnaht.

Chaillot II wurde vom Parfümeur Marionnaud für eine dreitägige Veranstaltung für seine Kunden und eine breite Öffentlichkeit in Auftrag gegeben. Ich habe sehr oft kurzlebige Projekt realisiert. Dieses Volumen wurde speziell für diesen Ort entwickelt. Auf einmal fand ein Dialog zwischen einer aufblasbaren Architektur und dem Palais de Chaillot statt, wobei das eine das andere zur Geltung brachte und die jeweilige Präsenz gegenseitig „vorangetrieben" wurde. Im Inneren der aufblasbaren Struktur wurde auf einer Fläche von 900 Quadratmetern ein tropischer Garten mit zahlreichen Bäumen, Olivenhainen und Korkeichen angelegt. Der Besucher wurde eingeladen, raffinierte Essenzen und Düfte zu entdecken.

Eine Verankerung dieser Konstruktion in den Travertinplatten der Trocadero-Esplanade kam natürlich nicht in Frage. Da die Bodenbefestigung von grundlegender Bedeutung war, baute ich ein Metallgerüst aus HEB 300,[40] das mithilfe von Platten miteinander verschraubt wurde. Dieses Gerüst bildete einen Ballastring an der Basis und der Peripherie der aufblasbaren Architektur. Für mehr Sicherheit fixierte ich seitlich Seile an den Stufen des Trocadero, die als ergänzende Befestigung besonders gut geeignet waren. Zu wissen, wie man den Kontext, in diesem Fall die Treppe, nutzen kann, ohne bei der Lösung von Problemen zu festgelegt zu sein, ist eine sehr anregende Übung, die integraler Bestandteil meiner Praxis ist. Das Detail hilft, das konstruktive Phänomen besser zu verstehen. Tatsächlich unterliegt eine aufblasbare Konstruktion immer der Wirkung einer Auftriebskraft – daher der Ballast, um sie auf dem Boden zu halten – und neigt dazu, sich in extremen Windsituationen in ein Luftkissenfahrzeug verwandeln zu wollen.→Auftrieb Die Seile wurden zur Vorbeugung dieses Risikos konzipiert. Die Haupteinschränkung, die dieser Standort mit sich brachte, betraf die Belastungsgrenze der Grundplatte. Zu diesem Zweck mussten wir die schwere Maschinerie auf dem Bürgersteig platzieren, relativ weit von der Esplanade entfernt, was die beträchtliche Länge des Luftrohrs erklärt. Die Maschinerie verfügte über eine Heizung und ein thermisches Notstromaggregat, das bei einem Stromausfall automatisch startet. Die Luft gelangt also durch das Rohr, das durch die Hülle führt. Je langsamer der Ventilator läuft, desto weniger Geräusche macht er, da weniger Reibung entsteht. Und da meine aufblasbaren Strukturen oft für Theateraufführungen, Konzerte, auf jeden Fall aber für die Öffentlichkeit genutzt werden, muss der Geräuschpegel auf ein Minimum reduziert werden. Angesichts der extrem schweren Anlage des Innengartens, für die mehrere Kubikmeter Erde benötigt wurden, überprüfte ein Geometer jeden Tag akribisch das Verhalten der Grundplatte.

Eine Architektur mitten in der Stadt zu installieren, ist ein Geschenk des Himmels, das nicht jedem gegeben ist. Es ist eine andere Art, sich einen Ort anzueignen: mit der „anderen Architektur" in Dialog treten zu können. Diese Konfrontation auf Augenhöhe sorgt für viele Überraschungen und öffnet den Blick für Gebäude, die man abseits der gewohnten Weise wahrnimmt. Der Vorplatz, der für einen kurzen Moment zu einem Innenraum wird, bleibt der Platz und ist doch kein Platz mehr. Derartige flüchtige Konstruktionen, die für einen Ort entworfen wurden, werden manchmal wiederverwendet. So wurde zum Beispiel *Chaillot II* mehrfach an verschiedenen Orten installiert. In dieser Konzeption hatte das Volumen die Besonderheit, geometrisch aus drei Teilen zu bestehen: zwei Viertelkugeln zu beiden Seiten eines zentralen Zylinders, mit großen Reißverschlüssen miteinander verbunden. Mit diesen Reißverschlüssen konnte man die Größe und die Form des Volumens modulieren; indem man den zentralen Teil entfernt und die beiden Enden zusammensetzt, erhält man einen halbkugelförmigen Raum. In dieser Konfiguration wurde das Volumen im Stade de France in Saint-Denis zur Einweihung des neuen RER-Bahnhofs aufgestellt, wo Verkehrsminister Jean-Claude Gayssot seine Eröffnungsrede hielt. Auf diese Weise wurde das Volumen auch von einem Tanzensemble, das eine Gastspielreise organisierte, als Theater genutzt. Außerdem fand sich das *Chaillot II* in einem Dorf an der Loire in der Nähe eines kleinen Bauernhauses wieder. Das ist eine Übung, die mir sehr gut gefällt und die für Architekturstudierende, die ich oft mit ins Feld nehme, sehr lehrreich ist.

Im Gegensatz zu einer für immer erstarrten Architektur, kann sich diese bewegen und an verschiedenen Orten platziert werden. Jedes Mal mit neuen Nachbarn konfrontiert, bekommt die Architektur eine andere Bedeutung. Schließlich wurde das Volumen *Chaillot II* in seiner ursprünglichen Konfiguration auch am Hafen von Calvi als Konzertsaal installiert. Diesmal umgeben von den senkrechten Masten der Boote im Hafen, öffnete sich der Blick auf den Horizont des Meeres. Dieses Projekt war Teil des Festival du Vent, an dem ich jedes Jahr teilnehme und für das ich vor etwa zehn Jahren ein erstes Projekt realisiert habe. Es handelte sich um ein aufblasbares Volumen, das auf der Spitze des genuesischen Turms von Calvi, bekannt als Tour de Sel, platziert wurde, in der Art einer Flechte, die auf einem Baumstamm wächst.→ lichen architecture Eine Verflechtung der Architektur der Vergangenheit mit der von heute. Meistens werde ich gebeten, auf einem offenen Platz zu agieren. Seltener, und das bedauere ich, interveniere ich auf, gegen oder mit einem bestehenden Gebäude, wie hier mit dem Tour de Sel. Dieses aufblasbare Volumen „umarmte“ in größter Harmonie mehrere Jahrhunderte Geschichte.

Nach dieser ersten Erfahrung, die sowohl der Auftraggeber als auch die Fischer im Hafen als Erfolg erlebten, wurde ich gebeten, jedes Jahr das gleiche Volumen für die Dauer des Festivals zu installieren. Im zehnten Jahr, anlässlich dieses Jubiläums, habe ich das verrückte Projekt umgesetzt, das Volumen davonfliegen zu lassen. Obwohl ein aufblasbares Volumen von Natur aus immer abheben will, musste ich eine komplexe Vorrichtung bauen, um dies zu erreichen. Aber vielleicht ist es die Konstruktion der Zukunft, die in der Lage ist, weiter zu gehen. Während der gesamten Festspielwoche musste das Volumen fest vertäut sein, um dem Wind zu widerstehen und diesen zu ehren. Am letzten Abend haben wir es mit Helium gefüllt und die Verankerungen gelöst. Es war uns nicht erlaubt, das Volumen nach Belieben reisen zu lassen, nur um sich vielleicht in der Unendlichkeit des Himmels zu verlieren. Das Volumen wurde gefangen genommen und landete – zweifellos verärgert – auf dem Hafenkai. Genau in diesem Moment erschien wie durch Zauberei ein weiteres konisches aufblasbares Volumen, das zuvor vorbereitet und versteckt worden war, auf dem Tour de Sel und ersetzte dasjenige, das uns verlassen hatte.

Als Antwort auf einen Auftrag des Maison de la Culture de Loire-Atlantique in Nantes für ein schnell abbaubares wanderndes Theater, habe ich den gesamten Theaterraum neu durchdacht. Dieser Raum mit 350 Sitzplätzen kann innerhalb von drei Stunden aufgebaut werden. Er ist auf flexiblen, zylindrischen, mit Wasser gefüllten Ballastelementen befestigt, die unter hohem Druck (in der Größenordnung von 200 Millibar) stehen, was ihnen das Aussehen von starren, gebogenen Balken im Gegensatz zu dem eines schlaffen Wasserbeutels verleiht. Dieser Ballastgürtel an der Basis und am Rand der Konstruktion bestimmt ihre präzise Lage. Das Theater besteht aus der Hauptzelle für die Aufführung, die aus einem lichtundurchlässigen Material gefertigt wurde, und einem sich daran anschließenden Foyer aus lichtdurchlässigem Material, das den Schauspielern und kleinen Ausstellungen vorbehalten ist. Das Volumen erhebt sich auf einem dreieckigen Gerüst, das den Bühnenraum und den Zuschauerraum zusammenfasst; eine Vorrichtung mit variablen Höheneinstellungen und Konfigurationen. Ich begreife den Bühnenraum als eine Landschaft, einen einzigen Raum, der die Bühne und die Zuschauer einschließt und dem Regisseur eine große Auswahl räumlicher Komposition in beide Richtungen bietet. Die Modularität dieser Vorrichtung, die ich für ein echtes Werkzeug halte, erlaubt es dem Regisseur, der dies wünscht, auch eine Bühne im italienischen Stil zu rekonstruieren, die von den Sitzreihen des Zuschauerraums getrennt ist. Ich persönlich bedauere, dass diese Option leider am häufigsten gewählt wird.

1975 verteilte ich an Pariser Obdachlose eine große Menge Unterkünfte, die mit der Luft aus den Schächten der Metro und dem städtischen Heizungsnetz betrieben werden konnten. Diese aufblasbaren Volumen waren mit drei Haken ausgestattet, die an einem Luftschachtgitter befestigt werden konnten von der warmen Abluft aufgeblasen wurden. Wegen der geringen Größe dieser Volumen möchte ich dieses Experiment gerne erweitern und effizientere Materialien vorschlagen.

Generell bin ich immer auf der Suche nach dem neuesten Stand der Forschung, mit dem ich meine Anwendungen bis an die Grenzen führen kann. Ich verwende systematisch die hochwertigsten Materialien, weil ich aus Erfahrung weiß, dass der Unterschied, bei gleichen technischen Spezifikationen groß ist. Wenn nötig, lasse ich das Material speziell nach meinen Angaben und Anforderungen herstellen; aber das Projekt muss groß genug sein, was das geplante Material angeht, denn die Lieferanten verlangen eine Mindestbestellung von 3000 Quadratmetern und das Doppelte, wenn ich das Material in zwei verschiedenen Farben erhalten möchte. Deshalb, auch wenn ich in der Lage bin, das Rohmaterial für meine Konstruktionen zu entwerfen und in dieser Hinsicht sehr wachsam bin, muss ich mich meistens mit den Materialien begnügen, die es auf dem Markt gibt.

Ich bin vor allem Architekt. Meine Aufgabe ist es, die Räume zu studieren, in denen sich der Mensch entfaltet, in denen er sich fühlt und sich selbst spürt, sei es gut oder schlecht. Architektur muss so gemacht sein, dass man wachsen und sich wach fühlen kann; das ist extrem wichtig. Es reicht nicht, dass ein Gebäude von außen gut aussieht. Man muss in ihm etwas empfinden können, auch ohne es erklären zu können. In meinen aufblasbaren Volumen, die von Natur aus rund sind, fühlt sich der Mensch oft sehr wohl. Natürlich ist es zu einfach, auf den Mutterleib zu verweisen – woran ich oft erinnert werde – aber man muss zugeben, dass sich dort ein echtes Wohlgefühl einstellt. Wenn Sie sich in einem traditionellen Gebäude befinden, werden Sie normalerweise von Störungen beeinträchtigt, es gibt Wände, die sie aufhalten oder ihre Sicht einschränken. Der Mensch will aber nicht herumlaufen und sich plötzlich vor einer Wand wiederfinden. Er bevorzugt Kontinuität, nach unten, nach oben und überall. Das aufblasbare Volumen bietet diese Kontinuität in allen Richtungen. Besonders beim Hören von Musik offenbart sie diese ihr eigene Harmonie: Die Schallwelle verschmilzt mit der Luft, die uns erfüllt. Der Moment des Aufstellens eines aufblasbaren Volumens ist immer magisch und ein bisschen geheimnisvoll. Das Material wird ausgebreitet, dann wird Luft hineingeblasen. Das Volumen beginnt zu schwingen, stürmische Wellen bilden beliebige Formen. Dann nimmt die Struktur ihre intendierte Form an, sie findet ihre Stabilität und ihre Präsenz setzt sich durch. Bereits wenige Augenblicke später können wir uns schwer vorstellen, dass die Struktur abschwellen könnte. Ich lebe seit mehr als 30 Jahren in einem aufblasbaren Volumen, und wenn spontan ein Fest mit Freunden und Musik entsteht, stoppe ich nach einer Weile das Gebläse, der Ton verwandelt sich, die Höhe nimmt ab, die Akustik verändert sich, der Raum wird immer intimer, die Haut berührt uns, und dann, getragen vom Klang, gewinnt sie allmählich wieder ihre Höhe.

Wenn man ein aufblasbares Volumen realisiert, nimmt man bis zur letzten Minute nicht die Form wahr, die sich später bildet. Vor einem steht ein scheußlicher Materialhaufen, der immer größer und schwerer wird. Ein Maurer, der eine Mauer baut, kann ihr immer beim Wachsen zusehen und nach und nach daraus Freude schöpfen. Bei einem aufblasbaren Volumen mit akribischen und präzisen Schweißnähten, türmt sich ein Stapel Stoff auf und bildet unentwirrbare Falten, bei denen man rigoros seine Markierungen überprüfen und regelmäßig die Längen und Winkel kontrollieren muss. Erst im letzten Moment, am Tag der ersten Installation, entsteht die Form; das ist dann der entscheidende Moment. Der Moment, in dem man weiß, ob man gut gearbeitet hat oder nicht.

Die Kugel und der Würfel

Eine aufblasbare Struktur eignet sich perfekt für rotierende Formen, weil der Innendruck das Material von der Rotationsachse aus symmetrisch in alle Richtungen drückt. Wenn diese Achse ein Punkt, ein Zentrum ist, wird die Kugel zum idealen Vorbild. Die Kugel ist eine in sich selbst definierte und endliche Form. Sie ist einzigartig und erstaunlich in ihrer Vollkommenheit. Zur Zeit von Brunelleschi[41] war es eine Herausforderung und ein Kunststück, eine Kuppel zu bauen. Man musste schon ein Genie sein, um die Schwerkraft zu zähmen und zu beherrschen. 550 Jahre später verändert plötzlich die aufblasbare Technologie unsere angestammten Gewohnheiten. Jahrhundertelang haben wir die Schwerkraft bekämpft und versucht, sie abzuschaffen. Plötzlich, mit den aufblasbaren Volumen, könnten wir sagen, dass diese Form und diese Technologie genetisch zusammengehören.

Aber die Kugel ist keine Architektur; sie ist ein vollkommenes, in sich definiertes und endliches Objekt, das wir, wie La Géode[42] in La Villette, neben eine Architektur stellen können. Eine Kugel kann groß oder klein sein, aber es ist immer sehr schwierig, ihren Maßstab zu erkennen, vor allem, wenn man sich im Inneren befindet, denn eine Kugel hat

[96] Eine Variante des Volumen *Ballon transparente* im Atelier in La Ferté-Alais, 1985.

keine Proportionen – was sehr überraschend ist. Sie ist nicht dreidimensional, sie wird nicht durch x, y, z definiert, sondern nur durch einen Radius. Daher interessierte mich die Kugel bei meinen ersten Recherchen nicht allzu sehr und ich wandte mich dem Würfel zu, der mehrere Variationen mit x, y, z bietet; wesentliche Daten, um Architektur zu machen. Der Würfel ist offensichtlich keine rotierende Form, also habe ich mir Gedanken über die Symmetrieachsen gemacht. Auf diese Weise habe ich aus dem Würfel Formen erstellt, die nicht wortwörtlich kubisch waren. Indem ich den Würfel auf eine bestimmte Art und Weise geschnitten habe, erhielt ich Krümmungen, die möglich und sehr interessant waren und die man sich niemals hätte vorstellen können. Zwischen einfacher und doppelter Krümmung wandele ich wie ein Akrobat. Aus dieser Studie heraus konzipierte ich Volumen, die zusammengefügt werden können. Verschiedene Teile, die durch Reißverschlüsse miteinander verbunden sind, bilden eine Form, die bis ins Unendliche erweitert werden kann, wobei jedes neue Teil durch drei seiner Seiten mit dem anderen zusammengefügt werden kann. Der Innenraum, der aus einem Stück besteht, kann je nach Konfiguration in verschiedene Orte unterteilt werden, die sich in Form, Größe, Höhe, Farbe und durch unterschiedliche Reaktionen der Hülle auf das Licht – opak, transluzent, transparent – voneinander unterscheiden können. Eine Landschaft mit vielfältigen Variationen.

Ich habe diese Forschung auf eine Reihe von meist reisenden Projekten angewandt, vor allem auf das Theater. Ein Beispiel ist das Volumen, was ich für die Cité des sciences et de l'industrie entworfen und in meinem Atelier hergestellt habe. Dieses Theater war zwei Jahre lang in den wichtigsten Städten Frankreichs installiert. Ein Vorläufer auf dem Gebiet der reisenden Theater war 1970 das Volumen für die Fondation Maeght. Ein ebenso interessantes Projekt habe ich bei einem vom Plan Construction[43] 1972 organisierten Wettbewerb für den Bau eines Feriendorfs vorgeschlagen. Für dieses Projekt entwarf ich eine dreidimensionale Struktur im Geiste der Arbeit von Yona Friedmann, aus der sich eine Reihe von aufblasbaren Häusern vom Kubus ausgehend in den Raum entwickelte. Obwohl dieses Projekt nicht ausgewählt wurde, habe ich eine Einheit produziert, in der ich selbst gewohnt habe. Ich mache kein Projekt, ohne vorher einen Prototyp zu bauen, um zu sehen, wie es realisiert wird, und um es zu erleben, bevor ich es dem Auftraggeber vorschlage. Darüber hinaus, unter akustischen Gesichtspunkten, sind die Formen aus dieser Familie von aufblasbaren Strukturen bemerkenswert, was in einem Theater von wesentlicher Bedeutung ist.

[97] Topoprojektion in den Steinbrüchen in Les Baux-de-Provence, 1979.

Im Gegensatz dazu ist die Kugel eine Form, bei der die Akustik unabhängig vom verwendeten Material sehr schlecht ist. Sie kann aus Beton, Glas oder Kunststoff bestehen; der Fokussierungseffekt wird immer mehr oder weniger der gleiche sein.

Um diesen Mangel in einer kugelförmigen aufblasbaren Struktur zu beheben, entwarf ich eine Schallfalle, die ich mit mehreren Löchern in die Perforation integrierte und die als vorstehender Steg erscheint. Der Schall, der im Inneren gefangen ist, kann nicht mehr herauskommen. Ich bemühe mich immer, die Nachteile, seien sie akustischer, thermischer oder sonstiger Art, so weit wie möglich durch Lösungen, die zum Wesen dieser neuen Konstruktion gehören und nicht durch die Wiederholung von Standardlösungen, wie sie im traditionellen Bauwesen verwendet werden, zu beheben. Jedes Mal, wenn ich gezwungen war, mich damit zu begnügen, erschien mir der Standardbeitrag, der der üblichen Regel entspricht, wie zum Beispiel eine Klimaanlage zur Kühlung der Raumluft, als äußerst störender Parasit.

Kommen wir zurück zur Projektion, die mich von Anfang an beschäftigte. Als ich meine ersten aufblasbaren Strukturen baute, war ich wie ein begeistertes Kind. Ich führte meine ersten Experimente mit sehr einfachen Mitteln durch, um auf den Wänden aller aufblasbaren Volumen, auch auf sehr schrägen, Bilder zu erhalten, die sich um uns herum verbreiteten. Die Haut wird zum Träger von Bildern. Dann vertiefte ich meine Forschungen und erfand eine Projektionsmethode, die ich „Topoprojektion“ nenne und die es mir ermöglichte, die Projektion von fotografischen Bildern auf eine gegebene Topografie zu beherrschen, die uneben sein und mehrere Ebenen haben kann. →Topoprojektion Ich habe diese Methode in verschiedenen Kontexten angewandt, mit oder ohne die aufblasbaren Volumen, wie zum Beispiel in der *Cathédrale d'images*, in les Baux-en-Provence.

Weitere Anwendungen

Für ein Wandertheater, das zum ersten Mal in Barcelona anlässlich der Olympischen Spiele installiert wurde, habe ich vier Container als strukturelle Vorrichtung verwendet. Jeder wurde für eine bestimmte Funktion ausgestattet: Der erste Container beinhaltete den Haupteingang, die nächsten beiden waren für die Notausgänge und der letzte beherbergte die Maschinerie. Nach dem Abbau des Theaters wurde die zusammengefaltete Hülle in den Containern gemeinsam mit dem gesamten Zubehör und der Bühnenausstattung gelagert. Wie vier große Reisekoffer konnte das Theater an einen anderen Ort transportiert werden.

In diesem Geiste entwarf ich zwei weitere Wandertheater für eine Trapezkompanie, die Les Arts Sauts. Das erste von 1500 Quadratmetern, mit dem die Kompanie fünf Jahre in Folge weltweit erfolgreich aufgetreten ist. Am Ende dieser Tournee entwarf die Kompanie eine neue Show mit einer ganz anderen Bühnenstruktur, nach der ich ein neues Theater erarbeitete. Nur die aufblasbare Architektur ermöglicht, den gesamten Entwurf eines Theaters, das genau an eine bestimmte Inszenierung angepasst ist und mit Leichtigkeit bewegt und aufgestellt werden kann. Wollte man also diese einzigartige Eigenschaft im Rahmen von täglich wechselnden Theateraufführungen weiter entwickeln, könnte man sich vorstellen, ausgehend von derselben Infrastruktur – Zugang, Befestigungsvorrichtung, etc. – die den Raum bestimmende Hülle täglich zu wechseln. Jede Hülle würde speziell für eine Inszenierung entworfen werden, wobei der Raum selbst als wesentlicher Teil der Inszenierung betrachtet werden könnte.

In Sarcelles sollten rund um den Place de France alle Geschäfte über einen Zeitraum von zwei Jahren renoviert werden. Ich wurde gebeten, einen Ort zu schaffen, der den Platz einnahm, damit die Ladenbesitzer während der Renovierungsarbeiten weiterhin ihre Produkte verkaufen konnten. Der Platz wurde so zu einem 1500 Quadratmeter großen Einkaufszentrum. Um eine der Vorschriften zu erfüllen, entwarf ich eine Rauchabzugsvorrichtung, bestehend aus einem senkrechten Zylinder, der in der Haut der aufblasbaren Struktur fixiert wurde. Dieser Teil hatte eine kurze Krümmung im Vergleich zu der Krümmung des überspannten Hauptraums. In Sarcelles befürchtete ich vor allem Vandalismus. Am ersten Tag haben wir tatsächlich kleine Schnitte von fünf Zentimetern festgestellt, die natürlich keine Auswirkungen hatten. Womöglich dachten die Täter, dass die Struktur explodieren konnte und waren vom Ergebnis enttäuscht. Es gab keine weiteren Beschädigungsversuche.

Für einen Tierpark, den es mittlerweile leider nicht mehr gibt, hatte ich eine Voliere entworfen und hergestellt, die auf zwei geodätisch geformten, zusammengesetzten Halbkugeln basierte. Sie lag auf einer Insel mitten in einem See umgeben von einem Wald.

Für den Architekten Pierre Fakhoury habe ich zwei besonders vergängliche Projekte entworfen. Das erste war eine Reihe von Volumen, die durch einen Gang miteinander verbunden waren, geplant und gebaut für eine Nacht, anlässlich der Feier zum Wechsel in das Jahr 2 000, die der Auftraggeber für seine Gäste veranstaltet hatte. Das Ensemble nahm eine Grundfläche von 900 Quadratmetern ein und wurde zum Meer hin in der Bucht von Agay errichtet. Der Aufbau fand während des legendären Sturms vom Dezember 1999 statt und wurde rechtzeitig zu den Silvesterfeierlichkeiten abgeschlossen. Das zweite Projekt war für ein sommerliches Familienfest gedacht und befand sich auf dem gleichen Gelände. Das Dach kombinierte eine dreidimensionale Metallstruktur mit doppelwandigen, aufblasbaren Volumen und Luftkissen.

In Paris, in der Rue Saint-Yves im 14. Arrondissement, gab es ein kleines verlassenes Grundstück mit dreieckiger Grundfläche, das von drei Mauern umgeben war. Ein Nachbarschaftsverein bat mich, dieses Gelände zu einem geschlossenen und überdachten Ort mit pädagogischer und kultureller Widmung für die Kinder des Viertels zu machen. Ich entwarf eine aufblasbare Struktur nach dem gleichen Prinzip wie dem Tour de Sel in Calvi und verankerte sie am Rande der drei Mauern.

Ich habe Ihnen nur einige Beispiele meiner Arbeit zeigen können, die mich seit mehr als 30 Jahren beschäftigt. Es gibt noch viele andere, von denen ich einige Anwendungen erwähnen möchte, wie z. B. Theater- und Ballettbühnen und Ausstellungsgestaltungen. So hatte ich das große Vergnügen, mit Georges Lavelli an der Comédie-Française und Maurice Béjart für die Kreation seiner Choreographie *Malaux* an der Opéra Garnier und mit Salvador Dali für die Kreation von *salle molle* im Rahmen der ihm gewidmeten Retrospektive im Centre Pompidou zu arbeiten. Im Übrigen habe ich mich auch für zuggespannte Konstruktionen interessiert: Die Wichtigste, die ich entworfen und gestaltet habe, war für die zentrale Bühne der Fête de l'Humanité in La Courneuve: Diese Struktur hatte eine Fläche von 3 000 Quadratmetern und war auf vier Baukränen als Primärstruktur errichtet.

Schließlich lebe ich seit 33 Jahren in einem aufblasbaren Volumen, dessen komplexer Innenraum, sich zwischen Erde und Himmel, zwischen Halbdunkel und Licht, zwischen Enge und Weite entwickelt. Es ist mein Universum des Lebens und der Arbeit.

40
Mittelschwerer Stahlträger mit H-Profil.

41
Filippo Brunelleschi (1377–1446) Italienischer Architekt und Bildhauer der Frührenaissance.

42
La Géode ist ein Kino in Form einer geodätische Kuppel im Parc de la Villette in Paris.

43
Der Plan Construction wurde 1971 als Fünfjahresplan vom staatlichen Commissariat général du Plan ins Leben gerufen, um Innovationen im Bauwesen zu fördern. Ab 1972 wurde der Wettbewerb Programme d'Architecture Nouvelle ausgeschrieben, um alternative Architekturprojekte vorzustellen und den Zugang zu öffentlichen Aufträgen zu vermitteln.

Im Gespräch

Architektur im Gebrauch, Lebensalltag in einem aufblasbaren Volumen

Robert Stürzl

Seit dem Einzug in dieses Volumen 1971 sind fast 50 Jahre vergangen. Wie hat sich deine Architektur im Gebrauch als Wohnraum und Atelier verändert?

[98] Die Volumen *M210* und *Petite Maison* in La Ferté-Alais, 1974.

Hans-Walter Müller

Zunächst war noch mehr geplant als dieses eine Volumen. Ursprünglich wollte ich drei Volumen hier haben und miteinander verbinden. Das ist in der Konzeption des Volumens so vorgesehen. Ein Volumen zum Wohnen, eines für die Produktion und Untersuchung von aufblasbaren Volumen und das Dritte für Projektionen, für die Arbeit mit Licht und Ton. Ab einem bestimmten Punkt wollte ich diese Bereiche aber in keinem Fall trennen, weil ich keinen Unterschied mache zwischen der Arbeit und dem Leben. Das war auch mit Marie-France[44] so. Wir haben immer gelebt und immer gearbeitet, das war gar keine Frage, es konnte gar nicht anders sein.

Ab 1975 haben wir hier zusammengelebt. Frank Popper hatte mich eines Tages zu einer Konferenz in La Sorbonne eingeladen und Marie-France war dort zu dieser Zeit Studentin für Bildende Kunst. Ich habe meinen Kodak Carousel dabei gehabt und habe auf eine Leinwand projiziert. Dabei

44
Marie-France Vesperini (1951–2015) Französische Fotografin.

habe ich erklärt, dass ich in meiner Arbeit nicht nur in eine Richtung sehe, wie vor einem Fernseher und habe mir anschließend den Projektor auf den Kopf gestellt und mich auf der Stelle herumgedreht, um die Projektion räumlich werden zu lassen. Marie-France ist nach dem Vortrag zu mir gekommen; so haben wir uns kennengelernt. 1975 bis 2015, 40 Jahre hier gemeinsam.

Als Marie-France hierher kam, das war eigentlich erst der Anfang. Das Volumen existierte schon, aber es war alles noch viel primitiver. Der Boden, die Möbel, das war nicht so von Anfang an, wir haben uns den Raum nach und nach erarbeitet. Ich hatte auch keine richtigen Fundamente gebaut für die Mauern. Ich habe alles so gemacht, dass man es leicht wieder zerstören konnte. Ich war es ja gewohnt, dass ich plötzlich weg musste, und ich habe dem Besitzer auch gesagt, sie können mich rauswerfen, wann sie wollen.

[99] Leuchttisch mit Diapositiven bei der Zusammenstellung einer Projektion, 1984.

[100] Leuchttisch mit Diapositiven, im Hintergrund die Überreste einer zusammengefallenen Wand im Untergeschoss in La Ferté-Alais, 1984.

RS

Habt ihr Projekte gemeinsam realisiert?

HWM

Die Volumen sind ein dermaßen großer Komplex mit vielen verschiedenen Arbeiten. Die Konzeption habe ich gemacht, aber ich habe auf die Meinung von Marie-France gehört, wenn sie etwas dazu gesagt hat. Die Organisation, Kommunikation und Dokumentation hat sie zum größten Teil verantwortet. Was die audio-visuellen Arbeiten und Projektionen angeht, da war sie unwahrscheinlich talentiert, zum Beispiel die Diapositive zu komponieren. Manchmal waren da zehn Bilder in einem

Diapositiv. Das wurde alles mit Mittelformat fotografiert und gestanzt auf 4 × 4 Zentimeter. Sie hat die Diapositive komponiert und hergestellt. Wir haben das Szenario entworfen und mit einem Musiker die Abstimmung von Bild und Ton erarbeitet. Bis zum Einbau und Transport haben wir alles gemeinsam erarbeitet. Sie war überall dabei.

RS

Ist die Beobachtung richtig, dass sich im oberen Geschoss das Atelier und die Produktion befinden, während die Räume unten primär Wohnräume sind?

HWM

Für den oberen Teil ist wichtig, dass es da sehr viel Platz gibt, zum Zuschneiden und Schweißen der Kunststoffe. Aber was das Zeichnen und Rechnen angeht, das funktioniert genauso gut unten wie oben. Das Leben an sich, getrennt wie man das normalerweise sieht, das hat bei uns nie existiert. Wenn man sagt, ein Wohnzimmer, ein Schlafzimmer, der ganze Kram, das ist unvorstellbar für mich. Fortlaufende Räume, die sich verändern in Bezug auf das, was man macht. An diesem Tisch, wo wir essen, arbeite ich auch sehr gerne. Und wenn ich möchte, wird der Fußboden zu meinem Tisch. Dann gehe ich hier herunter, das ist mir angenehm. Es ist eine bewohnbare Landschaft.

RS

Du möchtest also klare Abgrenzungen der Räume und ihrer Nutzungsmöglichkeiten vermeiden?

HWM

Keine statische Abgrenzung und keine Möbel als Objekte. Ein ständiges Überlaufen von einem zum anderen. Normalerweise ist in einem Haus mit seinen Zimmern alles voneinander getrennt. Da bin ich hier absolut dagegen. Es gibt Räume, die sind im Prinzip außerhalb des Volumens, nicht im Überdruck. Und ebenso gibt es im Inneren Bereiche, die der Natur überlassen sind. Nicht nur das Volumen, das ganze Gelände, mit dem Garten, mit den Passerellen auf verschiedenen Ebenen, den Wasserbecken, der gelben Stahlstruktur und dem *Belvédère*[45] ist zusammen erdacht und miteinander verbunden; vielmehr ein Städtebau als ein einzelnes Gebäude.→Garten

Zum Beispiel die großen Wasserlinien; sie ziehen sich durch das Gelände wie Striche auf einem Zeichenbrett. Jede dieser drei Wasserlinien ist 27 Meter lang, wobei ich jeweils nur neun Meter nutze, um den Regen aufzufangen und das Volumen zu befestigen. Das heißt, die Regenrinne ist nicht nur funktional, sie ist auch eine bewusst gesetzte Zäsur in dieser Architektur.

45
Das Volumen *Belvédère* befindet sich erhöht auf dem Gelände in La Ferté-Alais und wird über eine Treppe durch den Boden des Volumens betreten. Den Sockel baute Müller bereits 1975, erst 2010 folgte die Produktion der Hülle. Seit der Fertigstellung ist das Volumen permanent in Betrieb und wird seitdem als Labor für Workshops mit Studierenden und als Gästehaus genutzt.

Das Sechseck, die Grundfläche des Volumens, ist aufgeteilt in sechs gleichseitige Dreiecke. Diese Dreiecke gehen bei mir außerhalb des Volumens weiter. Da wo die gelben Stützen stehen, die befinden sich genau auf diesem Raster.→Abb. 142 Zwischen den einzelnen Volumen oder Elementen gibt es mehr verbindende Übergänge als trennende Grenzen. Das betrifft die räumliche Situation ebenso wie die akustische und die visuelle Situation.

[101] *Le Cube* in La Ferté-Alais, 1975.

RS

Kannst du das noch etwas genauer ausführen?

HWM

Ich habe zuvor über die Nachteile bei der Isolation der Volumen gesprochen und wie ich schon gesagt habe, im Grunde genommen sehe ich diese Nachteile nicht. Isolation ist die Trennung von der Umgebung. Die fehlende Isolation ist mir gerade recht im Versuch, Verbindungen zu schaffen.→Isolation Das Sonnenlicht projiziert die Schatten der Bäume auf die Hülle des Volumens. Im Inneren ist das ein riesiges, bewegliches Schauspiel. Ich höre den Regen und die Tiere um mich herum oder eben die Musik aus dem Inneren, während ich mich draußen bewege.

[102] Hans-Walter Müller im Volumen *M210* in La Ferté-Alais, 1986.

Und gleichzeitig, auch das ist mir wichtig, ist es unwahrscheinlich einfach hier. Nicht mehr als notwendig. Aus dem einfachen Grunde, weil mir das genügt. Das ist für mich das Schönste: Eine Zelle, um sich zu konzentrieren, wie ein Mönch im Kloster. Genauso sehe ich das, als eine Zelle mit einem Bett. Anstatt zu beten, rechne ich. 15,6 × 2,4 Meter misst der ursprüngliche Raum unten. Und dann ist natürlich der Kontrast groß, oben der freie Raum ohne Stützen, einer Höhe von 5,5 Metern und 210 Quadratmetern Grundfläche.→Unsichtbarkeit Das spielt auch eine große Rolle, als Gegensatz. Aber wenn ich so sage „das ist für mich das Schönste", jeder hat seine Art, das Schönste zu finden.

RS

Wann hat sich die räumliche Situation im Untergeschoss verändert?

HWM

Zu Beginn gab es nur den „Funktionsgang" unten auch mit dem Kamin und das Volumen selbst existierte natürlich auch. Im rechten Winkel zum Funktionsgang verläuft im Obergeschoss die Achse, die meine beiden Schweißmaschinen verbindet. Die Maschinen sind etwas heruntergesetzt, so dass man gut daran arbeiten kann. Dadurch entsteht hier eine unwahrscheinliche Symmetrie; im Untergeschoss der Funktionsgang und oben die beiden Schweißmaschinen. Beide Linien kreuzen sich in der Mitte hier am Tisch mit Kamin. Dieser Punkt liegt also auch genau mittig im Volumen und darüber befindet sich der höchste Punkt der Konstruktion.

Die Situation im Untergeschoss wie sie heute ist, war nicht immer genau so vorgesehen. In einem Bereich etwa ist eine Wand zusammengefallen. Die war einfach schlecht gemacht und eines Tages ist sie zusammengefallen. Die habe ich damals auch nicht gleich wieder aufbauen können; das Leben ging immer weiter. Die Arbeit und das Leben waren wichtiger als hier ein komfortables Haus zu bauen. Ein oder zwei Jahre war das so, bis ich die Erde herausgenommen habe und davon profitiert habe, dass die Wand zusammengebrochen war. So ist ein Raum neu entstanden.

Auch bei der Befestigung des Volumens habe ich immer wieder neue Möglichkeiten ausprobiert und an verschiedenen Stellen ausgebessert. Da habe ich beispielsweise eine Lasche geschweißt, damit das Wasser an der Befestigung zurückgehalten und umgeleitet wird. Oder hier, da kommen die Wurzeln des Baum mehr und mehr hinein. Es gibt immer sehr viel Arbeit und ich darf mich nicht ablenken lassen. Ich muss immer in meiner Richtung bleiben, sonst ist es nicht zu schaffen. Es ist ein Abenteuer, das ist sicher.

RS

Jetzt, wo du den Baum und die Wurzeln erwähnst; du bist hier auch im Innenraum ständig umgeben von Pflanzen und Tieren. Welche Rolle spielen Lebendigkeit und Bewegung in deiner Architektur?

HWM

Marie-France hat sich besonders um die Pflanzen gekümmert. Früher haben wir die Pflanzen, wenn es Winter wurde, auf einen Hieb hereingeholt. Mittlerweile hole ich Pflanze für Pflanze herein und wähle aus, wo ich sie hinstelle. Das ist wunderbar, das Ausprobieren verschiedener Plätze für die Pflanzen. Wenn es ein bisschen im Dunklen ist, dann mache ich ein Licht an und beobachte sie. Ein richtiges Vergnügen. Aber solche Sachen siehst du nur, wenn du längere Zeit mal sitzen bleibst. Das ist unwahrscheinlich wichtig.

Über die Jahre hatte ich Hühner und Tauben, immer wieder Katzen und auch viele Hunde. In den Wasserbecken leben Schildkröten und Fische. Die Tauben waren zunächst in einem Käfig im Volumen, erst später habe ich ihnen draußen einen Taubenschlag gebaut. Dadurch, dass sie es aber kannten hier drinnen, kamen die ab und zu herein, und auch die Treppe herunter, es war unglaublich gut.

Das ist auch nicht beschränkt auf Tiere und Pflanzen. Ich habe viele Elemente hier beweglich konzipiert. Das Bett fährt mit Rollen auf Schienen. Das ist so vorgesehen, dass ich es im Sommer rausfahren kann, um draußen zu schlafen. Und im Winter kann ich das Bett bis vor den Kamin fahren.

[103] Der Funktionsgang im Untergeschoss mit dem Esstisch am Kamin und dem Podest für den Übergang ins Obergeschoss in La Ferté-Alais, 1979.

Es gibt Projektionsflächen, die kannst du herunterklappen, den Tisch kannst du drehen und die Fläche damit verdoppeln. Hier oben die Elemente der Bibliothek, die drehen sich vertikal. Die kannst du auch herausziehen. Es gibt verschiebbare Wände, klappbare Leitern, bewegliche Bodenelemente, drehbare Sitzmöglichkeiten. Die Beweglichkeit dieser Architektur ist nicht beschränkt auf den Luftaustausch. →Luftaustausch

Der Weg nach oben; an Stelle einer Treppe geht man über ein Podest. Verstehst du, das ist wesentlich. Es sind zwei identische und bewegliche Module. Welch ein Unterschied, man kann es sich gar nicht vorstellen, wenn da eine Treppe wäre. Es ist ein ganz einfaches Beispiel. Außerdem wieder dieselben Maße. Die vier Stufen haben genau die Größe des Tisches. Das war sogar früher ein Tisch, den habe ich in vier Teile zerschnitten. Außerdem kann ich die Decke hier schließen, damit die Wärme nicht nach oben verloren geht. Oder ich öffne diese beiden Deckenelemente und habe die ganze Größe des Raumes über mir, auch die Akustik des Raums wird dadurch gesteuert.

RS

Bewegung ist also ein entscheidendes Element in diesem Haus.

HWM

Jawohl. Es ist dafür gemacht. Zum Leben. Gemacht auch für Veränderung. Aber, ich sage es noch einmal: Veränderung im Rahmen einer Ordnung. Das Leben macht Freude, aber das Leben hier befriedigt darüber hinaus meine unwahrscheinliche Strenge und das ist noch wichtiger als die Freude. Nichts Nachlässiges, nichts Gebasteltes. Nie, nie, nie, nie!

Alles was man macht, muss mit dem Wissen gemacht sein, dass es gut gemacht ist. Dadurch erhalte ich eine Zufriedenheit, die kannst du dir gar nicht vorstellen. Die Freude kommt erst durch die Präzision. Das kommt sicherlich auch von der Zauberei, einen gelungenen Trick kannst du nicht improvisieren. Er gelingt nur, weil er absolut präzise ausgeführt wurde.

RS

Die Freude, die bei den Betrachtern und Besuchern ausgelöst wird, ist die relevant für dich?

HWM

Nein. Das heißt, die Menschen müssen selbst mit ihrer Freude auskommen. Das kann ich nicht beurteilen. Diese Freude kann oberflächlich oder weniger oberflächlich sein. Aber meine Freude, die direkt mit dem physischen Arbeiten und der Verantwortung zusammenhängt, die ist sehr wichtig. Dass man da plötzlich auch eine Verantwortung hat, nichts Schöneres als eine Verantwortung.

RS

Zu Beginn hatte das Haus im Untergeschoss weniger Räume und auch jetzt sagst du, dass das Haus nicht abgeschlossen ist. Dein Haus ist Schauplatz und Gegenstand kontinuierlicher Veränderung.

HWM

Die Bauernhäuser waren früher so. Wenn der Bauer noch eine Kuh gekauft hat, dann wurde angebaut oder eine Wand eingerissen, um Platz für diese Kuh zu schaffen. Auch die Kathedralen, wenn da manchmal etwas zusammengebrochen ist, dann haben sie es neu gemacht oder etwas verbessert. Genau das ist das Richtige. Aus diesem Grund, empfinde ich es als völlig falsch, wenn junge Menschen so schnell wie möglich ein Apartment haben wollen, möbliert und fertig. Einen Kredit aufnehmen und dann sind sie nur noch dabei, den Kredit zurückzubezahlen. Ich habe eine völlig andere Einstellung, eine andere Zeiteinstellung.

RS

Wohnen in ständiger Abstimmung auf die eigenen Bedürfnisse, die sich mit der Zeit ändern. Entsprechend muss sich auch deine Architektur im Gebrauch ändern können. Wie verhält es sich mit der Infrastruktur des Hauses? Warst du von Beginn an angeschlossen an Strom, fließend Wasser und Abwasser?

HWM

Nein, überhaupt nichts war da. Es war ein wilder Wald. Angst hätte man haben können. Die Straße war zunächst nicht da, erst als die Straße gebaut wurde, gab es dann Wasser und Strom. Dabei habe auch ich einen eigenen Anschluss bekommen. Zu Beginn war ich an den Strom angeschlossen über Herrn Salis, den Flughafenbesitzer. Ich hatte meinen eigenen Zähler und mit dem Wasser war es wohl genauso. Einen Wasserhahn gab es zunächst nur außerhalb des Volumens. Ein Telefon hatte ich auch nicht. Ich habe das Telefon der Bar am Flugplatz genutzt. Die Besitzerin hatte eine Glocke und hat geschellt, wenn jemand für mich angerufen hat. Dann bin ich hingerast. Um das Abwasser habe ich mich selbst gekümmert. Ich habe eine Abwasseranlage, eine Sickergrube, gekauft und einrichten lassen. Es gibt hier oben auf dem Plateau keinen Kanalanschluss.

RS

Ist das Volumen offiziell registriert, brauchtest du vor Beginn eine Baugenehmigung?

HWM

Normalerweise hätte ich eine Baugenehmigung gebraucht, aber das kam ja alles so, dass es ein Experiment war und es war außerdem dermaßen abgelegen. Ich hatte noch nicht einmal eine formale Aufenthaltsgenehmigung für das Gelände hier. Der Bürgermeister, der sehr begeistert davon war, was ich hier mache, wollte unbedingt, dass ich eine Genehmigung bekomme und dann habe ich das auch gemacht. Aber eigentlich habe ich immer gedacht, dass man mir auf mein Grab schreibt: „Hatte noch nicht einmal eine Aufenthaltsgenehmigung“. Das hätte mir so gepasst. Aber dann war es natürlich trotzdem gut, die Genehmigung zu haben; für die Sozialversicherung und den ganzen Kram.

RS
Hast du das Volumen gegen Schäden oder ähnliches versichert?

HWM
Ich habe keine Versicherung hier, überhaupt keine. Denn mir ist das völlig egal, wenn es verbrennt. Dann mache ich es halt wieder neu. Das würde außerdem sehr viel Geld kosten, weil sie das Gebäude nicht einschätzen können. Seitdem ich geboren bin, von Anfang an, ist mir bewusst, dass das einzige Interesse sein kann, dass man lebt und dass man versucht, weiter zu kommen. Zu leben, um Geld zu verdienen, dass ist das Schlimmste, was ich mir überhaupt vorstellen kann. Man hat mich ja nie gefragt, ob ich geboren werden will oder nicht. Ich bin ja auch ganz froh darüber; meine Eltern waren auch froh. Aber auf der anderen Seite, wäre es genauso gut gewesen, wenn ich nicht geboren worden wäre.

Da ich nun mal geboren war, musste ich dann alles in Kauf nehmen, die Schule und was es alles gibt. Und dann, was machst du dann mit deinem ganzen Leben? Ja, dann machst du etwas Besonderes, aber auch etwas, was mit Geld nicht zusammenhängt. In dem Augenblick, wo man etwas anfängt, damit man es verkaufen kann, geht man schon in eine Richtung, die unangenehm ist. Dieses Denken hat zu meinem Lebenslauf geführt. Was ich tue, tue ich, um die Zeit zwischen der Geburt und dem Tod intelligent auszufüllen, mehr sehe ich nicht darin. Übrigens, vor etwa zwei Jahren wollte man das Volumen und Gelände hier schützen; als eine Sache des 20. Jahrhunderts.

RS
Wer wollte das Volumen unter Schutz stellen?

HWM
Der französische Staat, so eine Behörde. Die kamen hier auf dem Plateau an und haben es nicht gefunden auf dem Katasterplan. Da haben sie vielleicht jetzt etwas rein gezeichnet, aber offiziell hat das Haus bis dahin noch nicht existiert.

RS
Das heißt, das Gebäude steht jetzt unter Denkmalschutz?

HWM

Nein, nein. Das habe ich nicht gewollt. Zum einen, würde das dem Besitzer des Grundstücks in der Zukunft Probleme bereiten; zum anderen weiß ich aber auch, dass es sehr schwierig ist, dass jemand anderes hier so lebt wie ich. Das ist nicht überheblich, wenn ich das sage. Wie die Menschen heute leben mit Sicherheit, Versicherungen und so weiter, das wäre unmöglich. Man muss anders sein.

Wenn das Haus nach meinem Tod nicht zerstört wird, dann würde es einige Momente später sowieso zusammenbrechen. Das ist aber das Interessante dabei. Zu wissen, dass das eine lebende Architektur ist, eine, mit der man leben muss. Das ist auch eine neue Art zu denken und zu überlegen. Das man eben nichts mehr vererbt. Alles vererben, das ist meistens ein vergiftetes Geschenk. Ich sehe das ganz anders, das müsste wirklich anders funktionieren. Mein Haus muss vergehen. 1973 habe ich schon den Satz geschrieben. „L'architecture doit mourir avec son utilisateur."[46]

RS

Also im Grunde schon von Beginn an?

HWM

Jetzt komme ich bald an diesen Punkt, genau. Das Haus ist in einem sehr schlechten Zustand und ich weiß nicht, ob das Volumen eher stirbt oder ich. Das ist wie bei einem Ehepaar, man weiß nicht, wer als Erster stirbt. Jetzt bin ich fast mit meinem Volumen verheiratet und weiß nicht, wer zuerst stirbt.

Bei der ganzen Sache, was interessant ist, dass man feststellt, dass man in einem Leben nicht viel machen kann. Man darf sich auf keinen Fall verzetteln. Viele Leute verzetteln sich schnell, man muss da furchtbar aufpassen. Selbst bei mir: Einwandige Volumen, doppelwandige Volumen und so weiter. Nur einwandige Volumen! Man kann sehr viel machen, wenn man in einer Richtung bleibt. Das ist ganz klar. Und dann zieht man auch den Vorteil daraus, dass man von jedem Projekt etwas für die nächsten Projekte lernt.

RS

Würdest du also eine Arbeit, die du einmal realisiert hast, niemals ein zweites Mal genauso wiederholen?

HWM

Unmöglich, nein. Jede neue Sache gibt dir eine neue Idee. Nicht noch eine völlig andere Idee und dann noch eine. Was man jungen Menschen auf den Weg geben muss, dass innerhalb einer Idee neue Dinge entwickelt werden können und damit eine Entwicklung der eigenen Arbeit stattfindet. Das ist auch der Fall in einer Ehe. In dem Moment, wo man heiratet, da fängt es eigentlich erst an. Und dann muss man zusammen-

46
„Die Architektur muss mit ihrem Nutzer sterben." (Binet; Müller, 1973)

leben und dieses Leben zusammen entwickeln, dann ist es wunderbar. Manche glauben, in dem Augenblick, in dem man verheiratet ist, hat man ein Recht. Niemand hat ein Recht; das Recht gibt es überhaupt nicht. Wer besitzt jemanden? Das ist ein Irrtum, ein großer Irrtum. Diese Kleinigkeiten sind so wesentlich für das Leben, dass man sie in der Schule lernen sollte. Das gehört alles dazu, auch zur Architektur.

Es gibt noch viel zu entdecken und vieles passiert mir spontan. So wie diese Projektionsfläche über dem Wasserbecken. Sie ist mit einem Wind im Winter heruntergefallen und hat halb im Wasser gelegen für einige Zeit. Aber sie ist genau in die Diagonale gefallen und das Wasser hat eine neue Linie erzeugt. Plötzlich entsteht ein Dreieck mit einem rechten Winkel in dem Quadrat der Leinwand. Das ist für mich ein wunderbares Bild. Diese Strenge, die durch Zufall entstanden ist, das finde ich unglaublich. Es gibt nichts Schöneres als diese Leinwand. Man muss die Leinwand aber sehen können.

Was mich an dieser Leinwand neben der Schönheit des Moments interessiert, das ist schon mal ein Dreieck in einem Quadrat. Angenommen ich habe ein Dreieck und ein Quadrat mit derselben Seitenlänge. Wenn du die Flächen betrachtest von einem Quadrat und von einem Dreieck, dann ist der große Unterschied der Flächen unwahrscheinlich überraschend. Ich habe das hier in der gelben Stahlstruktur. Da hast du zunächst wieder dieselben Maße, eine Stablänge von 1,2 Meter. Oben das Quadrat und zu den Seiten vier gleichseitige Dreiecke. Ich bin also ständig konfrontiert mit der Frage, wie sich diese Flächen zueinander verhalten.

Und sieh mal jetzt die Schatten der Blätter im Wind auf dem Volumen. Das ist ein richtiges Erlebnis, wenn du es anschaust, es passiert ständig etwas.

Meine Architektur lebt auch durch viele Subtilitäten im Innenraum ebenso wie im Garten. Man könnte diese Dinge aufzählen oder darauf zeigen. Ein guter Architekt bringt es fertig, dass sein Kunde etwas spürt, ohne zu wissen, woher das kommt. Alles muss so gemacht werden, dass man es als Betrachter fühlt, aber nicht weiß. Dann ist man ein guter Architekt.

[104] Hans-Walter Müller beim Wechsel der Hülle des Volumen *M210* in La Ferté-Alais, 1981.

[105] Bauarbeiten in La Ferté-Alais, 1982.

[106] Knotenpunkt für die Verbindung von rechteckigen Bodenelementen, 1994.

[107] Rohbau eines Türmoduls, 1975.

[108] Das Volumen *La Volière* in Saint-Vrain, 1975.

[109] Hans-Walter Müller beim Aufbau des Volumen *La Volière*, 1975.

[110] Modell des Volumen *La Volière*, 1975.

[111 A, B] Zugespannte Bühnenüberdachung für die zentrale Bühne der Fête de l'Humanité in La Courneuve, 1975.

[112] Produktion der Bühnenüberdachung für die Fête de l'Humanité in La Ferté-Alais, 1975.

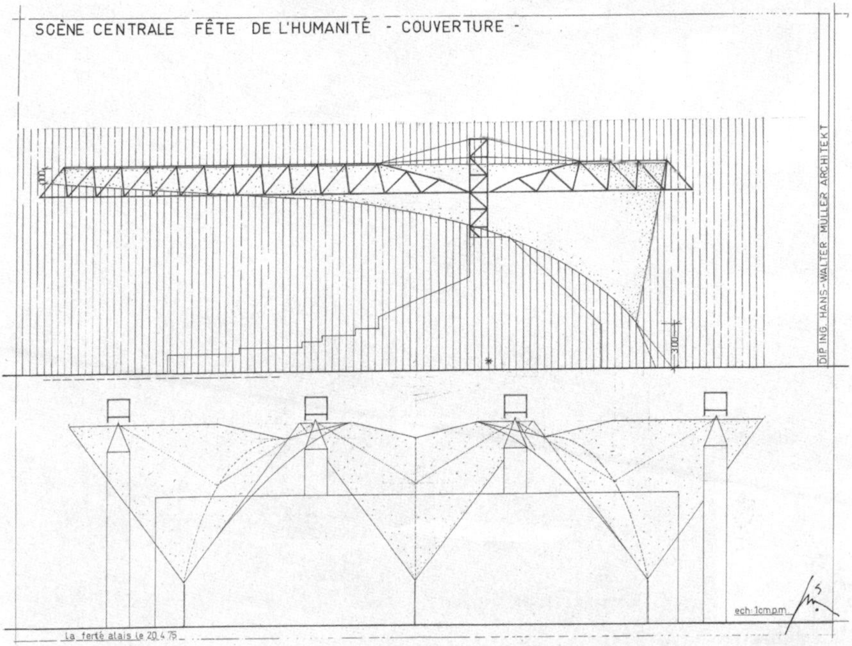

(113) Zeichnung der geplanten Bühnenüberdachung für die Fête de l'Humanité, 1975.

(114 A, B) Hans-Walter Müller bei der Verteilung und Installation einiger Zelte an Menschen ohne festen Wohnsitz in Paris, 1975.

[115] Kamin, Esstisch und Übergang ins Obergeschoss, La Ferté-Alais, ca. 1980.

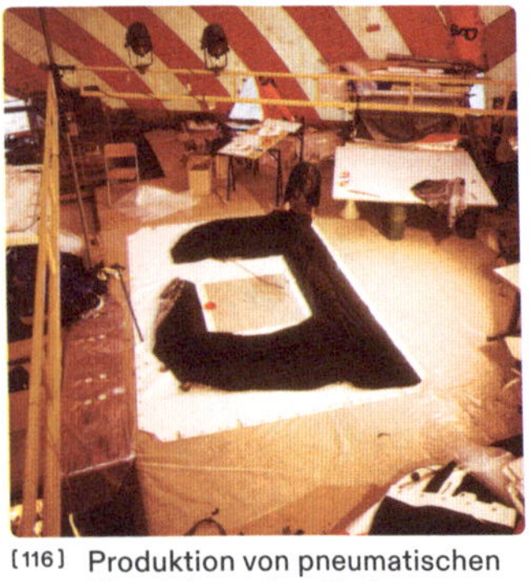

[116] Produktion von pneumatischen Wandelementen für den *salle molle* in der Ausstellung „Salvador Dalí – rétrospective" im Centre Pompidou, 1979.

[117] Marie-France Vesperini, 1986.

[118] Übergang von einem Außenraum zum Volumen *M210* in La Ferté-Alais, 1979.

[119] Badezimmer im Außenraum in La Ferté-Alais, 1976.

[120] Pflanzen im Innenraum des Volumen *M210*, ca. 1980.

[121] Wechsel der Hülle des Volumen *M210*, 1981.

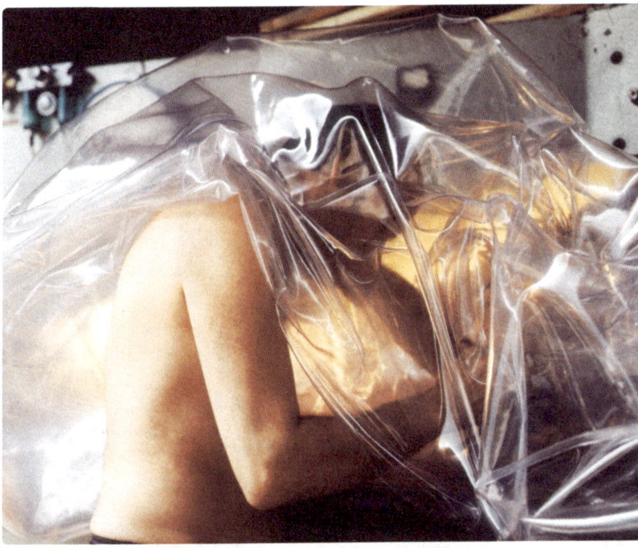

[122] Hans-Walter Müller an der Schweißmaschine, 1980.

[123] Innenausbau im Untergeschoss des Volumen *M210*, 1986.

[124] Marie-France Vesperini, Marianne Weitner und Rosemarie Müller, Schwester von Hans-Walter Müller, vor dem Volumen *M210*, 1980.

[125] Das Volumen *Centre commercial* in Sarcelles, 1982.

[126] Hans-Walter Müller tanzt im Moment der ersten Installation seines Volumens. Hier im Innenraum des Volumen *Centre commercial* in Sarcelles, 1982.

[127] Detail des Volumen *Cité des sciences et de l'industrie*, 1984.

[128] Marie-France Vesperini in La Ferté-Alais, 1989.

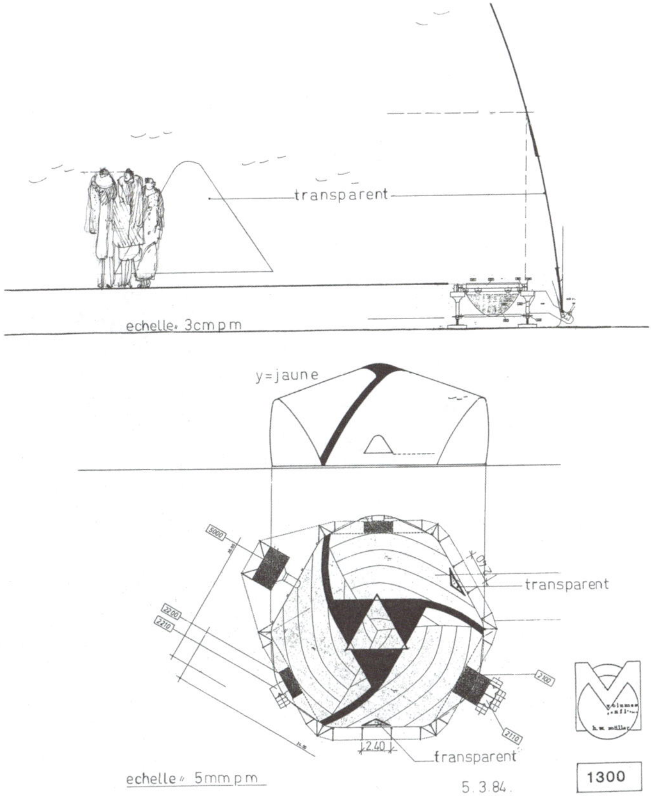

[129] Technische Zeichnung des Volumen *Cité des sciences et de l'industrie*, 1984.

[130] Das Volumen *Rue Saint-Yves* in Paris, 1988.

[131] Marie-France Vesperini und Armand Amar bei der Komposition einer Topoprojektion für „Cathédrale d'Images" in Les Baux-de-Provence, 1987.

[132] Ausbauarbeiten in La-Ferté-Alais, 1993.

[133] Bauarbeiten am Volumen in La Ferté-Alais, 1991.

[134] La Ferté-Alais, 1995.

[135] Ausbau der gelben Stahlstruktur in La Ferté-Alais, 1995.

[136] Detail des Volumen *M210*, 1994.

[137] Ausbauarbeiten am Volumen *M210* in La Ferté-Alais, 1994.

[138] Das Volumen *M210* in La Ferté-Alais, 1995.

[139] Marie-France Vesperini in La Ferté-Alais, 1994.

[140 A, B] Das Volumen *Théâtre itinérant* in Barcelona, 1992.

[141 A, B, C, D] Volumen auf dem Tour de Sel in Calvi während des Festival du Vent, 1991 – 2001.

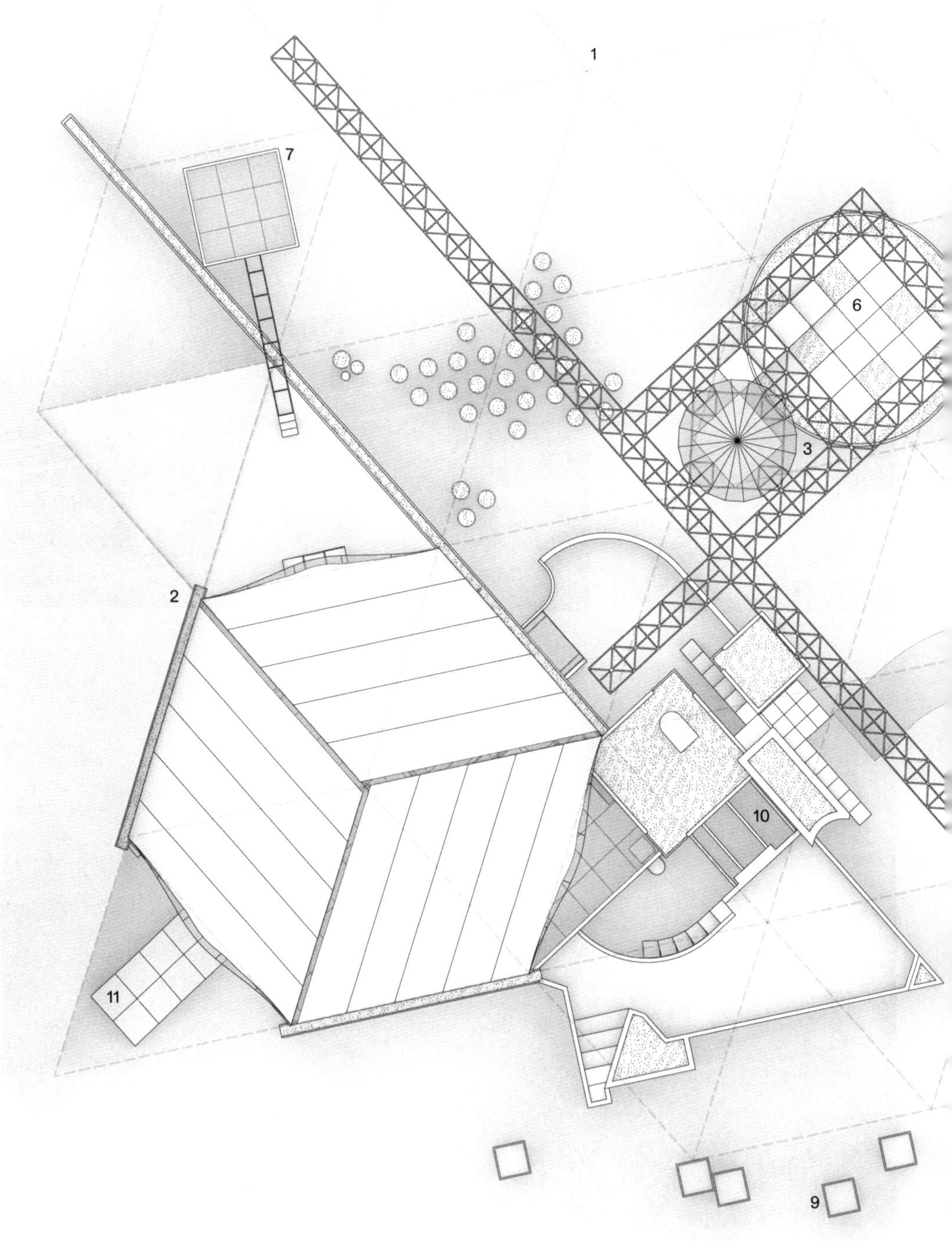
1
7
6
3
2
10
11
9

[142] Übersicht der gebauten Strukturen in La Ferté-Alais, 2022.

1 Grundraster gleichseitiger Dreiecke mit einer Kantenlänge von neun Metern.
2 Volumen *M210* → Abb. 168
3 Volumen *Klangstruktur mit Resonanzkugel* → Abb. 179
4 Stahlstruktur → Abb. 135/139
5 Volumen *Belvédère* → Abb. 176 – 178
6 Teich → Abb. 172/174
7 Außenraum mit Projektionsfläche → Abb. 118
8 Materiallager
9 Hochbeete
10 Außenräume und Fundament für weitere Volumen → Abb. 137/175
11 Terrasse → Abb. 124

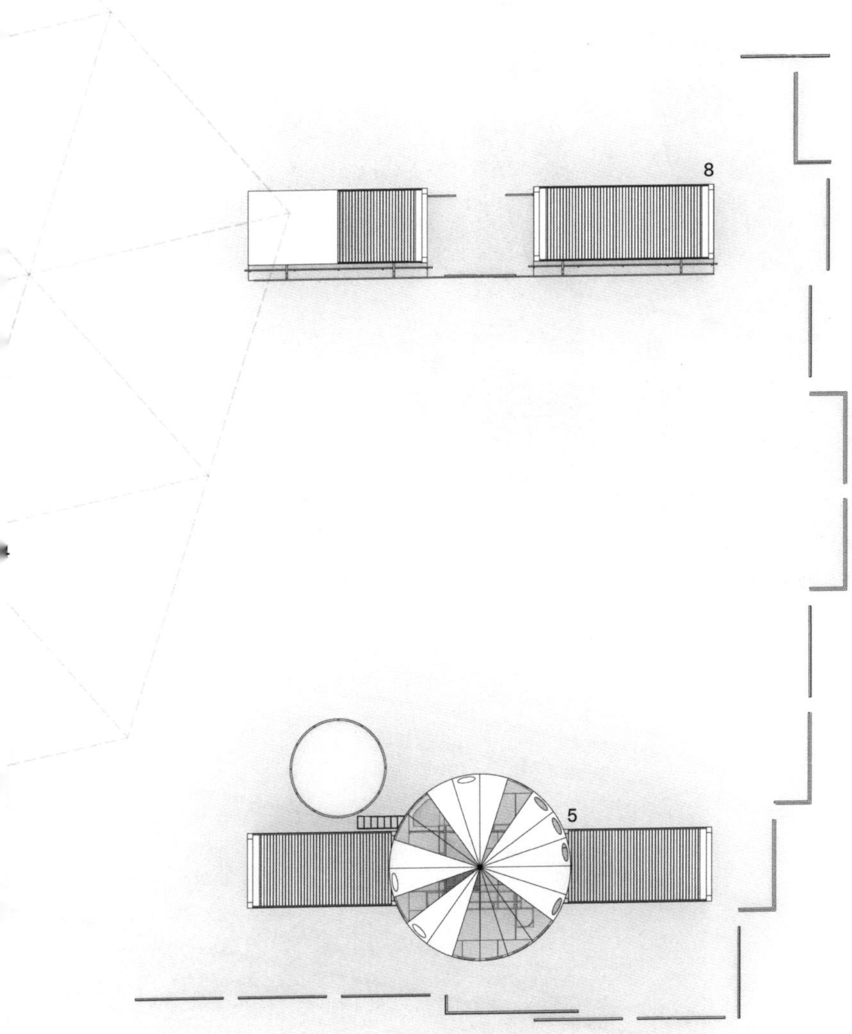

[143] Auf dem Tour de Sel nach der Installation des Volumen, ca. 1995.

[144] Volumen *Ballon rouge* während des Festival du Vent in Calvi, 1996.

[145 A, B] Das Volumen *Couloir Jaune* auf dem Meer beim Festival du Vent in Calvi, ca. 1995.

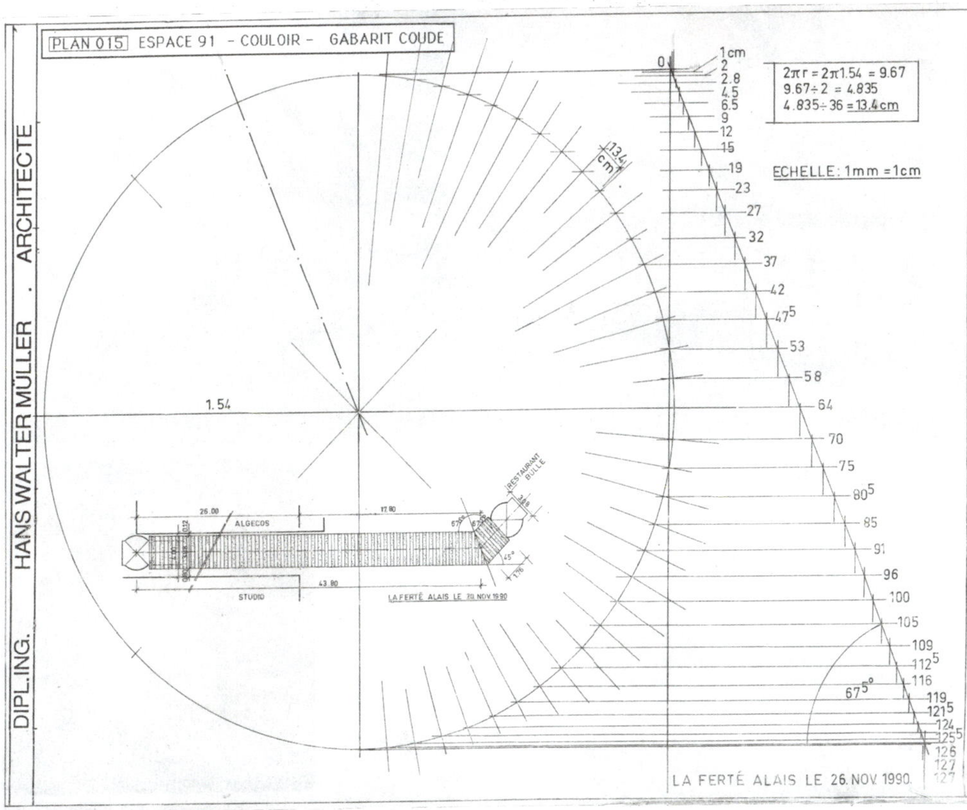

[146] Schnitt des Volumen *Couloir Jaune*, 1990.

[147 A, B, C] Vorbereitungen und Umsetzung einer Topoprojektion. Szenografie mit Pierre Etaix und 30 Perkussionisten in Calvi, 1997.

[148] Testprojektion zur Erfassung der Topografie der Projektionsfläche vor der Komposition der Projektionen in Les Baux, ca. 1987.

[149] Montage zur Veranschaulichung der Arbeitsweise von Hans-Walter Müller und Marie-France Vesperini bei der Erarbeitung ihrer Topoprojektionen. Eine transparente Folie mit einer schematischen Zeichnung der jeweiligen Topografie der Projektionsfläche wird in den Sucher der Kamera eingelegt. Jede Fotografie wird bereits für die Projektion auf eine definierte Topografie angefertigt.

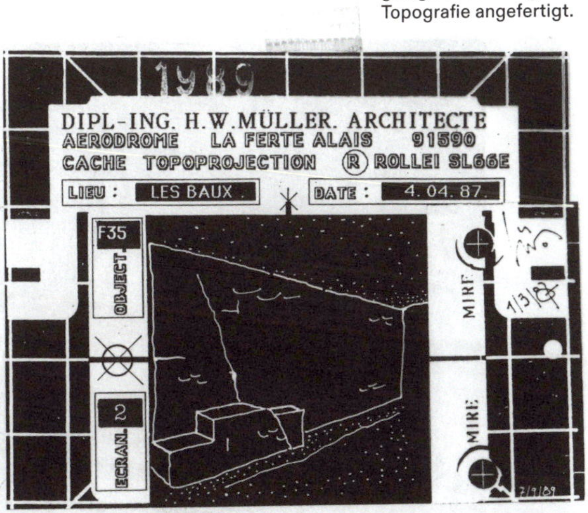

[150] Folie mit der Topografie der Projektionsfläche eines Projektors in Les Baux-de-Provence, 1987.

[151] Topoprojektion in Troyes, 1991.

[152] Marie-France Vesperini im Fotolabor in La Ferté-Alais, 1991.

[153] Topoprojektion *Mario Mariotti* in Florenz, 1998.

[154] Topoprojektion in Calvi, ca. 1995.

[155] Topoprojektion in Les Baux-de-Provence, ca. 1980.

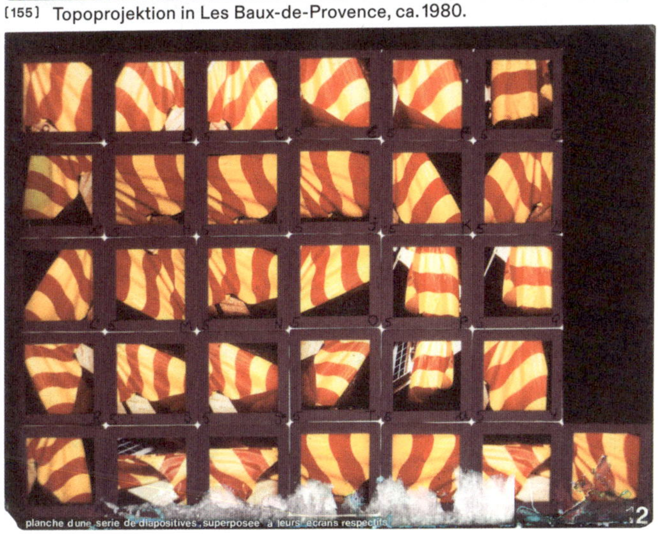

[156] Variationen eines Motivs für die koordinierte Verwendung in unterschiedlichen Projektoren zur Erzeugung einer Topoprojektion, ca. 1985.

[157] Das Volumen *Chaillot II* ohne Mittelteil in Saint-Denis.

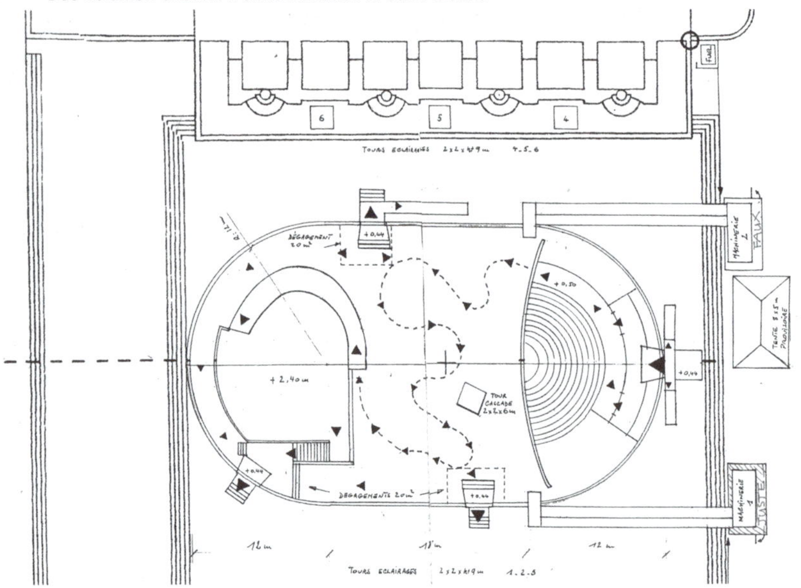

[158] Grundriss des Volumen *Chaillot II* mit Mittelteil bei der ersten Anwenung für Marionnaud in Paris, 1997.

Im Gespräch

Hans-Walter Müller mit Félix Chameroy, Anne Lacaton und Jean-Philippe Vassal

Das Gespräch fand am 17.11.2018 bei Hans-Walter Müller in La Ferté-Alais statt. Transkribiert von Félix Chameroy, übersetzt von Leander Berger, editiert von Robert Stürzl.

Hans-Walter Müller

In den 1960er Jahren, als ich noch an der Architekturschule war, schlossen die Studenten ihr Studium Ewigkeiten nicht ab. Sie waren oftmals bereits 35 Jahre alt und berufstätig, wenn sie ihren Abschluss machten. Heute haben viele nicht die Möglichkeit, ihr Studium zu verlängern und sie betreten sofort eine Welt, die praktisch unüberwindbar ist. Die nichts mit dem zu tun hat, was sie sich im Studium vorgestellt und gewünscht haben. Eine Gesellschaft, die es nicht schafft, jemanden zu akzeptieren, der beispielsweise poetisch ist, ohne aber Schriftsteller zu sein.

Jean-Philippe Vassal

In den Schulen finden die Studierenden entweder Lehrende oder Bücher und eine Bibliothek. Du findest eine Basis, die es dir ermöglicht, dich einer neuen Kultur zu öffnen. Und du sammelst Erfahrungen.

Anne Lacaton

In den 1960er Jahren war das vielleicht noch so, nach 1968 haben sie sogar die Hausaufgaben abgeschafft, damals gab es andere Freiheiten als heute.

HWM

Richtig, 1968 war sowieso großartig.

JPV

Wir haben es selbst noch erlebt, weil wir wirklich unmittelbar nach 1968 auf die Architekturschule gegangen sind. Alles war möglich. Als wir ankamen, trafen wir auf Studierende im letzten Studienjahr, die uns anboten, mit ihnen in den Unterricht zu kommen, mit ihnen im Studio zu arbeiten und sich unter sie zu mischen. Wir haben damals ein neues System eingerichtet. Zuvor gab es Noten, Werteinheiten und so weiter. Jetzt gab es Gruppen von Studierenden, die sich für ein bestimmtes Fachgebiet interessierten. Das konnte alles sein, Ökologie, Geodäsie, usw. Die Studierenden suchten sich zwei oder drei Lehrende aus der Hochschule, die ihnen in der Lage zu sein schienen, Antworten zu geben und mit ihnen zu diskutieren.

AL

Das waren Gruppen von Studierenden, die sich aus verschiedenen Jahrgängen zusammensetzten. Es war alles einfach eher eine Frage des persönlichen Interesses. Ein dreiviertel Jahr lang war die Hochschule wirklich ziemlich großartig. Es gab keine Regeln.

HWM

Was bei dieser Idee das Gute ist; dass man dabeibleiben muss, das heißt, man muss sich engagieren. Das ist für Studierende sehr wichtig. Man muss wissen, wie man sich einbringen kann.

AL

Es gab Studierende, die sich sehr stark engagiert haben. Einer von ihnen war ein guter Freund von uns; er engagierte sich sehr in der Anti-Atomkraft-Bewegung. Aber es engagierten sich auch ein paar Studierende nach rechts. Es waren nicht viele, aber es gab sie. Es konnte manchmal also durchaus zu Konflikten kommen.

JPV

Aber das Ergebnis war, dass viele Themen diskutiert wurden, die vorher nicht diskutiert worden waren. Es war sehr interessant, es eröffnete ein spannendes Perspektivenfeld.

AL

Man kann aber nicht sagen, dass die Schule gut war. Denn das war sie nicht. Ich glaube, es hatte etwas mit dieser speziellen Epoche zu tun. Alles wurde hinterfragt und ein wenig kritisiert und dadurch wurde diskutiert. Heute erarbeiten sie in allen Architekturschulen im ersten Studienjahr Strategien zu den Grundlagen, die man lernen muss, wenn man Architektur studieren möchte. Sie lernen ein Projekt zu führen, lernen Materialien kennen und grundsätzliche Elemente wie Fenster, etc. Das haben wir damals im Studium alles nicht gelernt.

HWM

Normalerweise müsste man vielen Studierenden der Architektur sagen, dass ihnen dieses Studium nichts bringt. Studierende haben, wenn sie noch nichts von Architektur wissen und verstehen, ganz seltsame Vorstellungen davon. In den Workshops frage ich mich von Zeit zu Zeit, was sie sich unter Architektur eigentlich vorstellen? Für mich selbst war es in der Ausbildung etwas anderes, weil mein Vater Architekt war. Aber normalerweise kommen die Studierenden aus allen möglichen sozialen Situationen, und es wäre wirklich interessant zu wissen, warum sie sich ausgerechnet für die Architektur entschieden haben. Denn die Architektur selbst hat ein sehr verstecktes Wesen.

AL

Im Nachhinein denke ich, gibt es nicht viel, was einen als junger Mensch dazu bringt, sich für die eine oder die andere Sache zu entscheiden. Als ich auf dem Gymnasium war, war ich ziemlich gut in Mathematik und alle drängten mich, Ingenieurwesen zu studieren. Ich weiß nicht, ich hatte darauf eigentlich gar keine Lust. Und als mir gezeigt wurde, was sie an den Architekturschulen so machten, dachte ich, es sei ein guter Kompromiss zwischen Technik und etwas mehr Persönlichem. Die Gründe, warum ich dann auf die Architekturschule ging, waren also sehr oberflächlich. Ich hatte keine Ahnung, was in einer Architekturschule tatsächlich so gemacht wurde.

Félix Chameroy

Ich bin auch mehr zufällig zum Architekturstudium gekommen, einfach weil ich die Aufnahmeprüfungen an der Schule Malaquais interessant fand. Ich habe mitgemacht und wurde aufgenommen. Man musste eine Mappe zu einem vorgegebenen Thema gestalten und einsenden. Das Thema lautete: „Nimm eine Zwiebel, verwandle sie und beschreibe“. Ich habe im Nachhinein mit Lehrenden gesprochen und sie sagten mir, dass das, was in der Auswahl am Ende den Ausschlag gegeben hat, war, ob die eingesendeten Mappen nur Ergebnisse schneller Arbeit waren oder ob dahinter ein gewisses Bemühen zu erkennen war.

HWM

Ich denke, es ging darum, eine Struktur der Natur und ihren Aufbau zu verstehen.

JPV

Und vermutlich darum, dass man beim Umgang mit einer Zwiebel manchmal weint.

HWM

Für die Architektur muss man weinen, ja!

FC

Was ich wirklich gut finde, dass für die Aufnahme zum Studium keine besonderen Kenntnisse oder Fähigkeiten erforderlich waren. Man musste es nur wollen, ohne sich dabei an irgendwelche Grundregeln halten zu müssen.

HWM

Es ist aber auch sehr subjektiv, ob die Professoren dazu dann „Ja“ oder „Nein“ sagen.

FC
Nun gut, aber um Objektivität zu erreichen, braucht man Noten, und das kann ich nicht unterstützen. Heute basiert die Auswahl an Architekturschulen viel mehr auf Noten. Und es ist schwierig, weil wir in Malaquais wirklich sehr unterschiedliche Profile von Studierenden hatten und nicht alle Fähigkeiten lassen sich in Noten ausdrücken.

JPV
Meiner Meinung nach ist eine Aufgabe der Schule, die Studierenden neugierig zu machen. In der Ausbildung muss es gelingen, vorgefasste Meinungen ein wenig anzuknacksen und die Menschen zu öffnen, so dass ihre Sinne schärfer werden.

HWM
Die Arbeit eines Architekten kann man nicht einfach lernen. Ein guter Ingenieur, ja: Beton, Eisen, Mathematik. Aber ein Architekt, ja was macht der eigentlich? Es gibt kein anderes Studium, das so breit angelegt ist und ich denke, man kann Architektur studieren, um später ganz andere Dinge zu tun. Das trifft sich gut mit meiner Vorstellung einer Ausbildung.

AL
An der Architekturschule in Nantes arbeiten die Studierenden im ersten Jahr mit einer Truppe von Choreographen und Tänzern, mit denen sie den Raum der Hochschule erkunden. Das ist dort Teil des ersten Trimesters, der ersten drei Monate.

HWM
Das ist schön, aber das würde mir nicht reichen.

AL
Das ist die Einführung für die Studierenden.

HWM
Was wollen die damit sagen? Sie zeigen damit, was Raum und Bewegung sind. Dass ein Architekt nicht statisch sein kann, dass er die dritte Dimension beherrschen muss. Aber das ist nicht alles. Als Erstes müssen sie doch lernen, wie man baut. Nur als Beispiel: Wenn man zwei Ziegel zusammenfügt, entsteht eine Fuge, die durch einen Ziegel oben abgedeckt wird. Das sind sehr wichtige Dinge, ganz zu Beginn.

AL

Ich denke, es geht dabei vor allem darum, etwas zu bieten, was völlig unerwartet ist. Du nimmst doch an, dass du dich mit Mathematik und Konstruktion beschäftigen wirst.

HWM

Meiner Meinung nach sollte man bei der Mathematik bleiben. Das Gute daran ist, dass man in der Mathematik kein persönliches Urteil haben kann. Die Mathematik ist rigoros, sie entspricht unserem Gehirn, denn unser Gehirn ist ebenso in der Lage, sich an all diese Dinge, die wir lernen, anzupassen. Und damit verändert sich das Leben zu einer ganz neuen Sache. Ich muss sagen, meiner Meinung nach sollte alles ein bisschen mehr im Geiste von 1968 laufen. Im Extremfall gehen im heutigen System viele gute Studierende verloren.

AL

Ich glaube, es gibt Schulen, wo diese Kultur herrscht. Wo man akzeptiert, etwas nicht zu wissen und auch nicht zu wissen, wohin einen das eigene Studium führen wird. Und dann gibt es Schulen, wo sowas absolut unmöglich ist. Es gibt einen klaren Ansatz, das Studium muss in einem definierten pädagogischen Rahmen laufen und es gibt eine klare Erwartungshaltung an das Studium von allen Beteiligten.

JPV

Bei meinen Studierenden beobachte ich, dass sie gegenüber der Berufspraxis eine sehr skeptische Haltung entwickeln, je näher sie dem Abschluss des Studiums kommen. Sie beginnen mit ihrem Diplomprojekt und sagen sich selbst: „Das wird das letzte Mal sein, dass ich selbst etwas entwerfen und umsetzen werde“.

FC

Auch ich hatte diesen Blick auf die Zeit nach Abschluss des Studiums. Dabei habe ich realisiert, dass ich weiterhin Entwürfe machen und Neues in der Architektur entdecken möchte. Aus diesem Grund habe ich ein aufblasbares Volumen als Abschlussprojekt realisiert und direkt nach dem Abschluss Dynamorphe gegründet.

JPV

Warum gibt es so wenige Architekten, die tatsächlich mit aufblasbaren Volumen arbeiten, während die Volumen doch so viele Menschen zu faszinieren scheinen?

FC

Das Architekturstudium bereitet nicht auf ein selbstbestimmtes Arbeiten vor. Es lehrt uns nicht frei und unabhängig zu sein, sondern bereitet geradewegs auf den Einstieg in ein etabliertes Büro vor.

AL

Ich würde mir wünschen, dass Studierende der Architektur aufblasbare Volumen tatsächlich als ernsthafte Alternative ansehen und nicht nur als etwas Faszinierendes, etwas Fantastisches.

JPV

Félix, wie funktioniert es für euch mit Dynamorphe, habt ihr zurzeit Projekte?

FC

Wir sind dabei, eine große aufblasbare Struktur von 100 Quadratmeter Grundfläche herzustellen. Wir arbeiten an beweglichen aufblasbaren Strukturen. Im Inneren des Raums wird es Kuppeln geben, die sich nach oben oder unten bewegen können, was auch eine Reihe von Bewegungen der gesamten Membran mit sich bringt. Indem man den Ventilator gezielt einsetzt und an dem einen oder anderen Kabel mechanisch zieht, kann die gesamte Architektur in Bewegung gesetzt werden. Anschließend möchten wir sehen, wie Tänzer oder Musiker sich die Bewegungen des Raums aneignen und mit ihnen Aufführungen gestalten. Das ist ein Projekt, das uns im Moment sehr beschäftigt.

JPV

Ist das ein Projekt, das sich zur Zeit noch in der Phase der Konzeption befindet?

FC

Nein, es ist bereits im Entstehen begriffen. Wir haben die Membran hergestellt, alles zusammengeschweißt. Jetzt müssen wir die Ballast-Module herstellen, was immer knifflig ist. Aber das Projekt ist schon weit fortgeschritten.

JPV

Für das Volumen in Berlin haben wir als Ballast 250 Flaschen verwendet, die wir immer noch haben. Wir haben mittlerweile etwa die Hälfte der Flaschen ausgetrunken. Wir haben sie im Büro an der Wand aufgestellt und trinken sie eine nach der anderen aus. Wir behalten die alten Flaschen, denn wenn wir das Volumen eines Tages wieder nutzen wollen, müssen wir sie wieder auffüllen.

AL

Beim Workshop in Zürich haben wir das vereinfacht und als Ballast Kanister mit 18 Liter Fassungsvermögen verwendet.

HWM

Früher stellten wir noch während der Workshops Plastiktüten für den Ballast her. Wir bestellten einen Kubikmeter Sand und die Studierenden musste den Sand in die Plastiktüten einfüllen. Aber es dauerte sehr lang, letztlich war es Zeitverschwendung. Es ist lächerlich, ich glaube, es war noch nicht einmal billiger.

JPV

Außerdem ist es doch schwieriger, an Sand zu kommen als an Wasser.

HWM

Und danach weiß man dann nicht, was man mit dem Sand anfangen soll. Nein, es ist wirklich chaotisch. Und präzise ist es mit dem Sand auch nicht.

AL

Und wenn so ein Sandsack reißt, ist das noch schlimmer als bei einer Flasche Wasser. Allerdings waren wir bei unserem Workshop im Innenraum, da gab es nicht viele Risiken. Wenn du im Freien arbeitest, ist es komplizierter. Mit unserem Volumen[47] haben wir diese Erfahrung immer wieder machen müssen. Nicht allein wegen der Wasserkanister für den Ballast, der Aufbau eines Volumens im Freien ist mit viel mehr Pflichten und Zwängen verbunden.

JPV

Hinzu kommt, dass wir dieses Volumen auf dem Dach eines Gebäudes mit sechs Stockwerken realisiert haben. Es war also wirklich immer dem Wind ausgesetzt.

AL

Zweimal ist das Volumen gerissen.

47
2016 realisierte Hans-Walter Müller für Lacaton & Vassal ein vollständig transparentes Volumen auf dem Flachdach eines Gebäudes in der Rue Lafayette, in dem sich zu dieser Zeit das Architekturbüro befand.

HWM
Nachdem ich die Dinge analysiert habe, bin ich davon überzeugt, dass es zuvor einen Stromausfall gegeben hat.

AL
Beim ersten oder beim zweiten Mal?

HWM
Zumindest beim zweiten Mal, also in der Situation, die ich selbst gesehen habe. Die Befestigungen mit den Kanistern für den Ballast haben sich kaum bewegt. Bei einem starken Sturm hätte sich auch der Ballast verschoben. Das Volumen hatte Ventile an der gegenüberliegenden Seite der Luftzufuhr. Bei einem Stromausfall verliert das Volumen also langsam Luft und wird damit angreifbar für den Wind, es fängt an zu arbeiten. Es war auch windig aber nicht stürmisch. Dieser Wind hat ausgereicht, das Volumen zu zerstören, weil der Luftdruck das Volumen nicht mehr ausreichend stabilisiert hat.

JPV
Ich denke, in der Stadt ist der Wind sehr seltsam, er weht in alle Richtungen. Wenn das Volumen nicht ausreichend unter Druck steht, dann schwankt es und es wirken gewaltige Kräfte.

AL
Als wir nach oben gingen, um nachzusehen, hat sich das Volumen in sich bewegt und ausgehöhlt.

FC
Wenn das Volumen ein wenig Luft verliert, entsteht für den Wind eine Angriffsfläche. Je stärker der Wind wird, desto mehr drückt er die Hülle des Volumens nach innen, das Volumen wird zu einem Segel.

AL
Beim ersten Vorfall war es ganz anders. Beim ersten Mal hatte sich das gesamte Volumen mit samt der Ballast-Module etwa fünf bis sechs Meter bewegt. Beim zweiten Mal war es meiner Meinung nach so, dass der Sensor nicht funktioniert hat, so dass der Ventilator dachte, er müsse immer weiter aufblasen. Es war abends und sehr windig, wir bekamen es mit der Angst zu tun und ließen die Luft manuell ab. Aber dann flog das Volumen los, wir hätten die Luft vielleicht besser nicht ablassen sollen. Es fühlt sich nicht so an, aber auf diesem Dach hat man immer Wind. Man denkt sich, es ist großartig eine Terrasse zu haben und dann stellt man fest, dass man sie ohne Unterstand gar nicht so oft

nutzen kann. Deshalb war es auch so schön, als wir das Volumen hatten, weil wir geschützt waren. In diesem Jahr haben wir die Terrasse nicht genutzt, weil sie bei dem Wind nicht angenehm ist.

FC

Ihr konntet wählen, ob der Boden des Volumens weiß oder schwarz sein sollte, nicht wahr?

JPV

Wir haben im Grunde nie den schwarzen Boden nach oben gelegt, sondern immer nur die weiße Seite. Im Sommer ist es auch mit der weißen Seite im Volumen bereits sehr warm geworden. Auch im Winter war es mit dieser Seite meist sehr angenehm.

AL

Ich bin mir gar nicht sicher, ob wir das Volumen überhaupt reparieren können.

FC

Ist es ein großer Riss?

AL

Die Risse sind überall.

HWM

Ja, weil es es sich so sehr bewegt hat.

JPV

Ich denke, wir können es reparieren, es gibt 30 oder 40 Risse. Der Kunststoff ist ziemlich zerstückelt.

HWM

Wir müssen zuerst die Hülle reparieren und auch die Befestigungen im Detail verbessern. Den Sockel sollten wir so behalten, der ist weiterhin perfekt, er hat keine Risse. Mit ein bisschen Glück können wir ihn wiederverwenden und ein neues Volumen darauf installieren.

FC

Wie lange konntet ihr das Volumen auf eurem Dach letzten Endes nutzen?

AL

Zwei Sommer, also zwei Jahre lang.

FC

Und was habt ihr da oben so gemacht?

AL

Ausruhen, abends nach der Arbeit, bevor wir nach Hause fuhren. Du sitzt da oben und schaust in den Himmel. Wir beobachten den Sonnenuntergang, beobachten die

Spuren der Flugzeuge, die Sterne, die aufsteigen. Alles ohne Wind, da man durch das Volumen geschützt ist.

JPV
Das Volumen war vollständig transparent. Wenn es regnete und die Tropfen fielen, war es so nah, als würden sie deine Haut berühren, aber ohne, dass du dabei nass wurdest.

FC
Wenn ich durch die Rue Lafayette laufe, schaue ich immer nach oben, um zu sehen, ob das Volumen da ist.

AL
Jetzt wirst du es leider nicht mehr sehen.

HWM
Als wir es montierten, hörten wir von der anderen Straßenseite Geräusche.

AL
Wir hörten Applaus von gegenüber. Da war ein Café, von welchem aus sie das Volumen sahen und applaudierten. Eine Frau hat uns auch eine Mail geschickt. Sie arbeitete auf der anderen Straßenseite und sie war neugierig zu erfahren, was es mit dem Volumen auf sich hatte. Sie fragte uns, ob Hans-Walter Müller das konzipiert hat.

HWM
Es wäre schön, wenn alles so funktioniert hätte, wie es sollte, aber es ist eben auch sehr komplex. Mit aufblasbaren Modulen ist man im Leben! Was sehr wichtig ist. Was aber auch heißt, dass es eine komplexe Angelegenheit ist.

AL
Am Ende geht es auch um die Zeit, die du bereit bist, dich darum zu kümmern.

HWM
Das sage ich immer über die aufblasbaren Module. Es ist magisch, aber man muss sich darum kümmern.

AL
In diesem Sommer hatten wir das Volumen nicht aufgebaut. Wir hatten Wettbewerbe, wir haben uns auch nicht um den Garten bemüht, und alles ist verkümmert.

JPV
Mit unserem eigenen Volumen haben wir realisiert, es ist einfach eine Architektur. Wie jede andere Architektur und jedes andere Material hat sie ihre eigenen Bedingungen, Funktionsweisen und Grenzen.

HWM
Und mit dieser Erkenntnis wolltet ihr das Volumen nicht mehr haben?

JPV
Nein, wir wollen es um so mehr. Wir haben jetzt einen Ansatz und wir wollen weiter damit arbeiten.

AL
Es ist eine architektonische Struktur, man muss sich damit beschäftigen, muss sich ihr zuwenden.

HWM
Das ist für mich so wichtig, das schätze ich so sehr an eurer Arbeit. Bei euch treffen sich die traditionelle Architektur und das Aufblasbare, es gibt eine Freundschaft und einen gegenseitigen Respekt. Das ist sehr selten und es ist wichtig das zu sagen, eine Offenheit, die über die übliche Faszination hinausgeht.

Ich habe jahrelang darauf gewartet, dass ein Architekt auf die Idee kommt, in seinem Entwurf ein aufblasbares Modul einzufügen. Es gibt Architekten, die hier gewesen sind, die fanden das interessant, aber das war es. Ihr habt euer eigenes Volumen und ihr verteidigt die Architektur, selbst nachdem ihr damit in Schwierigkeiten gekommen seid. Es ist bedauerlich, aber es hat unserer Freundschaft und eurem Interesse an der Sache nicht geschadet.

JPV
Im Gegenteil. Ich glaube, aufgrund dieser Probleme, hat man gerade Lust, weiterzumachen und weiterzugehen.

HWM
Ich denke, dass wir im Grunde den gleichen Wunsch haben. Wir fragen, was eine Wohnung ist, wie man leben sollte, was man braucht, was man wirklich braucht.

Ihr seid keine Architekten, die bloß danach suchen, dass etwas eine Wirkung nach außen zeigt. Die Arbeit geht tiefer, im Gedanken an das, was in der Architektur zu tun ist. Das ist vielleicht schwer zu verstehen, aber eine aufblasbare Struktur ist nicht nur einfach eine architektonische Konstruktion, sie ist die Freiheit des Raumes. Ich werde jetzt nicht alles im Detail erläutern, aber es gibt zwischen uns eine echte Verbundenheit.

AL
Ich hätte mir nie vorstellen können, dass wir auf diesem Dach so viele Probleme mit der Realisierung des Volumens haben würden. Das hat mich überrascht und ich habe begriffen, dass es mit einer aufblasbaren

Struktur wie bei jedem Bauwerk ist. Es unterliegt konkreten Bedingungen, ist empfindlich. Das, was du machst, finden alle großartig, aber es gibt nur wenige Leute, die glauben, dass es eine echte Lösung für den Raum und die Architektur sein kann. Ich erlebe das mit den Studierenden in Zürich, die mich fragen, wozu die Volumen dienen. Es ist ein Prozess, aber schließlich haben wir sie dahin gebracht zu verstehen, dass es wirklich ein Raum zum Leben und Arbeiten und all das sein kann. Allerdings, nur zwei von ihnen wollen selbst auch daran arbeiten.

HWM

Das ist bereits eine Ausnahme. Die beste Ausnahme sind ja Clara und Félix. Ich habe es wirklich geschafft, sie anzustecken. Was dabei sehr wichtig ist, dass sie nicht einfach das verteidigen wollen, was sie hier gesehen und gehört haben. Sie entwickeln eigene Ideen und wollen mit den aufblasbaren Volumen weitergehen. Das bildet in meinem Leben wirklich eine Ausnahme.

JPV

Hans, vorhin sagtest du, die Arbeit mit den Volumen sei eine eher künstlerische Arbeit. Ich denke, es ist essenziell Architektur. Du schaffst es, daraus eine Architektur zu entwickeln. Auf unserem Dach funktioniert es nicht gut, unabhängig vom Wind und diesen Faktoren. Wo es aber fantastisch funktioniert, ist hier, weil das Volumen hier in Beziehung zu anderen Räumen steht. Die Beziehung zwischen diesem Volumen, dem Volumen darüber[48] und dem Wald darum herum. Die Elemente kreieren eine gemeinsame Architektur und du lebst diese Architektur. Was unserem Volumen fehlt, ist das, was du für das „Belvedere" gemacht hast. Du hast eine Falltür gebaut, du kommst von unten und gehst durch diese Tür einfach hindurch in das Volumen. Wir kommen aus dem Büro heraus, besorgen uns einen Schlüssel, steigen eine Treppe hinauf, gehen durch eine Tür nach draußen auf das Dach, öffnen einen Reißverschluss und steigen in das Innere des Volumens.

HWM

Das zeigt einfach, dass man zu der Architektur eine alltäglichere Verbindung aufbauen muss.

48
Das Volumen *Belvédère* realisierte Hans-Walter Müller 2010 in La Ferté-Alais. Aufgebaut auf einen Container befindet sich das Volumen zwischen den Bäumen und wird über eine Leiter durch den Boden betreten.

AL

Wir denken häufig an Raum als eine Einheit. Was dein Haus zeigt, sind diese extremen Variationen zwischen verschiedenen Räumen, die für sich genommen schon interessant sind. Aber die Tatsache, dass diese Räume miteinander kommunizieren, verbindet sie zu einer Einheit, zu einem Lebensraum.

JPV

Wenn man hier eintrifft, ist man draußen, zwischen Bäumen. Man betritt das Volumen, aber erst wenn du einige Zeit drinnen verbracht hast; isst, trinkst und so weiter, erst dann bist du wirklich drinnen. Es ist dieser weiche Übergang zwischen den Atmosphären, der so angenehm ist. Es ist eine so elegante Verbindung.

HWM

Ich schätze sehr, dass du vorhin nach oben gegangen bist und einen Spaziergang im Volumen gemacht hast. Ich mag es, wenn man hier spazieren geht, denn es ist eine Architektur, in der man gehen, entdecken und leben soll.

JPV

Hier im Untergeschoss befinden sich viele Nutzungsmöglichkeiten in nur einem Raum. Es ist sehr komprimiert und darüber befindet sich dieser große, freie Raum. Das ist wie ein- und ausatmen. Diese Architektur verbindet so vieles. Von einem Tisch am Kamin, dem zentralen Ort in deinem Haus, über das Untergeschoss, das alle Elemente eines Wohnhauses in einer sehr kleinen Fläche verdichtet, zum großen Freiraum im Obergeschoss, bis hin zum Garten um das Volumen als Lebensraum.

AL

Was man in einem Raum von außen sehen und spüren kann, ist immer Teil der Architektur dieses Raums. Man kann einen sehr kleinen Raum mit Licht und Ausblicken vergrößern. Hier unten fühlt es sich wie ein traditionelles Haus an. Umgeben von Steinen, an einem Kamin. Hier existiert dieser traditionelle Raum, aber er ist nur eine Facette dieser Architektur.

JPV

Diese Architektur bietet die Freiheit, den Raum auf unterschiedliche Weise zu füllen. Die Räume sind nicht vorbestimmt, sie ermöglicht freie Entscheidungen und damit Schöpfungskraft. In dieser Hinsicht gibt es eine Verwandtschaft deiner Praxis und unserer Arbeit mit den Wintergärten. Es geht darum, Räume zu erschaffen, deren Nutzung nicht vorherbestimmt ist. Man braucht einen Boden und anschließend brauchst du Luft und Raum. Einen Boden, auf dem die Füße stehen können, das ist das wichtigste Element, danach kommt Freiraum. Hans, du hast vorhin die Geschichte mit den Ziegelsteinen erzählt. Ich kann mich nicht erinnern, dass ich Zeit damit verbracht habe, mich mit diesen Grundlagen im Studium zu beschäftigen. Ich vermute sogar, dass mir dieses Wissen heute fehlt. Da wir davon nicht so viel Ahnung hatten, mussten wir uns wohl anders zurechtfinden.

HWM

Ja, aber es ist ein Prinzip, das seit Jahrtausenden existiert.

JPV

Man kann das Bauen mit Ziegelsteinen lernen. Aber wenn wir uns anschauen, was du machst, oder wir, wenn wir vorgefertigte Pfosten und Balken einbauen, dann gibt es gar keine Ziegel die wir beachten müssten.

AL

Das ist der Grund, warum mich die Ziegel nicht belasten. Zum Bauen braucht man sie nicht notwendigerweise.

HWM

Aber zwischen zwei Pfosten und einem Balken muss die Verbindung irgendwie halten.

AL

Ja, aber das Prinzip ist immer das Gleiche; es geht um das Absenken von Lasten. Das ist nicht spezifisch nur für Ziegel so. Der Umgang mit dem Ziegelstein schreckt mich nicht, denn ich glaube, dass wir auf Ziegel beim Bauen verzichten können.

HWM

Ich habe die Ziegelsteine nur als ein Beispiel für eine Konstruktion verwendet. Das sind grundsätzliche Elemente des Bauens und das sollte in der Architekturausbildung vermittelt werden.

JPV

Ich vertraue auf die Luft. Nicht nur in Bezug auf aufblasbare Volumen. Ich meine, ich vertraue auf Luft und Raum. Bauen ist Luft und Raum.

AL

Aber Statik spielt doch eine Rolle? Wenn man zum Beispiel Böden herstellen muss, die nicht der Untergrund sind, muss man sich Gedanken über die Statik dieses Bodens machen.

JPV

Ja, aber ich habe selbst kein Problem mit diesen Böden. Weil ich weiß, dass es ein Unternehmen, einen Auftragnehmer geben wird, der in der Lage sein wird, die Statik der Böden zu berechnen. Aber was er nicht tun kann, ist Räume, Raumfolgen und Luft innerhalb dieser Räume zu erschaffen. Ich denke, darum geht es beim Bauen. Dazu gehört auch, Räume im bewussten Verhältnis zu bereits bestehenden Räumen zu realisieren.

AL

Nichtsdestotrotz ist die Gestaltung von Räumen vollständig mit der Konstruktion verbunden. Ich meine, die Art und Weise wie man baut, bestimmt den Raum. Wir haben nie über Ziegel gesprochen und Mauern sind uns fremd. Aber du siehst doch, dass bestimmt 80 Prozent der Architekten mit Mauern bauen, die die von Ihnen definierten Räume vollständig bestimmen. Wohingegen wir mit Pfosten bauen. Wir haben vielleicht nicht mit der Konstruktion von Mauern zu tun, aber wir müssen doch unsere Konstruktionen kennen.

JPV

In gewisser Weise existieren sie für mich gar nicht, sie sind nicht sehr wichtig.

HWM

Man muss sich einig sein, dass Architektur das Verhältnis zwischen Breite, Tiefe und Höhe ist. Das ist es, was Raum ist. Das nennen wir Raum. Wie ein Arzt, der in der Lage ist, das Herz zu sehen, weiß ein Architekt, was ein Raum ist. Und zwar ein, auf den Menschen bezogener Raum. Das heißt, wenn ein Mensch jeden Tag darin leben soll, ist es ein anderer Raum, als wenn er in die Philharmonie geht und dort ein Konzert hört.

AL

Ich stimme dir vollständig zu, aber die Frage des Raumes hängt mit der Konstruktion zusammen.

JPV

Nein, es hat nichts mit der Konstruktion zu tun. Es gab Konzerthäuser im 15. Jahrhundert und es gibt heute Konzerthäuser von Nouvel, von Scharoun und so weiter. Schlussendlich konnte das Konzerthaus im 15. Jahrhundert mit einer bestimmten Konstruktion existieren, und im 21. Jahrhundert mit einer anderen.

AL

Aber wenn man eine Philharmonie nimmt, sei es im 15. Jahrhundert oder heute, dann stellt sich immer die Frage nach dem Konzertsaal, der in jedem Fall ein Volumen ist, das eine bestimmte Konstruktionsweise erfordert. Daran hat sich auch nichts geändert. Wenn du sagst, und ich stimme dir zu, dass die Frage des Raumes eine Frage der Dimension ist, dann ist Architektur immer auch die Frage der Konstruktion, weil du deine Dimensionen nicht frei ausführen kannst, wenn dein Konstruktionssystem dies nicht zulässt. Dann verändert sich der Raum.

HWM

Ein Architekt sollte zuallererst frei sein. Aber was du gerade gesagt hast, ist wirklich interessant. Es hängt von den Materialien ab, ob man mit Beton, Metall oder Glas baut, das verändert die Proportionen. Deshalb hat Architektur immer mit dem Material zu tun.

AL

Je nach Material stellen sich von selbst Einschränkungen ein oder eben nicht.

JPV

Nein. Logischerweise solltest du jedes Material in Bezug auf die Einschränkungen, die es verursacht, nutzen. Du kannst in einer unterirdischen Höhle oder in einem Raum aus Metall leben, es ist immer ein Lebensraum. Und das eine ist so modern wie das andere.

AL

Das ist wahr, aber du gehst hier von den Extremen aus. Du gehst nicht auf die große Masse extrem effizienter Gebäude ein, wo man keinerlei Freiheit hat. Das ist doch der Großteil der Produktion. Es besteht ein direkter Zusammenhang zwischen dem Raum, den du erschaffen möchtest, mit Ausblicken und Licht, und der Art und Weise, wie du diesen Raum konstruierst.

JPV

Ja, aber es liegt an dir, deine Konstruktion zu meistern.

HWM

Ein Architekt hat ein Lastenheft, ein Programm, dort ist festgehalten, für welchen Zweck ein Gebäude konzipiert wird.

Wird es eine Schule oder ein Bürogebäude? So wird der Bedarf bestimmt und das Projekt definiert. Erst innerhalb des Projektes klärt er die Proportionen und wird damit zum Architekten. Architektur ist komplex.

Anne Lacaton

Geboren 1955, Architekturstudium an der École nationale supérieure d'architecture et de paysage (ENSAP) de Bordeaux mit Abschluss 1980. Studium der Stadtplanung an der Université de Bordeaux mit Abschluss 1984. Anne Lacaton war zwischen 2000 und 2017 Gastprofessorin an Universitäten in Madrid, Oslo, Lausanne, Harvard und Delft. Seit 2017 ist sie Professorin für Architektur und Design an der ETH in Zürich.

Jean-Philippe Vassal

Geboren 1954, Architekturstudium an der ENSAP Bordeaux mit Abschluss 1980. Von 1980 bis 1985 Stadtplaner in Niger. Jean-Philippe Vassal war Gastprofessor von 1992 bis 1999 an der ENSAP Bordeaux und von 2002 bis 2006 an der École nationale supérieure d'architecture de Versailles. Zwischen 2007 und 2011 war er Gastprofessor an der TU Berlin, seit 2012 ist er Professor für Entwerfen und Stadterneuerung am Institut für Architektur und Städtebau der Universität der Künste Berlin.

Lacaton & Vassal

1987 gründeten Anne Lacaton und Jean-Philippe Vassal das Architekturbüro Lacaton & Vassal in Paris. Ihre Arbeit erstreckt sich von öffentlichen Gebäuden und Wohnungen bis hin zur Stadtplanung. Zu den wichtigsten Projekten gehören das regionale Zentrum für zeitgenössische Kunst „FRAC Nord-Pas de Calais“ in Dünkirchen (2013), die Renovierung des „Palais de Tokyo“ in Paris (2012), die Architekturschule in Nantes (2009), die Transformationen bestehender Sozialwohnungen wie des „Tour Bois-le-Prêtre“ gemeinsam mit Frédéric Druot in Paris (2011) oder die „Cité du Grand Parc“ in Bordeaux (2016), sowie zahlreiche kollektive und individuelle Wohnprojekte wie das „Maison Latapie“ bei Bordeaux (1993), das Haus in den Bäumen in Cap Ferret (1998), die „Cité manifeste“ in Mulhouse (2005) oder Sozial- und Studierendenwohnungen in Paris (2014). Alle Projekte basieren auf einem Prinzip der Großzügigkeit und Sparsamkeit, das dem Leben, der freien Nutzung und der Aneignung der Architektur dient. Die Arbeit von Lacaton & Vassal wurde vielfach ausgezeichnet, unter anderem mit dem Grand Prix national de l'architecture (2008), dem Großen BDA-Preis (2020) und dem Pritzker-Preis (2021).

Félix Chameroy

Geboren 1994, nach seinem Abschluss der Architektur an der École nationale supérieure d'architecture Paris-Malaquais gründete Félix Chameroy gemeinsam mit Clara Chotil 2017 Dynamorphe. Dynamorphe bringt Künstler•innen und Architekt•innen zusammen, die sich mit der Konzeption und Produktion interaktiver Räume beschäftigen. Dynamorphe entwickelt aufblasbare Architekturen und geometrische Systeme, die Räume in kontrollierte Bewegung versetzen können.

[159] Anne Lacaton, Hans-Walter Müller und Jean-Philippe Vassal vor dem Volumen für Lacaton & Vassal in Paris, 2016.

Robert Stürzl

Zum Werk von Hans-Walter Müller

[178] Hans-Walter mit Studierenden bei einem Workshop im Volumen *Belvédère*, 2015.

[179 A, B] Das Volumen *Klangstruktur mit Resonanzkugel*, 2019.

[180] Außenraum mit Luftkissendach und Leinwand für Projektionen in La Ferté-Alais, 1995.

[181] Funktionsgang im Untergeschoss des Volumen *M210* in La Ferté-Alais, 2016.

Mit dem Diplomabschluss an der Technischen Hochschule Darmstadt erhielt Hans-Walter Müller die Freigabe, sein Studium der Architektur mit einem Stipendium an der École des Beaux-Arts in Paris für zwei Jahre fortzusetzen. Ein halbes Jahr zuvor hatte der Rektor und Städtebauprofessor Max Guther die dafür nötige Unterschrift verweigert, da er fürchtete, Müller würde nach dem Umzug nach Paris sein Studium in Darmstadt nicht mehr abschließen. Müller absolvierte in der Folge die letzten Kurse und erhielt sein Diplom sechs Monate später mit dem Entwurf eines Neubaus des Darmstädter Rathauses. Hans-Walter Müller erreichte Paris am 1. Oktober 1961 und wurde in einem Hotel im 9. Arrondissement untergebracht, da durch seine sechsmonatige Verspätung seiner Ankunft das vorgesehene Zimmer in der Studierendenunterkunft Cité Universitaire nicht mehr verfügbar war. Es müssen unruhige erste Wochen in Paris gewesen sein. Frankreich befand sich in den letzten Zügen des Algerienkrieges, die Polizei von Paris verhängte nächtliche Ausgangssperren und nur zwei Wochen nach Müllers Ankunft erlebte die Stadt mit dem Massaker von Paris eine ihrer dunkelsten Stunden.[49] Trotz der sich überschlagenden Ereignisse fand sich Müller schnell in der neuen Stadt ein und knüpfte bereits zu Beginn seines Studiums Kontakte zu etablierten Architekten, unter ihnen Marcel Lods[50] und Georges Candilis.[51]

Architektur wurde in Frankreich zu dieser Zeit in strikter Trennung vom Ingenieurwesen an Kunsthochschulen unterrichtet. Müller, durch die Tätigkeit bei Ernst May[52] und das Studium bei Theo Papst (Entwerfen und Hochbaukonstruktion), Karl Gruber (Architekturgeschichte), Heinrich Bartmann (Architektur und Stadtplanung) und Ernst Neufert (Industriebau) von einer technischen und angewandten Ausrichtung der Lehre geprägt, war ernüchtert vom Unterricht an der École des Beaux-Arts und besuchte die Schule in der Folge nur selten.[53] Regelmäßig folgte er stattdessen den Vorträgen von Jean Prouvé am Conservatoire National des Arts et Métiers. Prouvé als Handwerker, Industrieller und Ingenieur, vermittelte einen Gestaltungsansatz, der serielle Produktionsprozesse, modulare Konstruktionsweisen sowie neue Werkstoffe einschloss. Er formulierte damit eine Auffassung von Gestaltung und Architektur, die sich der Wissenschaft und der Industrie zuwendete, um neue Konstruktionsprinzipien zu ermöglichen. Mit dieser Haltung war Prouvé nicht allein. Konrad Wachsmann forderte die industrielle Massenproduktion von Bauteilen bereits in den 1950er Jahren: „Den Bedingungen der Industrialisierung folgend, durch Multiplikation von Zelle und Element, soll sich

49
Das Massaker von Paris: Teilnehmer einer friedlichen Demonstration, organisiert von der algerischen Unabhängigkeitsbewegung FLN, missachteten am 17. Oktober 1961 die zuvor ausgerufene Ausgangssperre für muslimische Franzosen. Der Leiter der Pariser Polizei Maurice Papon erteilte daraufhin den Befehl, die Demonstration mit Gewalt zu stoppen. Viele Tote und Verletzte wurden von den Polizisten in die Seine geworfen und oftmals erst Tage später aufgefunden. Wie viele Demonstranten an diesem Tag von städtischen und staatlichen Polizeikräften getötet wurden, ist ungeklärt, Schätzungen von Historikern wie Jean-Luc Einaudi gehen von bis zu 300 Opfern aus.

50
Marcel Lods (1891–1978) Französischer Architekt und Stadtplaner.

51
Georges Candilis (1913–1995) Griechisch-französischer Architekt und Stadtplaner.

52
Ab 1959 arbeitete Müller unter der Leitung von Ernst May am Generalbebauungsplan für den Wiederaufbau der Stadt Mainz.

53
Eine Ausnahme waren die Veranstaltungen von Edouard Albert. Albert leitete eines der Ateliers an der Schule und war Spezialist für Leichtmetallkonstruktionen. Er war freundschaftlich verbunden mit Jean Prouvé und lud diesen zu Gastvorträgen an die École des Beaux-Arts ein.

das Bauwerk indirekt entwickeln." Und führte weiter aus: „Die neuen synthetischen Materialien, Methoden und Prozesse sind, im Gegensatz zur Kenntnis von den klassischen Materialien, für den Planer heute meist kaum mehr als vage Begriffe. [...] Wenn wir wissen, daß der Ziegelstein und die Mörtelfuge, der Holzdübel oder der Nagel, die Niete oder die Schweißnaht fundamentale Ursachen sind, die das Bauwerk bestimmen, [...] dann müssen wir uns mit den neuen Elementen und deren kleinsten Zellen und ihren Beziehungen auseinandersetzen, und erst dann kann die Konzeption eines Baues reifen."[54] Unter Verwendung von nur einem Knotenelement und einer Stablänge entwarf Wachsmann repetitive, horizontale Strukturen, die diesen Prinzipien exemplarisch folgten. Seine Entwürfe für Raumtragwerke, wie der *Aircraft Hangar* aus dem Jahr 1952 wurden vielfach publiziert und übten nicht nur auf Hans-Walter Müller Einfluss aus.[55] Die Stabgerüstkonstruktionen Wachsmanns stehen für die Wiederbelebung der Ideale des Konstruktivismus, für eine Systematisierung der Architektur und für das Bauen als Ingenieurswissenschaft. Müller beschreibt Wachsmann und Prouvé ebenso wie auch Werner Ruhnau,[56] Robert Le Ricolais[57] und Paul Maymont[58] als Orientierungspunkte und Vorbilder in den 1960er Jahren.

Müller und Maymont trafen sich in Paris. Gemeinsam erdachten sie hängende Städte und neue Formen des städtischen Zusammenlebens. Paul Maymont war Mitglied der Groupe d'Études d'Architecture Mobile (GEAM), die sich 1958 im Nachgang des 10. Congrès Internationaux d'Architecture Moderne (CIAM)[59] in Dubrovnik gründete und ein der Zukunft zugewandtes Bauen und Konstruieren proklamierte. So wie Konrad Wachsmann und Jean Prouvé unterstützte eine Vielzahl etablierter Architekten, Planer und Ingenieure die Ziele der GEAM, zu deren Mitgliedern außerhalb von Frankreich Frei Otto, Werner Ruhnau und Yona Friedman zählten. Gemeinsam forderten sie ein Umdenken in der Architektur und der Stadtplanung, die sich, so die Kritik, noch immer blind an den Grundsätzen der Charta von Athen[60] ausrichtete und dabei technische Entwicklungen und neue Konstruktionsprinzipien ebenso negierte wie gesellschaftliche und soziale Herausforderungen der damaligen Gegenwart.

54
Vgl. Wachsmann, Konrad: „Vom Bauen in unserer Zeit" in: *baukunst und werkform* Nr. 1, Nürnberg, 1957.

55
Sichtbar ist der Einfluss von Konrad Wachsmanns Dachkonstruktionen beispielsweise in den utopischen Entwürfen der *Raumstadt* von Eckhard Schulze-Fielitz oder Yona Friedman in den späten 1950er und 60er Jahren.

56
Werner Ruhnau (1922–2015) Deutscher Architekt. Baute 1959 das *Musiktheater im Revier* in Gelsenkirchen und formulierte Anfang der 1960er Jahre den Wunsch nach einer Luftarchitektur. Nach Leichtbaukonstruktionen in welchen flüssige und gasförmige Stoffe Verwendung finden würden. Eine nicht-materielle Architektur, die unendliche Wohnräume ermöglichen sollte.

57
Robert Le Ricolais (1894–1977) Französischer Ingenieur. Er gilt als einer der Begründer leichter Raumtragwerke. Hans-Walter Müller verfolgte die Vorträge von Ricolais an der École d'Architecture du Grand Palais in Paris.

58
Paul Maymont (1926–2007) Französischer Architekt und Stadtplaner. Gründete 1965 gemeinsam mit Ionel Schein, Yona Friedman, Michel Ragon, Nicolas Schöffer und weiteren die Groupe International d'Architecture Prospective. 1968 Begründer der École d'Architecture du Grand Palais in Paris.

59
Congrès Internationaux d'Architecture Moderne war eine Reihe von Fachkongressen für Architektur und Städtebau, die 1928 unter anderen von Le Corbusier begründet und bis Ende der 1950er Jahre fortgeführt wurde.

60
Die Charta von Athen wurde 1933 auf dem 4. Congrès Internationaux d'Architecture Moderne in Athen mit dem Thema „Die funktionale Stadt" von führenden Architekten verabschiedet und 1943 veröffentlicht. In der Umsetzung führte die Charta von Athen zu einem neuen Städtebau, der unter anderem die Verdichtung der Stadt durch vertikale Erschließung bei gleichzeitiger Gewinnung von Grünflächen und die funktionale Trennung von Wohnen, Arbeiten, Einkaufen und Industrie, sowie auch die Trennung von Fußgängern und motorisiertem Verkehr vorsah.

Auseinandersetzung mit Projektion

Neben Diskursen in Architektur und Stadtplanung boten sich Hans-Walter Müller in Paris auch Anknüpfungspunkte in andere Interessensgebiete. Ab 1962 besuchte er Kurse für Pantomime bei Étienne Decroux und zauberte gleichzeitig auf der Bühne eines Kabaretts im Quartier Latin. Müller stand seit seiner Kindheit als Zauberer auf der Bühne. Später verfolgte er bei zahlreichen Gelegenheiten die Zauberei parallel zum Studium in Darmstadt, was ihm zu Studienzeiten den Namen „Zauber-Müller" einbrachte. Erkenntnisse aus der Bühnenerfahrung mit Zauberei und Pantomime fanden später Einfluss in seine architektonische Praxis und in die Arbeiten mit Projektionen.→Inszenierung Die einzelnen Bestandteile einer Bewegung zu sehen, ihren Ablauf zu verstehen, ihn vor Publikum bewusst zu steuern und zu perfektionieren, war ein Grundstein für die Konzeption seiner Projektionen. Müller experimentierte ab Anfang der 1960er Jahre mit *Kodak Carousel* Diaprojektoren und machte dabei in den ersten Monaten in Paris eine zufällige Entdeckung, die ihm erlaubte, das statisch projizierte Bild in Bewegung zu versetzen. Ein Haar, vor der Lichtquelle platziert und von der Abluft des Projektors in Bewegung versetzt, erzeugt eine sichtbare Bewegung im projizierten Bild. Müller entwickelte daraufhin die *Cinimages Fluides*. Er spannte Fäden in Diarahmen und fixierte darauf farbige Pailletten. Die Projektion zeigte transparente, sich teilweise überlagernde Farbflächen in ständiger Bewegung. Die erzeugten Bewegungen waren weitestgehend zufälliger Natur, die Kompositionen waren nicht bis ins Detail zu kontrollieren. Dennoch bildeten die *Cinimages Fluides* damit den Ausgangspunkt für die Entwicklung von Müllers Projektionsmaschinen,[61] die er 1963 erstmals öffentlich vorstellte.

Abschluss des Studiums, Reise in die USA

Im gleichen Jahr schloss Hans-Walter Müller das Studium an der École des Beaux Arts ab. Seine Abschlussarbeit war eine Materialstudie zur industriellen Vorfertigung von Bauteilen aus Porenbeton. Nach dem Abschluss reiste Müller, inspiriert von Jane Jacobs *Tod und Leben großer amerikanischer Städte*[62] im Sommer 1963 in die USA. Müller teilte Jacobs kritischen Blick auf die praktizierte Stadtplanung und war überzeugt, dass moderne und lebenswerte Städte bei gleichzeitiger Erhaltung der gesellschaftlichen Verflechtungen vor Ort möglich seien. Mit dem Flugzeug reiste er nach Washington, D.C., von dort

61
Hans-Walter Müller entwickelte verschiedene Modelle seiner Projektionsmaschinen. Das erste Modell war die *Genèse 63*. Vor einem Diaprojektor installierte Müller eine Plexiglasscheibe, die durch einen Motor in Bewegung versetzt wurde. Auf dieser Platte wurde eine Schauplatte aus Metall installiert, die Schauplatte wurde von einem zweiten Motor angetrieben. Das Licht des Projektors fiel durch die ausgestanzten Löcher der Schauplatte, die beiden gegenläufigen Bewegungen der beiden Platten erzeugten eine bewegte Projektion, die Müller über einen Wechsel der Schauplatte oder der Geschwindigkeiten der beiden Platten, frei steuern konnte.

62
Jane Jacobs: *The Death and Life of Great American Cities* (1961) erschien 1963 erstmals in deutscher Übersetzung in der Reihe Bauwelt Fundamente im Ullstein Verlag.

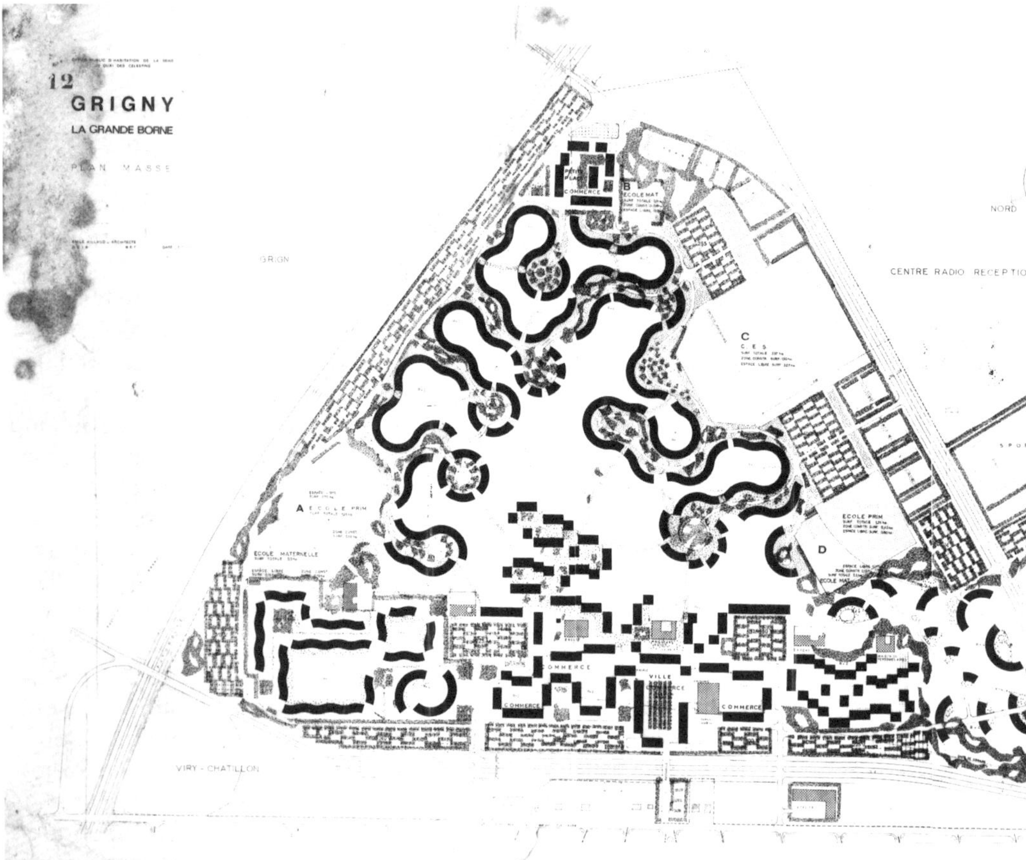

[160] Bebauungsplan für Grigny – La Grande Borne, 1965.

weiter mit dem Bus quer durch das Land mit dem Ziel, die Bauten einflussreicher Architekten seiner Gegenwart wie beispielsweise Philip Johnson mit eigenen Augen zu sehen. Zunächst nach New York, von dort weiter nach Connecticut, wo er Anni und Josef Albers besuchte und das kürzlich fertiggestellte Yale Art & Architecture Building von Paul Rudolph in New Haven besichtigte. In Boston sah Müller das neue Boston Arts Center mit seiner pneumatischen Dachkonstruktion, in Chicago besuchte er das Architekturbüro von Mies von der Rohe. Über Dallas und El Paso fuhr Müller weiter nach Scottsdale in Arizona zum Wohn- und Atelierhaus Taliesin West des damals kürzlich verstorbenen Frank Lloyd Wright. Vielerorts konnte Müller über Kontakte eines Kommilitonen privat unterkommen. Im Gegenzug zauberte er für die Gastgeber oder führte ihnen seine Projektionsmaschine *Genèse 63* vor.

Zurück in Paris nahm Müller eine Stelle im Büro des Architekten und Stadtplaners Raymond Lopez an. Drei Jahre arbeitete er hier an dem Entwurf für einen Gebäudekomplex im 16. Arrondissement und an Entwürfen für verschiedene Schulen. 1966 beendete Müller diese Tätigkeit und wechselte in die Agentur von Émile Aillaud. In den Großbauprojekten von Aillaud kamen industriell hergestellte Bauteile aus Beton zum Einsatz. Es war ein logischer Anknüpfungspunkt für Hans-Walter Müller, der bei Aillaud an der Planung und Umsetzung der Siedlung *La Grande Borne* in Grigny beteiligt war und darüber hinaus am Projekt *Cité du Wiesberg* in Forbach arbeitete.

Parallel zur Arbeit in den Architekturbüros erarbeitete Müller freie Projekte und beteiligte sich mit Entwürfen an ausgeschriebenen Wettbewerben. Darunter war 1965 der Wettbewerb für den Deutschen Pavillon auf der Weltausstellung 1967 in Montréal. Müllers Entwurf wurde mit elf weiteren von 117 eingereichten Entwürfen in der ersten Stufe des Wettbewerbes von der Kommission um Egon Eiermann ausgezeichnet und Müller zur weiteren Ausarbeitung der Entwurfskonstruktion aufgefordert. Gleichzeitig empfahl die Jury, fünf weitere Architekturbüros zur Abgabe eines Entwurfes für die zweite Wettbewerbsstufe einzuladen. In diesem Zuge wurde auch der Ausschreibungstext konkretisiert. Rolf Gutbrod[63] und Frei Otto reichten einen gemeinsamen Entwurf ein, der von der Jury mit dem ersten Platz ausgezeichnet und schließlich mit der Umsetzung beauftragt wurde. Müllers Entwurf, eine primäre Stahlkonstruktion mit modularen Elementen, wurde in der zweiten Wettbewerbsstufe nicht berücksichtigt. Einen weiteren freien Entwurf reichte er 1967 für die Ausschreibung des Neubaus der Neuen Pinakothek in München ein, jedoch blieb sein Beitrag im Wettbewerb ohne Auszeichnung. Zur Umsetzung kam dagegen 1969 Müllers Entwurfskonstruktion für den Messestand des französischen Glasherstellers Boussois-Souchon-Neuvesel (B.S.N.) auf der Fachmesse *Batimat* in Paris. Für die mehrgeschossige Stahlrohrkonstruktion wurde Müller von der Messeleitung für den besten Ausstellungspavillon ausgezeichnet.

Kinetische Kunst

Mitte der 1960er Jahre intensivierte Hans-Walter Müller abseits der Architekturpraxis die Entwicklung seiner Projektionsmaschinen. Auf die *Genèse 63* folgte 1965 die weiterentwickelte *Machine M*, mit der er bei der 4. Paris Biennale im *Forum Art Dynamique Visuel* ausgezeichnet wurde. Über die Ausstellung

63
Rolf Gutbrod (1910–1999) Deutscher Architekt. Zunächst wurde nur Rolf Gutbrod zur zweiten Stufe des Wettbewerbs für den Deutschen Pavillon in Montréal eingeladen. Erst Gutbrod kontaktierte Frei Otto, um einen gemeinsamen Entwurf einzureichen.

seiner Lichtmaschinen lernte Müller den Kunsthistoriker Frank Popper kennen. Popper untersuchte die Verwendung von Technologie in der bildenden Kunst und war mit seinen Publikationen und Ausstellungen ein Fixpunkt der kinetischen Kunstszene in Paris. Müller und Popper teilten das Interesse an elektronischer Musik. Gemeinsam besuchten sie Konzerte und Ausstellungen. Popper schrieb 1966 im britischen Magazin *IMAGE* über Müllers Projektionsmaschine und lud ihn im gleichen Jahr ein, mit der *Machine M* an der Ausstellung „KunstLichtKunst" im Stedelijk Van Abbemuseum in Eindhoven teilzunehmen. Über den Kontakt zu Frank Popper und Pierre Schaeffer[64] erhielt Müller erste Aufträge, Szenografien mit statischen Projektionen und dem Einsatz seiner Projektionsmaschinen herzustellen. Gleichzeitig wurde Müller durch die Ausstellungsbeteiligung in Eindhoven zunehmend als Protagonist der Kinetischen Kunst wahrgenommen. Noch im selben Jahr folgten weitere Ausstellungen mit der *Machine M* in Frankreich und Deutschland. 1967 dann die große Ausstellung, „Lumière et Mouvement" im Musée d'Art Moderne in Paris. Auch diese Ausstellung wurde kuratiert von Frank Popper; der

[161] Ein frühes Volumen von Hans-Walter Müller, 1969.

64 Pierre Schaeffer (1910–1995) Französischer Komponist und Ingenieur. Begründer der *musique concrète.*

[162] Hans-Walter Müller in einem seiner ersten Volumen in Gernes, 1967.

Fokus lag auf Paris als Zentrum der Kinetischen Kunst. Hans-Walter Müller zeigte verschiedene Projektionsmaschinen und erhielt in der Folge weitere Aufträge für Projektionen, beispielsweise für den Verlag Larousse oder das Modelabel Cacharel. Durch diese Auftragsarbeiten und die zunehmende Bekanntheit entschied sich Müller, den Fokus zunächst gänzlich auf die Arbeit mit Projektionen zu legen. 1967 beendete er die Tätigkeit im Büro von Émile Aillaud.

Müller intensivierte in der Folge die Auseinandersetzung mit den Projektionen. Schon in den Umsetzungen für Larousse und Cacharel hatte er den Anspruch formuliert, einen Projektionsraum zu erschaffen. Seine Projektionsmaschinen erlaubten ihm bewegte Projektionen, während die Projektionsflächen bis zu diesem Zeitpunkt statisch blieben. Für die räumliche Erfahrung seiner Szenografien arbeitete er mit versetzten Projektionsflächen und diversen Projektionsachsen. Müller wollte sich mit seinen Projektionen umgeben; der Raum selbst sollte Bestandteil der Projektion werden.

Volux, das erste Tragluftvolumen

Dieser Anspruch führte ab 1967 zu ersten Experimenten mit transparenten Kunststoffen, die er nicht nur als lichtdurchlässige und bewegliche Flächen sondern bald auch als luftgespannte, dreidimensionale Körper verwendete. Die erste Präsentation eines solchen transparenten Projektionskörpers folgte 1968 in Paris. Müller stellte sein Tragluftvolumen *Volux* (*Vol-lux* = Körper-Licht) in der Ausstellung „structures gonflables" im Musée d'Art Moderne vor. Das *Volux* war im Werk von Müller zu diesem Zeitpunkt etwas völlig Neues. Die zuvor ausgestellten Projektionsmaschinen waren ein nur noch vergleichsweise kleiner Bestandteil im Inneren des Volumens. Mehr als sechs Meter hoch, 2,4 Meter im Durchmesser, mit einem rechtwinklig herausragenden Arm in der Höhe. Das *Volux* war ein „Projektionsturm", in dessen Inneren sich ein rotierendes Metallgerüst befand, auf dem vier Diaprojektoren und eine *Machine M* montiert waren. Über die Steuerung des Überdrucks im Inneren konnte Müller das Volumen zusammensinken lassen, um es anschließend von Neuem aufzublasen und mit Luftdruck die Projektion zu entfalten. Auch in der Ausstellung, gefüllt mit aufblasbaren Strukturen und Objekten, war das *Volux* einzigartig. Müller kam über die Konzeption von Lichtprojektionen zu den Tragluftvolumen und arbeitete den Innenraum des Volumens ebenso aus wie dessen äußere Erscheinung. Damit unterschied sich seine Arbeit

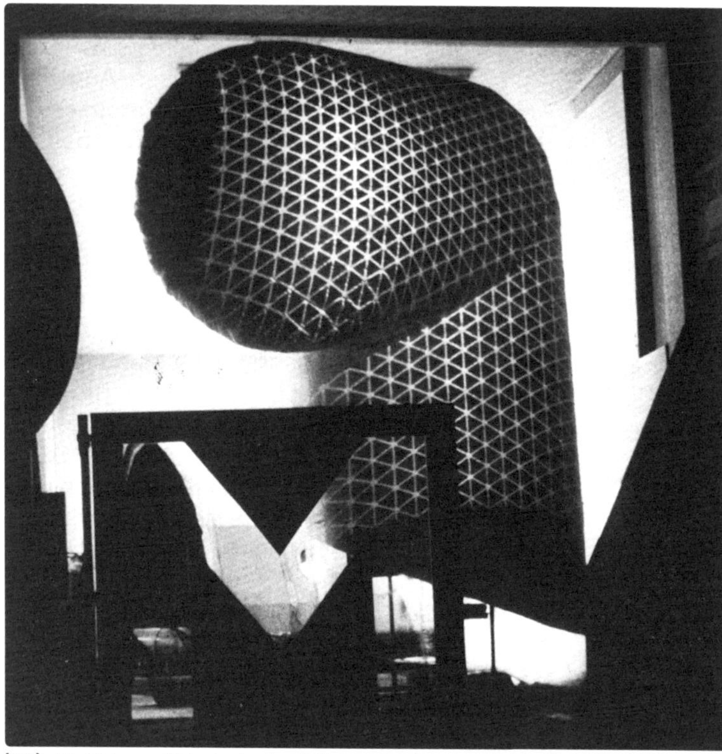

[163] Das Volumen *Volux* in der Ausstellung „structures gonflables“ in Paris, 1968.

grundsätzlich von den weiteren Beiträgen in der Ausstellung. Diese waren im Gegensatz zu den traditionellen Objekten, die ihnen in ihrer Funktion entsprachen, leicht und transportabel. Ihre Stabilität erhielten sie durch einen hohen Luftdruck im Inneren des Volumens, der die Hülle spannte. In diesem Zustand waren die Volumen jedoch statisch und nur durch ein Einwirken von außen beweglich. Bei Müllers *Volux* dagegen bestand durch den Luftaustausch eine Verbindung von innen und außen. Immer wieder verlor das Volumen seine Form und fiel in sich zusammen, um anschließend erneut, getragen von dem wachsenden Luftdruck im Inneren, seine intendierte Form anzunehmen. Das Volumen war eine bewegliche Skulptur, die mit der Faszination einer Architektur aus Luft spielte.

Organisiert wurde die Ausstellung „structures gonflables“ von der Gruppe Utopie. Die Schau umfasste über hundert aufblasbare Objekte, darunter künstlerische Arbeiten ebenso wie Luft- und Wasserfahrzeuge, Werkzeuge oder Möbel. Die Ausstellung wurde konzipiert von den Gruppenmitgliedern Jean Aubert, Jean-Paul Jungmann, Antoine Stinco, die 1966 zu Studienzeiten an der École des Beaux-Arts unter der Leitung von David Georges Emmerich die Gruppe A.J.S. Aérolande gegründet hatten. Gemeinsam erforschten sie Anwendungsmöglichkeiten synthetischer Materialien in der Architektur. Zur Paris Biennale 1967 erarbeiteten sie unter dem Titel *Habiter Pneumatique* eine Anzahl von Entwürfen, die das Leben in aufblasbaren Architekturen vorsah. Alle drei hatten in ihrer Abschlussarbeit pneumatische Architekturen konzipiert und diverse Objekte dieser Art hergestellt. Im Vordergrund dieser Arbeiten standen technische Aspekte der aufblasbaren Architektur, die sich gegen die Schwere, Austauschbarkeit und Immobilität der traditionellen Architektur wendete. Die Gründung von A.J.S. Aérolande und ihre pneumatischen Entwürfe erfolgten als Gegenentwurf zu der eintönigen Architektur der Grands Ensembles und Villes Nouvelles, die gerade im Großraum von Paris exerziert wurde und auch in der Ausbildung an der École des Beaux-Arts vermittelt wurde. Müllers *Volux* war kein Gegenentwurf, kein Ausdruck von Protest. Das Volumen war eine erste Verbindung seiner Projektionen mit den Gestaltungsmöglichkeiten aufblasbarer Volumen. Eine Weiterentwicklung auf dem Weg zu räumlichen Projektionen und gleichzeitig ein erster Schritt im Feld der pneumatischen Architektur.

Die pneumatische Architektur

Die grundsätzliche Funktionsweise pneumatischer Konstruktionsprinzipien war Ende der 1960er Jahre nicht neu.[65] Der Begriff der pneumatischen Architektur verweist bereits auf das etablierte Einsatzgebiet dieser Konstruktionen. Pneus, luftgefüllte Reifen, waren eine Neuentwicklung der zweiten Hälfte des 19. Jahrhunderts. 1888 wurden von Luftdruck gespannte und stabilisierte Volumen von John Dunlop als Fahrradreifen erstmals patentiert. In Frankreich adaptierte Édouard Michelin das Prinzip und brachte 1895 den ersten Luftreifen für Autos auf den Markt. Die ersten Überlegungen zu einer pneumatischen Architektur gehen zurück auf Frederick William Lanchester im Jahr 1917. Lanchester ließ sich seine Idee einer pneumatischen Zeltkonstruktion für Feldlazarette, Depots und ähnliche Anwendungen patentieren und erarbeitete Lösungen für grundsätzliche Fragestellungen pneumatischer Konstruktionsprinzipien in der Architektur. Beispielsweise zur Verankerung der Struktur am Boden (Auftrieb) und der konstanten Luftzufuhr (Luftverlust / Luftaustausch). Über zwanzig Jahre entwickelte er Entwürfe für aufblasbare Architekturen, die jedoch nicht realisiert wurden.

65
Luftgefüllte Strukturen, beispielsweise Heißluftballone, wurden bereits im 17. Jahrhundert entwickelt. Das erste Luftschiff von Henri Giffard flog 1852 knapp 30 Kilometer von Paris nach Trappes.

Erst im Zweiten Weltkrieg wurden, bedingt durch die militärische Weiterentwicklung synthetischer Faserstoffe (Polyamide), pneumatische Strukturen für eine Vielzahl neuer Anwendungsbereiche entwickelt. Dazu gehörten Fallschirme, Luftschiffe, Staudämme, Brücken, Überdachungen oder auch Attrappen von Gebäuden und Fahrzeugen.

Im Auftrag des US-amerikanischen Militärs entwickelte der Ingenieur Walter Bird ab 1946 am Cornell Aeronautical Laboratory in Buffalo, New York pneumatische Radarkuppeln, die die sensible Technik im Inneren vor äußeren Einflüssen schützen konnte, ohne dabei auf Komponenten aus Metall zurückzugreifen, die die Kommunikationsfähigkeit der Einrichtung hätten stören können. Sogenannte Radome wurden ab 1955 an diversen Standorten und bei unterschiedlichen Wetterbedingungen vielfach erfolgreich eingesetzt. Gemeinsam mit weiteren Ingenieuren verließ Bird das Cornell Aeronautical Laboratory und gründete 1956 ein eigenes Unternehmen für die Forschung, Entwicklung und Produktion aufblasbarer Strukturen. Birdair Structures war damit eines der ersten Unternehmen, das die Konzeption und Herstellung pneumatischer Architekturen kommerzialisierte. Fast zeitgleich wurde, ebenfalls in den USA, eine pneumatische Lagerhalle von CID Air Structures vorgestellt. Es war die erste pneumatische Architektur für die zivile Nutzung. Ab Mitte der 1950er Jahre entstanden, vor allem in Westeuropa und den USA, eine Vielzahl von Unternehmen, die aufblasbare Architekturen für verschiedene Anwendungsbereiche herstellten. Gebaut wurden aufblasbare Lagerhallen, Fabrikhallen, Sporteinrichtungen, Ausstellungsgebäude, Bürogebäude und Überdachungen für Baustellen und Gewächshäuser. Entscheidende Komponenten wie die Türen, Lüfter und Verankerungen wurden weiterentwickelt. Neben den einwandigen Konstruktionen wurden die doppelwandige Konstruktionsweise, bei der luftgefüllte Röhren bei hohem Überdruck eine große Festigkeit erreichen und damit gewissermaßen als pneumatische Balken eingesetzt werden können, entwickelt. In der englischsprachigen Literatur werden einwandige Konstruktionen „air-supported" von doppelwandigen Konstruktionen „air-inflated" unterschieden. Beide Konstruktionsweisen werden unter dem Bergriff der „air structures" zusammengefasst.[66] Im deutschen Sprachgebrauch wird der Begriff pneumatischen Konstruktion entsprechend der „air structures" verwendet.[67]

Im Verlauf der 1950er Jahre wurden pneumatische Konstruktionen auch für ein breites Publikum sichtbar und somit

66
Vgl. Price, Cedric; et. al.: *Air Structures – A Survey*, London, 1971.

67
Den Begriff der „pneumatischen Konstruktion" prägte Frei Otto in der zweibändigen Publikation *Zugbeanspruchte Konstruktionen. Gestalt, Struktur und Berechnung von Bauten aus Seilen, Netzen und Membranen* erschienen 1962 im Ullstein Verlag. Die englische Übersetzung *Tensile Structures. Design, Structure, and Calculation of Buildings of Cables, Nets, and Membranes* erschien 1967 bei MIT Press.

Gegenstand wachsender Aufmerksamkeit. 1957 zeigte das *Life Magazine* auf dem Cover Walter Bird's Schwimmbad überdacht mit einer aufblasbaren Hülle für den ganzjährigen Einsatz und titelte dazu: „Tomorrow's Life Today".[68] Im Jahr darauf wurde mit dem Pan American Airways Pavillon bei der Weltausstellung in Brüssel erstmals eine pneumatische Architektur in Europa öffentlichkeitswirksam ausgestellt. 1959 integrierten die Architektin Margret Ross, der Architekt Carl Koch und der Ingenieur Paul Weidlinger für den Neubau des Boston Arts Center Theater erstmals eine pneumatische Struktur in eine architektonische Konstruktion. Das aufblasbare Dach, eine pneumatisch gespannte und ringsherum geschlossene Kissenkonstruktion, hatte einen Durchmesser von 44 Metern, eine Tiefe von bis zu sechs Metern und wurde von Birdair hergestellt. Nur ein Jahr später war es erneut Birdair, die das transportable Ausstellungsgebäude für die Wanderausstellung „Atoms for Peace" der US-amerikanischen Atomenergiekommission United States Atomic Energy Commission von Architekt Victor Lundy und Ingenieur Fred Severud produzierten.[69] Der AEC Pavillon wurde vielfach publiziert und stellt einen Sonderfall in der Konzeption aufblasbarer Architektur dar, da es einwandige und doppelwandige Konstruktionsweisen miteinander kombinierte. Der Pavillon war mit einer doppelwandigen Hülle konzipiert. Sowohl der Luftdruck innerhalb des Pavillons als auch der Luftdruck innerhalb der Hülle wurden reguliert, um die Stabilität der Struktur auch bei starken Winden zu gewährleisten. Auch in der Form unterschied sich der Pavillon entscheidend von den bisherigen begehbaren pneumatischen Elementen, deren Formensprache entweder auf einer Kugel oder einem Zylinder basierte. Die gesamte Struktur, bestehend aus zwei miteinander verbundenen Kuppeln unterschiedlicher Durchmesser, maß 91 × 38 × 19 Meter und konnte in einem einzelnen Seefrachtcontainer transportiert werden. Bis 1962 wanderte die Ausstellung von Buenos Aires, über Rio de Janeiro, Lima, Santiago de Chile und Montevideo, bis nach Mexico City.

Frei Otto stellte den pneumatischen Ausstellungsbau von Lundy 1962 in der französischen Fachzeitschrift *l'Architecture d'aujourd'hui* vor[70] und analysierte ihn darüber hinaus ausführlich in seiner ebenfalls 1962 erschienenen Publikation *Zugbeanspruchte Konstruktionen*.[71] Diese beinhaltete die erste umfangreiche Analyse pneumatischer Konstruktionsprinzipien und bot einen Überblick über verschiedene Grundrisse und Formen von pneumatischen Volumen, geometrische Grundlagen bei der Berechnung der Membranen und unter-

68
Vgl. *Life Magazine* Vol. 43, Nr. 20, Buffalo, 1957.

69
Victor Lundy, Fred Severud und Birdair kooperierten auch bei der Umsetzung des Brass Rail Restaurant Pavillon auf der New York World Fair 1964. Weithin sichtbar und nach Einbruch der Dunkelheit von innen beleuchtet, wurde das Dach aus einer Vielzahl einzelner Volumen um einen zentralen Mast ein ikonisches Beispiel pneumatischer Konstruktionsweisen.

70
Vgl. *L'Architecture d'Aujourd'hui* Nr. 102, Paris, 1962. Neben dem Bericht über den Ausstellungspavillon von Victor Lundy veröffentlichte Frei Otto in dieser Ausgabe auch den Beitrag „imagination et architecture essai d'une vision d'avenir" in dem er mehr Fantasie und den Einsatz neuer Konstruktionsweisen forderte, um die Entmaterialisierung der Architektur und dadurch eine „wahre" Architektur zu erreichen.

71
Otto; Trostel, 1962

schiedliche Möglichkeiten der Verankerung der Konstruktionen. Otto hatte 1960 als Gastprofessor an der Yale University mit Studierenden eine Vielzahl pneumatischer Konstruktionen entwickelt. Mit der Publikation waren die Erkenntnisse seiner Forschung und der aktuelle Wissensstand auf dem Gebiet der pneumatischen Architektur erstmals in deutscher Sprache verfügbar. Im Mai 1967 organisierte Otto an der Universität Stuttgart in Zusammenarbeit mit der International Association for Shell Structures ein zweitägiges Kolloquium zu pneumatischen Strukturen. Walter Bird, Victor Lundy und Cedric Price stellten ihre Arbeiten eingangs vor und sprachen über die Geschichte der Verwendung pneumatischer Konstruktionsprinzipien in der Architektur. In der Folge wurden konkrete Anwendungsbeispiele gezeigt, gefolgt von theoretischen Analysen der Berechnung der Strukturen und beispielhaften Forschungen zu Konstruktion und Materialität pneumatischer Strukturen. Noch im gleichen Jahr wurden die Beiträge der Konferenz veröffentlicht.[72] Otto war damit maßgeblich für den Austausch und die Verbreitung pneumatischer Konstruktionsprinzipien in Europa verantwortlich, wenn auch seine eigenen pneumatischen Entwürfe außerhalb des universitären Kontextes nicht zur Umsetzung kamen. In seinem Schlusswort mahnte Frei Otto die fehlende Vernetzung unterschiedlicher Akteure in der Auseinandersetzung mit pneumatischen Konstruktionen und erkannte darin eine Gefahr für die Sicherheit der Anwendungen und die öffentliche Wahrnehmung:

> „I discovered that most part of our family dealing with reality cannot understand the other part dealing with theory. Many of you know that I am striving very hard to introduce more basic theory in this field and to stimulate mathematicians to discover it. I feel it is my task to be an interpreter between both these groups, however, I too get lost. I wish that the theoreticians fly as high as possible; but they must describe such flights with words that the earthbound practitioners in our family can understand. On high flights both the control tower on the ground and the pilot himself must know the heights. We must attempt to overcome this gape of misunderstanding, but without compromising on essentials. [...]
>
> In the entire world there is not one institute dedicated solely to research in this field. We have no basic research. Limited research is done at several places.

72 International Association for Shell Structures: *Proceedings of the 1st International Colloquium on Pneumatic Structures*, Stuttgart, 1967.

Until now, these results have not been collected. There do not exist archives for all publications in this field. This is incredible! Every day new pneumatic structures are being built in the world. Much money is involved. The press is reporting. The man on the street is aware of this kind of modern technology. There is no doubt that what we produce in this field is economical. But no basic research is being done! This means: More failures, more collapses, more losses, increased hazards. Thus we run the danger that pneumatic structures become considered as unsafe."[73]

Ähnlich mahnend und pessimistisch äußerte sich auch Cedric Price. In seinem Beitrag kritisierte er die bisherigen Anwendungen und argumentierte, dass diese nicht die Potentiale pneumatischer Konstruktionsweisen ausschöpften und Gefahr liefen, in ihrer Entwicklung zu stagnieren. Price erneuerte seine Kritik in der 1971 publizierten Untersuchung *Air Structures – A survey*. Dort heißt es im Fazit unter anderem:

> „Research, development and manufacture of air structures are fragmented. There would appear to be little exchange of results of research work that is undertaken and little exchange of details of work in progress.
>
> Commercial competition is a major cause of the latter. Proprietary techniques and methods related to fabrics, coatings and jointing methods are carefully guarded. It is felt that such a degree of secrecy is excessive and may well be detrimental to the successful development of this new industry. [...]
>
> The potential of air structures is apparent but further work should be undertaken soon if this potential is to be realised."[74]

Cedric Price und Frei Otto sollten mit ihrer Kritik recht behalten. Drei Jahre nach der Konferenz in Stuttgart, bei der Weltausstellung 1970 in Osaka, wurde pneumatische Architektur in bisher ungekannter Vielzahl und Vielfalt ausgestellt. Die Weltausstellung 1970 wurde zu einer dichten Leistungsschau luftgetragener Konstruktionsprinzipien, doch sie fungierte nicht als ein Beschleuniger für weitere Entwicklungen auf diesem Gebiet. Die Sichtbarkeit und Vielfalt pneumatischer Konstruktionsprinzipien in der Architektur hatte ihren Scheitelpunkt 1970 erreicht. Von den vielfältigen Anwendungen in Osaka sind insbesondere drei Gebäude hervorzuheben, die ihrerseits

73
Vgl. ebd. Seite 179.

74
Vgl. Price, 1971. Seite 73ff.

neue Gestaltungsmöglichkeiten pneumatischer Architektur darstellten und einen Einfluss auf die weitere Verwendung pneumatischer Prinzipien in der Architektur ausübten.

Zum einen der United States Pavillon von Davis, Brody and Associates in Zusammenarbeit mit dem Ingenieur David Geiger. Der ursprüngliche Wettbewerbsbeitrag sah eine doppelwandige, nahezu kugelförmige pneumatische Struktur vor. Erst nach einer deutlichen Kürzung des Ausstellungsbudgets wurde der Pavillon als einwandige Konstruktion realisiert. Der Ausstellungsraum befand sich größtenteils unter der Erde, das elliptische Dach des Pavillons reichte nur wenige Meter über die Erdoberfläche hinaus. Das flache Profil des Ausstellungsbaus konnte auch starken Winden problemlos standhalten. Das Flachdach maß 142 × 83,5 Meter und wurde ohne jede Stütze vom Luftdruck im Inneren getragen. Dabei wurde die transluzente Dachfläche in regelmäßigen Abständen von Stahlkabeln unterstützt. Das Seilnetz unterbrach und reduzierte die Zugspannung im Material und ermöglichte damit die bis zu diesem Zeitpunkt größte Dachfläche einer pneumatischen Konstruktion. Das Prinzip der seilnetzverstärkten Tragluftkonstruktion fand in der Folge beispielsweise für die Dächer von Sportstätten und Tragluftkuppeln weiterhin Anwendung.

Der Pavillon der Fuji-Gruppe von Architekt Yutaka Murata und Ingenieur Mamoru Kawaguchi ist bis heute eine der bekanntesten pneumatischen Strukturen. Er war eine doppelwandige Konstruktion und bestand aus 16 bogenförmigen Luftschläuchen. Jeder dieser Schläuche hatte einem Durchmesser von vier Metern und eine Länge von 78 Metern. Die Schlauchelemente wurden einzeln aufgerichtet und anschließend über umlaufende Bänder miteinander verbunden. Die beiden Enden jedes Schlauchelementes waren am Boden verankert; der Luftdruck im Inneren der Schlauchelemente konnte an die Windverhältnisse angepasst werden. Der Grundriss des Gebäudes war ein Kreis mit einem Durchmesser von 50 Metern. Ein- und Ausgang lagen einander gegenüber. Die Verwendung von 16 identischen Schläuchen ergab eine Form, die über dem Ein- und Ausgang gipfelte und an einen Sattel erinnerte.

Murata und Kawaguchi waren in Osaka darüber hinaus auch für den Bau eines schwimmenden Theaters verantwortlich. Erneut setzten sie dafür drei Luftschläuche mit einem hohen Überdruck ein, die jeweils mit beiden Enden an der Basis des Pavillon befestigt wurden und drei Bögen mit einer Länge von 23 Metern aufspannten. Auch in diesem Bau

[164] Cover der Zeitschrift *Chroniques de l'Art Vivant* mit einer Collage aus unterschiedlichen Pavillons der Weltausstellung in Osaka. Mittig rechts das doppelwandige Volumen *Fuji Group Pavilion* von Yakuta Murata und Mamoru Kawaguchi, 1970.

konnte der Luftdruck im Inneren der Schläuche an die Wetterbedingungen angepasst werden. Eine dünne Hülle aus Polyester bildete das Dach des Theaters. Diese Hülle wurde einmal oberhalb und einmal unterhalb der luftgespannten Bögen entlanggeführt. Innerhalb dieser zwei Lagen wurde ein leichter Unterdruck erzeugt, der die Spannung der äußeren Dachkonstruktion ermöglichte. Im Inneren wurde die Hülle an einzelnen Punkten mit Seilen zurückgehalten, so dass die vom Unterdruck gespannte Hülle die gewünschte Form im Innenraum annahm. Neben dem leichten Überdruck einwandiger pneumatischer Konstruktionen und dem ungleich höheren Luftdruck bei doppelwandigen Konstruktionen wurde hier ein drittes pneumatisches Konstruktionsprinzip eingeführt. Auch in das monumentale Raumfachwerk von Kenzo Tange über dem Festplatz der Weltausstellung in Osaka waren pneumatische Kissenkonstruktionen eingesetzt. Auch hier war Mamoru Kawaguchi beteiligt. Viele weitere aufblasbare Strukturen und Elemente wurden im Rahmen der Weltausstellung 1970 präsentiert. Sie lösten jedoch keine Impulse für eine ernsthafte Auseinandersetzung mit dem Konstruktionsprinzip aus und waren in der Mehrzahl einfache Strukturen ohne begehbaren Innenraum, die keine Weiterentwicklung darstellten.

1972 organisierte die International Association for Shell and Spacial Structures am Fachbereich Architektur der Delft University of Technology erneut eine internationale Konferenz zu pneumatischen Strukturen. Doch die Impulse für eine dynamische Weiterentwicklung des Feldes blieben auch hier aus. Die fünf Jahre zuvor von Frei Otto und Cedric Price geäußerte Kritik blieb aktuell. Die Weltausstellung in Osaka markiert bis heute den Höhepunkt der fachlichen Auseinandersetzung und öffentlichen Wahrnehmung pneumatischer Architektur. Visionäre Gedankenspiele pneumatischer Anwendungen in Architektur und Städtebau wie beispielsweise die *Stadt in der Antarktis*[75] von Frei Otto, die *Environment Bubble* von Reyner Banham,[76] das *Control and Choice Dwelling* von Archigram[77] oder auch das *Dyodon*[78] von Paul Jungmann blieben nicht nur ohne Umsetzung, derartige Visionen verblassten im Laufe der 1970er Jahre. Die Idee eines pneumatischen Lebensraums wurde vielfach ausgearbeitet und blieb doch scheinbar ohne Umsetzung. Mal als Gegenentwurf zur etablierten Architekturpraxis (Ant Farm[79]), mal als Schutzraum in lebensfeindlicher Umwelt (Haus-Rucker-Co[80]), oder als belebendes Element im urbanen Raum (Graham Stevens[81] und Eventstructure Research Group[82]). Für diese Beispiele gilt, was im Zusammenhang mit pneumatischer Architektur gegeben zu sein scheint: Wenn es zu einer materiellen Umsetzung einer Anwendung kam, so blieb es bei kurzzeitigen Installationen oder partiellen Anwendungen wie beispielsweise pneumatischen Fassadenelementen.

75
Stadt in der Antarktis (1971) ist die Studie einer pneumatischen Konstruktion von Frei Otto über eine Siedlung mit kontrolliertem Innenklima in der Antarktis.

76
Der britische Architekturtheoretiker Reyner Banham (1922–1988) entwickelte 1965 in seinem Essay „A Home is Not a House" die *Environment Bubble*. Dieser pneumatische Wohnraum war ausgestattet mit diversen technischen Annehmlichkeiten und sollte in aller Welt flexibel aufgebaut werden können.

77
Archigram war eine Gruppe von britischen Architekten, die sich 1960 an der *AA School* in London gründete und bis 1974 bestand. Ihre architektonische Praxis waren Skizzen, Publikationen und Modelle, in denen sie urbane Visionen auch unter Verwendung von pneumatischen Elementen ausarbeiteten und sich gegen die etablierte Architekturpraxis wendeten.

78
Das *Dyodon – Habitation pneumatique expérimentale* von Paul Jungmann stammt aus dem Jahr 1967. Jungmann gründete gemeinsam mit Jean Aubert und Antoine Stinco die Gruppe A.J.S. Aérolande, welche eine Vielzahl pneumatischer Konstruktionen und Gebäude konzipierte. Einzelne pneumatische Objekte und Strukturen wurden von der Gruppe Ende der 1960er Jahre umgesetzt.

79
Das Kollektiv Ant Farm wurde 1968 von Doug Michels und Chip Lord in San Francisco gegründet und war bis 1978 aktiv. Anfang der 1970er Jahre produzierte die Gruppe diverse aufblasbare Architekturen, 1971 publizierten sie das *Inflatocookbook*, eine Anleitung für den pneumatischen Eigenbau.

80
Haus-Rucker-Co wurde 1967 in Wien von den Architekten Laurids Ortner, Günter Zamp Kelp und Klaus Pinter gegründet. Von Beginn an konzipierte die Gruppe eine Vielzahl von Projekten unter dem Einsatz pneumatischer Strukturen und Räume. Beispielsweise *Ballon für 2* (1967), *Cover – Überleben in verschmutzter Umwelt* (1971) und *Oase Nr. 7* (1972).

81
Graham Stevens (geboren 1944) Britischer Künstler und Architekt. Arbeitete ab 1965 mit aufblasbaren Volumen, oftmals als Bestandteil performativer Arbeiten im öffentlichen Raum.

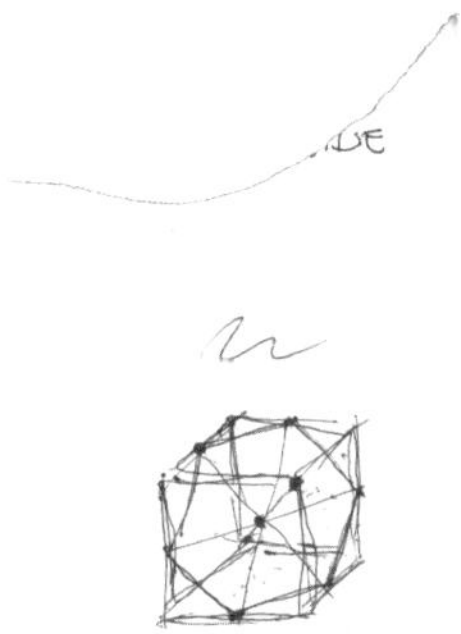

[165] Skizze von Hans-Walter Müller. Das regelmäßige Sechseck entsteht als Schnittfläche, wenn die Diagonale des Würfels mittig im rechten Winkel geschnitten wird, 2021.

Das Volumen *M*

Nach der Präsentation des *Volux* 1968 konzipierte Hans-Walter Müller seine ersten begehbaren pneumatischen Volumen. Auf einer Reise durch Frankreich zeigte er in diversen Städten im Sommer 1968 unterschiedliche Volumen mit Projektionen im Innen- und Außenraum. Die Tournee war ein voller Erfolg, Müllers Arbeit stieß auf reges Interesse. Nach der Rückkehr nach Paris baute Müller das Volumen *M*, dessen Form er aus einem Würfel heraus entwickelte, was eine besondere Herausforderung darstellte, da pneumatische Architekturen bis zu diesem Zeitpunkt lediglich als Kugel- und Zylinderformen realisiert worden waren, die sich als Rotationskörper für diese Konstruktionsweise besonders anbieten. Müller schnitt den Würfel mit einer Ebene, die senkrecht zur Raumdiagonalen des Würfels steht und sechs Kanten des Würfels mittig schneidet. Das als Schnittfläche entstehende regelmäßige Sechseck ist die Grundfläche des Volumen *M*. Zentral über dem Mittelpunkt des Sechseck befindet sich in 5,5 Metern Höhe der höchste Punkte des Volumens. Von diesem Punkt ausgehend, führen drei schmale, transparente Kunststoffbahnen zu drei Eckpunkten der sechseckigen Grundfläche am Boden. Die drei dazwischen entstandenen identischen Flächen überspannen, jeweils ausgehend von einer Kante des Sechsecks, Flächen transluzenten Kunststoffes. Die drei weiteren Kanten der Grundfläche sind jeweils Ansatzpunkt für eine annähernd dreieckige, transparente Kunststofffläche, die senkrecht steht und über Reißverschlüsse mit dem transluzenten Material verbunden ist.

Über diese Reißverschlüsse kann bei Bedarf ein weiteres Volumen angeschlossen werden, so dass das *M* an drei Seiten erweiterbar ist. Volumen mit dieser Kombinationsmöglichkeit bezeichnet Müller als Additionale Volumen. Dieses System ermöglicht eine pneumatische Architektur mit einer beliebigen Anzahl einzelner Räume. Eine wichtige Weiterentwicklung dieser Konstruktionsweise, in der bis dato das notwendigerweise in sich geschlossene System immer auch als ein einzelner Raum begriffen wurde. Müller zeigte mit dem Volumen *M*, dass Räume mit unterschiedlichen Qualitäten innerhalb einer pneumatischen Struktur möglich waren. Das Volumen *M* stellte er erstmals 1970 auf der Fachmesse Europlastique in Paris vor.

Zum Zeitpunkt dieser öffentlichen Vorstellung des Volumen *M* hatte Müller bereits mit einer anderen aufblasbaren Architektur Aufsehen erregt. 1969 erreichte ihn eine Anfrage

82
Die Eventstructure Research Group wurde 1969 von Theo Botschuiver und Jeffrey Shaw in Amsterdam gegründet und bestand bis 1982. Bereits ab 1967 produzierten Botschuiver und Shaw begehbare pneumatische Strukturen, die an öffentlichen Orten ausgestellt wurden. 1971 präsentierte die Gruppe in Arnheim mit dem *Auditorium* das weltweit erste zweigeschossige pneumatische Volumen. Die Eventstructure Research Group nahm 1972 am International Symposium on Pneumatic Structures der International Association for Shell and Spatial Structures in Delft teil und präsentierte dort eine Übersicht ihrer pneumatischen Arbeiten.

des Pfarrers der Gemeinde Montigny-lès-Cormeilles bei Paris. Er hatte keine Kirche zur Verfügung und Müller realisierte eine pneumatische Kirche in der wenig später die erste Messe gehalten wurde. Es war ein Kirchenraum für 200 Personen, der innerhalb eines Vormittages an gewünschter Stelle errichtet werden konnte und lediglich 39 Kilo wog. Bilder der *Église gonflable* wurden landesweit publiziert und machten Müller als Architekt aufblasbarer Gebäude in Frankreich bekannt. 1969 bat der Sammler und Galerist Aimé Maeght Müller, ein aufblasbares Theater für seine Veranstaltung Nuits de la Fondation Maeght in Saint-Paul-de-Vence im nächsten Sommer zu realisieren. Für das Festival wurden in erster Linie US-amerikanische Künstler•innen eingeladen. Beispielsweise Merce Cunningham und John Cage, aber auch Terry Riley, La Monte Young, Albert Ayler und Sun Ra traten in Müllers *Théâtre expérimental* auf. Die Konzerte von Albert Ayler und Sun Ra wurden aufgezeichnet und 1971 veröffentlicht.[83]

Müllers pneumatische Architekturen erhielten viel Aufmerksamkeit und er entschloss sich zum Kauf einer Hochfrequenzschweißmaschine, die ihn bei der Produktion seiner Volumen unabhängig machte und ihm die Fertigung im eigenen Atelier ermöglichte. Zu diesem Zeitpunkt kam der Anruf von Ernst Neufert aus Darmstadt, der ihn als Assistenten gewinnen wollte. Doch Müller hatte sich mit dem Kauf der Schweißmaschine für die pneumatische Architektur entschieden und sagte ab. Er produzierte auf eigene Kosten drei Ausführungen seines Volumen *M*, die er vielerorts ausstellte und für Veranstaltungen vermietete. Ein einheitlich braunes Volumen, ein rot-weiß gestreiftes Volumen und ein gelbes Volumen, das auf der Innenseite weiß beschichtet war und sich damit insbesondere für Projektionen eignete. 1971 realisierte Müller im Auftrag von Jean Dubuffet ein aufblasbares Atelier, in dem dieser seine Skulptur *Jardin d'hiver* anfertigte. Das einheitlich weiße Volumen erzeugte im Innenraum eine helle, neutrale Beleuchtungssituation ohne jeglichen Schatten und war mit einem Reißverschluss ausgestattet, mit dem es auf ganzer Länge geteilt werden konnte. Nach Fertigstellung der Arbeit wurde das Volumen geöffnet und gab die ca. 5 × 6 × 10 Meter große Skulptur frei.

Während sich Müller mit diesen frühen Arbeiten einen Namen als Architekt und Ingenieur machte, wurden auch seine kinetischen Maschinen weiterhin ausgestellt. So beispielsweise die *Machine M*, die 1970 in der Ausstellung „Kinetics" in der Hayward Gallery London und 1971 in „Gruppenarbeiten" in der Staatlichen Kunsthalle Baden-Baden

83 Unter dem Titel *Nuits de la Fondation Maeght* erschienen beim französischen Label Shandar 1971 sowohl die Aufnahmen der beiden Konzerte von Sun Ra (3. und 5. August 1970), als auch ein Album von Albert Ayler mit den Aufnahmen seines Konzertes am 27. Juli 1970. Der Auftritt von Albert Ayler im *Théâtre expérimental* von Müller wurde zudem auch im Film *Albert Ayler: le dernier concert* von Jean-Michel Meurice festgehalten.

gezeigt wurde. Der Schwerpunkt der Arbeiten von Hans-Walter Müller hatte sich mit Beginn der 1970er Jahre verschoben. Nun stand die Auseinandersetzung mit pneumatischen Konstruktionsprinzipien, die sich ab 1968 aus der Arbeit mit seinen kinetischen Projektionsmaschinen entwickelt hatte, im Zentrum seiner Tätigkeiten.

Umzug nach La Ferté-Alais und das Volumen *M210*

Hans-Walter Müller kam 1971 nach La Ferté-Alais. Aus seinem Atelier in einem Fabrikgebäude in La Plaine Saint-Denis musste Müller nach einem Eigentümerwechsel ausziehen, gleichzeitig war er auf der Suche nach einem Ort, wo er in einer pneumatischen Architektur leben konnte. Müller hatte zunächst gehofft, sich in einem Volumen auf dem Flachdach der Fabrik niederlassen zu können, doch dieses Bemühen wurde abgelehnt. Auf der Suche nach einem neuen Ort schrieb Müller einen Rundbrief an Freunde und Bekannte. Über den Fotografen Alain Perceval wurde der Kontakt zu Jean Salis hergestellt, der auf einem Plateau bei La Ferté-Alais, südlich von Paris einen Flugplatz betrieb. Er war begeistert von Müllers pneumatischen Architekturen und bot ihm an, sich auf dem Gelände niederzulassen. Noch im Sommer 1971 erfolgte der Umzug mitsamt der tonnenschweren Schweißmaschine an den Rand des Flugfeldes. Müller installierte das braune Volumen *M* im Wald und rodete im Anschluss die Bäume und Büsche im Inneren. Von Beginn an waren seine Volumen in La Ferté-Alais gleichermaßen Wohnhaus, Fabrik und Labor und Müller lebte vor Ort in unterschiedlichen Volumen. Die Erkenntnisse aus der jeweiligen Nutzung flossen in die nächsten Neuentwicklungen ein. Auf das braune Volumen *M* folgte das *Petite Maison*, ein Volumen, das Müller auf der Europlastique 1972 als modulare pneumatische Architektur für Ferienwohnungen vorstellte. Parallel entstand mit dem *Maison Carrée* eine nicht-pneumatische Feststruktur in Leichtbauweise, die wie ein großes Schwerlastregal auf immer wieder neuen Ebenen organisiert werden konnte und in der Hauptsache als Lagerraum genutzt wurde.→ architecture gravitaire Die jährlich zu Pfingsten auf dem Flugplatz organisierte Flugschau fête aérienne nutze Müller, um neuentwickelte Volumen öffentlich vorzustellen.

Als 1973 eine neue Straße zum Flughafen gebaut wurde, stand das *Petite Maison* diesen Plänen im Weg und musste weichen. Müller nutzte den erzwungenen Umzug, um ein weiterentwickeltes Volumen *M* zu installieren. Erstmals

[166] Kinder auf dem braunen Volumen *M* in La Ferté-Alais, 1971.

konzipierte er eine aufblasbare Architektur auf zwei Ebenen. Zunächst wurde ein Untergeschoss ausgehoben, ein 2,4 Meter breiter Raum mit einer Länge von 15,6 Metern. Dieses Untergeschoss beherbergt die essentiellen Funktionen des Wohnens. Hier befindet sich das Badezimmer, die Küche, ein Esstisch am Kamin, ein Bett und ein Schreibtisch zum Arbeiten. Ein verdichteter Raum, ein Ort des Übergangs ohne Trennwände und einzelne Zimmer. Zentral öffnet sich dieser Raum nach oben. Über zwei bewegliche Podeste führt der Weg ins Obergeschoss. Die Grundfläche im Obergeschoss entspricht dem gleichseitigen Sechseck des ursprünglichen Volumen *M*. Auf diese Weise konnte Müller die bestehenden drei Hüllen (braun, rot-weiß, gelb) weiterhin nutzen und je nach Bedarf austauschen. Das braune Volumen bot sich für die Verwendung im Winter an, da die dunkle Farbe den Innenraum unter Sonnenlicht stärker aufwärmte. Das rot-weiß gestreifte Volumen erzeugte einen hellen Innenraum und verlangsamte im Vergleich die Aufheizung des Innenraums. Das gelbe Volumen bot sich durch die weiße Beschichtung auf der Innenseite besonders für Projektionen an. Mit dem Volumen *M210* veränderte Müller die Verankerung der Tragluftarchitektur am Boden. Eine Frage, die bei jeder pneumatischen Architektur auf Grund des Auftriebs und des geringen Eigengewichtes geklärt werden muss.→Gewicht Während die ersten Volumen in La Ferté-Alais mit Haken direkt im Boden verankert wurden, baute Müller um das *M210* eine dauerhafte ortsspezifische Befestigung. U-förmige, nach oben geöffnete Betonelemente verlaufen auf drei Kanten des Sechsecks und begrenzen damit den Grundriss des Volumens. Ein Stahlrohr, an dem die Hülle des Volumens fixiert ist, ist in den Betonelementen verlegt und befestigt. Die Hohlform ist mit Wasser gefüllt, wobei das Stahlrohr mit der befestigten Hülle unterhalb der Wasseroberfläche verläuft. Der Überdruck im Innenraum des Volumens bewirkt, dass die Wasseroberfläche im Inneren einige Millimeter unterhalb der äußeren Wasseroberfläche liegt. Am Höhenunterschied der beiden Wasseroberflächen lässt sich damit auch der Unterschied zwischen Innen- und Außendruck ablesen. Das Obergeschoss entspricht in den Abmessungen und der Form dem Volumen *M210*. Jede der sechs Außenkanten ist neun Meter lang. Über der Grundfläche von 210 Quadratmetern erhebt sich das Volumen maximal 5,5 Meter über dem Boden. Dieser Freiraum aus Licht und Luft ist das Atelier. Hier entstehen seit knapp 50 Jahren die Arbeiten von Hans-Walter Müller.

Die pneumatische Architektur ist für Hans-Walter Müller eine lebendige Architektur, stabilisiert erst durch den kontinuierlich aufrechterhaltenen Druckunterschied zwischen Innen- und Außenraum. Das Konstruktionsprinzip, das auf den ersten Blick fragil erscheinen mag und Unsicherheiten hervorrufen könnte, ist für Müller eine Architektur, die dem Leben entspricht. Seine Architekturen sind Körper, aufrechterhalten vom Überdruck im Inneren, vergleichbar mit dem Blutdruck bei Mensch und Tier. Wie jeder lebendige Körper sinken sie in sich zusammen, wenn der Innendruck nachlässt.

Ein pneumatischer Lebensraum

Müllers Einzug in ein pneumatisches Volumen *M210* 1971 und mehr noch sein dauerhafter Lebensalltag im Volumen seit 1973 sind ohne Entsprechung in der Architekturgeschichte. Während die Entwicklung und Anwendung pneumatischer Architekturen ab Anfang der 1970er Jahre weltweit an Dynamik verlor, intensivierte Müller die Auseinandersetzung mit dieser Konstruktionsweise und machte aus einer kurzlebigen Ausstellungsarchitektur eine ortsspezifische Architektur von langer Dauer. Während entsprechende Visionen eines Lebens im pneumatischen Raum zeitgleich verblassten und allenfalls als eine Utopie der 1960er Jahre in Erinnerung geblieben sind, baute Müller einen pneumatischen Raum der bis heute besteht.→ Utopie

Pneumatische Konstruktionsprinzipien sind für ihn nicht nur als Ingenieur interessant; es ist die Bauweise, die seinem Lebensentwurf entspricht. Entsprechend war Müller bereit, sich uneingeschränkt mit aufblasbarer Architektur zu umgeben. Bereits das Additionale System der Volumen *M* stellte die bisherige Konzeption einwandiger pneumatischer Volumen in Frage, da hier eine unbestimmte Zahl einzelner Räume miteinander kombiniert werden konnte. Mit dem *M210* in La Ferté-Alais erweiterte Müller diese räumlichen Möglichkeiten, indem er innerhalb des Volumens zwei Geschosse mit grundsätzlich unterschiedlichen Raumqualitäten konzipierte. Der ursprüngliche Plan für La Ferté-Alais sah drei Additionale Volumen *M210* vor, jeweils mit einer Feststruktur mit mehreren Geschossflächen im Inneren. Verbunden werden sollten die drei Volumen über ein zentrales, kleineres Volumen und auch im Außenraum war die Organisation des Raums auf unterschiedlichen Ebenen vorgesehen. Dies wurde in Teilen auch so umgesetzt.

Doch die Arbeit wurde in 50 Jahren nie abgeschlossen. Müller lebt mit seiner Architektur, er entwickelt sie entlang seiner Bedürfnisse und steht dabei in enger Verbindung mit seiner Umgebung. Einzelne Strukturen im Außenraum wurden gebaut, mussten aber in der Zwischenzeit durch eine Erweiterung des Flugplatzes wieder zurückgebaut werden. Andere, wie beispielsweise das Volumen *Belvédère* zwischen den Baumwipfeln, die *Raumstruktur*[84] oder die *Klangstruktur mit Resonanzkugel*[85] bestehen bis heute. Die genannten Strukturen sind integrale Bestandteile der Gesamtkonzeption einer nicht-statischen aber kontinuierlichen Architektur, vorgesehen für die Lebensdauer ihrer Nutzer•innen. Mit Blick allein auf das Volumen *M210* kann Müllers Arbeit in La Ferté-Alais nicht dargestellt werden. Die einzelnen Elemente sind in definierten Verhältnissen zueinander positioniert; das gesamte Gelände wurde von Müller mit einem Grundraster von 1,2 × 1,2 Metern strukturiert.→ Raster Auf der Basis dieser Grundordnung erhebt Müller in La Ferté-Alais Bewegung und Transformation zu seinem gestalterischen Prinzip: Klappbare Projektionsflächen und Leitern, bewegliche Wände und Bodenelemente, ein Bett auf Rollen und selbst im Außenraum stetig umgeben von Musik und Projektion. Wer Müller in La Ferté-

84
Die *Raumstruktur* (1995) ist eine Stahlstruktur mit universellen Knotenpunkten und Verbindungsstücken gleicher Stablänge (1,2 Meter) hergestellt nach einem Entwurf von Müller mit dem System „Multicube“ des französischen Ingenieurs Gérard Chamayou. Das Raumfachwerk wurde von Müller zunächst für ein Projekt in Le Bourget (1983) gemietet und im Anschluss für die eigene Verwendung gekauft. Die Struktur verläuft in einer Höhe von 4,8 Metern und ist begehbar. Seit 2019 befindet sich die Arbeit *Klangstruktur mit Resonanzkugel* in der *Raumstruktur* und wird für Konzerte verwendet.

85
Klangstruktur mit Resonanzkugel (2019) ist eine permanente Installation mit einem kugelförmigen Volumen in La Ferté-Alais.

Alais besucht, wird mit der Zeit bemerken, dass diese Arbeit nicht als singuläre Architektur, sondern vielmehr als ein städtebaulicher Entwurf begriffen werden kann. Müller hat, 40 Jahre gemeinsam mit Marie-France Vesperini, sein Haus in La Ferté-Alais stetig ausgebaut. Es ist eine Architektur im Gebrauch. Eine Architektur in Bewegung, die lebt, die niemals fertiggestellt ist und die nicht allein von ihrer pneumatisch gespannten Hülle begrenzt wird.

Marie-France Vesperini zog 1975 nach La Ferté-Alais. Müller und Vesperini hatten sich im Nachgang eines Vortrages an der Universität Sorbonne in Paris kennengelernt. Müller hatte dort auf Einladung von Frank Popper seine Arbeiten mit Projektion vorgestellt. Gemeinsam mit Müller konzipierte sie die fotografischen Arbeiten, die insbesondere für die verschiedenen Topoprojektionen[86] die Grundlage bildeten. Auch an einer Vielzahl von Projekten mit pneumatischen Volumen war Vesperini beteiligt. Sie kümmerte sich im Vorfeld und vor Ort um die Organisation und Dokumentation der Arbeiten, während Müller die Konzeption und Produktion durchführte. Das fotografische Archiv umfasst heute knapp 40 000 analoge Bildträger, die ab 1975 zu einem großen Teil von Marie-France Vesperini angefertigt und katalogisiert wurden. Vesperini lebte bis zu ihrem Tod 2015 mit Müller in La Ferté-Alais, seit nun mehr 50 Jahren liegt hier der Lebensmittelpunkt von Hans-Walter Müller. Das Gelände am Flugplatz wurde fortlaufend umgeformt und bildet die Synthese der verschiedenen Interessen von Müller. Hier lässt sich die Entwicklung seines Werkes nachvollziehen.

Bereits 1973, also zeitgleich mit dem Einzug in das Volumen *M210*, schrieb Müller: „L'homme est éphémère, sa vie est éphémère, ce qu'il fait doit-il durer? L'Architecture est le lien de la vie, l'Architecture doit mourir avec son utilisateur."[87] und formulierte damit nicht nur die enge Verbindung zu seiner Architektur, sondern auch den Anspruch auf ihre Vergänglichkeit nach seinem eigenen Tod. Eine Haltung, die sich bis heute nicht geändert hat. Hans-Walter Müllers Architektur lebt, aber sie lebt nur durch ihn. 2018 wurde von Seiten des französischen Staates der Versuch unternommen, Müllers Architektur in La Ferté-Alais unter Denkmalschutz zu stellen. Er lehnte entschieden ab, mit der Begründung, dass die Architektur die seinem Leben entspricht, nicht zu einer Bürde für eine andere Person werden solle. Dementsprechend hat er den Rückbau aller Strukturen in La Ferté-Alais mit den Eigentümern des Grundstückes besprochen und die Mittel für die Durchführung dieser Arbeiten nach seinem Tod hinterlegt.

86
Topoprojektionen sind ortsspezifische Projektionen im Innen- und Außenraum, die eine bestehende, mehrdimensionale Oberfläche als Projektionsfläche nutzen. Müller und Vesperini konzipierten gemeinsame Arbeiten für die Veranstaltung *Cathedrale d'Images* in den Steinbrüchen von Les Baux. Neben den Arbeiten in Les Baux wurden Topoprojektionen beispielsweise an der Kathedrale in Vézelay 1988 und der Kathedrale in Troyes 1982, 1989, 1991 realisiert.

87
„Der Mensch ist vergänglich, sein Leben ist vergänglich, soll das, was er tut, Bestand haben? Architektur ist das Bindeglied des Lebens, die Architektur muss mit ihrem Nutzer sterben." (Binet; Müller, 1973)

Hans-Walter Müller hat sich klar positioniert, seine Architektur soll nicht ohne ihn Bestand haben, was von Beginn an als eine lebendige Architektur konzipiert und gelebt wurde, soll nach seinem Tod nicht konserviert werden.

Hans-Walter Müller ist Architekt, Ingenieur und Künstler. Seine Arbeiten wurden in der Kinetischen Kunst der 1960er Jahre rezipiert, die Idee der Topoprojektionen ist heute in Form von Fassadenprojektionen und 3D Video Mapping weit verbreitet. Im Bereich der pneumatischen Architektur sind seine einwandigen Volumenkonstruktionen weithin bekannt, während seine Feststrukturen, die er selbst in Unterscheidung von der pneumatischen Architektur als *architecture gravitaire* bezeichnet, weniger Beachtung gefunden haben. In La Ferté-Alais lassen sich die verschiedenen Aspekte des Gesamtwerkes im Zusammenspiel erleben. Es handelt sich nicht um abgegrenzte Schaffensphasen, da die Volumenarchitektur die Auseinandersetzung mit anderen Konstruktionsprinzipien nicht abgelöst sondern vielmehr ergänzt hat. Der Begriff *architecture gravitaire* bedeutet dabei nicht, dass diese Strukturen schwer und unbeweglich sind. Das Gegenteil ist beispielsweise im Volumen *M210* in La Ferté-Alais der Fall. Hier ist der Innenraum mit beweglichen Wand- und Bodenelementen Gegenstand andauernder Transformation. Der Begriff beschreibt vielmehr die Wirkungsweise der Strukturen im Vergleich zur Wirkungsweise der pneumatischen Architektur, die sich der Schwerkraft durch ihr geringes Eigengewicht und den Auftrieb durch den erhöhten Luftdruck im Innenraum widersetzt. Die in den 1960er und 1970er Jahren vielfach erwartete Verbreitung pneumatischer Architektur scheiterte nicht zuletzt auch daran, dass die Innenräume dieser Architekturen nicht in gleicher Weise ausgearbeitet wurden wie ihre äußere Form. Hans-Walter Müller dagegen konnte auf Basis seines Lebensalltags im Volumen seine Architektur auch im Innenraum ausarbeiten. So entwickelte er Nutzungskonzepte für die Innenräume, nicht nur für das *M210* in La Ferté-Alais, sondern für eine Vielzahl seiner begehbaren Volumen.

Die Entwicklung, die nach 60 Jahren in den Arbeiten von Hans-Müller Müller abzulesen ist, beruht auf der kontinuierlichen Vertiefung von drei Tätigkeitsfeldern: 1. Projektionen, 2. Modulare Feststrukturen unter Verwendung vorgefertigter Bauteile und 3. Einwandige pneumatische Volumen. In der Anfangszeit baute Müller Volumen, die in ihrer Formgebung völlig anders waren als die Volumen, die zu dieser Zeit bereits gebaut worden waren. Er suchte die Herausforderung und wollte sich nicht mit dem Naheliegenden beschäftigen.

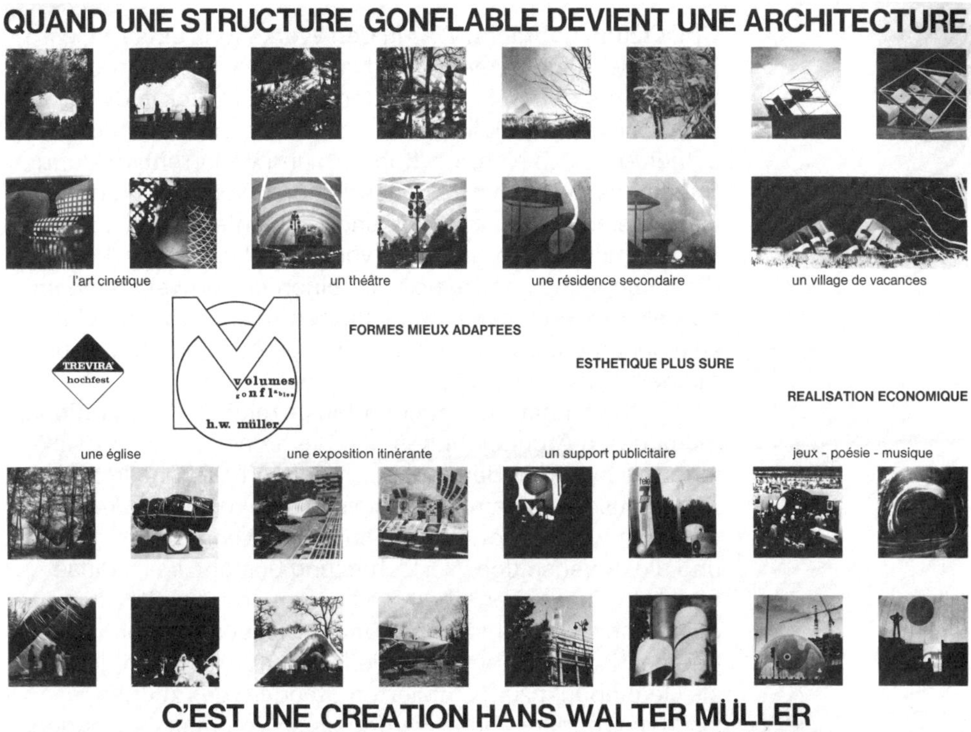

[167] „Wenn eine aufblasbare Struktur eine Architektur wird, dann ist es eine Kreation von Hans-Walter Müller". Faltblatt zur Bewerbung seiner pneumatischen Volumen von Hans-Walter Müller, ca. 1970.

Über die Jahrzehnte hat sich dieser Anspruch weiterentwickelt. Nicht die Größe des Volumens oder die ihr zu Grunde liegende Form stehen heute im Vordergrund, der oberste Anspruch an die eigene Arbeit ist absolute Präzision. Beispielhaft für diese Entwicklung ist die Arbeit *Klangstruktur mit Resonanzkugel* aus dem Jahr 2019, in der das Überdruckvolumen an 28 Punkten von Metallstreben durchkreuzt wird, ohne dass der Überdruck im Inneren an den Schnittpunkten entweichen kann. Die Form und Größe dieses Volumens sind nicht außergewöhnlich. In ihrer Genauigkeit ist die Arbeit jedoch einzigartig: Die unverhandelbare Formgebung einer Stahlkonstruktion in Kombination mit einem beweglichen Volumen.

Ein weiterer Aspekt, der im Laufe der Jahre in Müllers Arbeit einen wichtigen Stellenwert erreicht hat, ist die Vermittlung seines Wissens an Studierende der Kunst und der Architektur. Die angewandten Lehrformate, die seit 1985 regelmäßig in Frankreich, Deutschland und der Schweiz stattgefunden haben, stehen dabei jeweils unter einer spezifischen Fragestellung. Gemeinsam wird eine Problemstellung bearbeitet und mögliche Lösungsansätze in einem Volumen zur

Umsetzung gebracht. Was in den Workshops entsteht, wird von Müller gegebenenfalls im Nachgang ausgearbeitet. Die Workshops geben Studierenden einen Einblick in die Arbeit von Hans-Walter Müller. Unklar bleibt, ob die Vermittlung seiner Arbeit zu einer Fortführung und Weiterentwicklung pneumatischer Konstruktionsprinzipien beitragen kann. Nach vielen Jahren mit Workshops an unterschiedlichen Hochschulen gibt es nur ganz vereinzelt Anzeichen, dass die anfängliche Faszination, die einen fast unweigerlich im Kontakt mit pneumatischen Volumen zu ergreifen scheint, zu einer ernsthaften architektonischen Auseinandersetzung mit dem Wirkungsprinzip geführt hat.

Müller hat sich immer offen gezeigt für Kooperationen mit anderen Architekt•innen und die gemeinsame Entwicklung von hybriden Bauwerken, in denen traditionelle und pneumatische Konstruktionsweisen miteinander in Verbindung gebracht werden könnten. Doch selbst wenn das Interesse und die gegenseitige Wertschätzung besteht, so ist diese Form der Zusammenarbeit meist nicht über Ansätze hinausgekommen. Dabei hat Hans-Walter Müller die Potentiale pneumatischer Wohnräume vielfach aufgezeigt und gerade als Gegenpunkt zum etablierten Standard des zeitgenössischen Wohnungsbaus werden diese Potentiale besonders sichtbar. Müllers 50 Jahre Lebenserfahrung in einer pneumatischen Architektur beglaubigen, dass diese Architektur nicht nur als eine kurzzeitige Attraktion und als eine Architektur als Event, sondern als wahrhaftige Ergänzung der Architektur gesehen werden muss. Müller hat auf Basis pneumatischer Konstruktionsprinzipien eine alternative Wohnarchitektur entwickelt, die die scheinbar alternativlose Diskontinuität etablierter Bauweisen in Frage stellt und eine unmittelbare Verbindung des Wohnraumes mit der eigenen Umgebung ermöglicht. Eine Architektur, die weder auf teuren Baumaterialien noch auf großen Mengen grauer Energie oder der dauerhaften Versiegelung von Flächen basiert. Eine Architektur, in Anpassung an ihren Gebrauch. Eine Architektur die Veränderung zulässt.

[168] Das Volumen *M210* in La Ferté-Alais, 2016.

[169] Pflanzen und ein Diaprojektor im Innenraum des Volumen, 2016.

[170] Hans-Walter Müller bei der Installation des Volumen für Lacaton & Vassal, 2016.

[171] Detail einer Schweißnaht mit dem Signet von Hans-Walter Müller, 2016.

[172] Das Volumen *M210* in La Ferté-Alais, 2016.

[173] Die Hochfrequenzschweißmaschine in La Ferté-Alais, 2016.

[174] Hans-Walter Müller in La Ferté-Alais, 2018.

[175] Das Volumen *M210* in La Ferté-Alais, 2016.

[176] Im Vordergrund die gelbe Stahlstruktur, im Hintergrund das Volumen *Belvédère* in La Ferté-Alais, 2016.

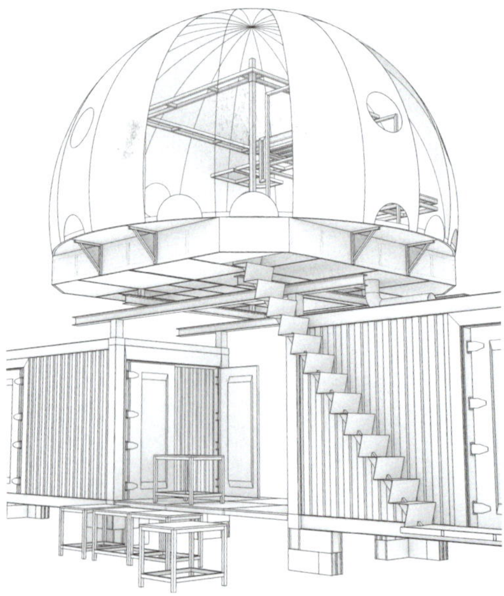

[177] Technische Zeichnung des Volumen *Belvédère*, 2022.

Werkverzeichnis 1961 – 2022

1961

Diplomabschluss Architektur und Städtebau an der TH Darmstadt.

Studium der Architektur an der École des Beaux-Arts Paris bis 1963.

Entwicklung der *Cinimages Fluides*.

1962

Ausbildung der Pantomime bei Étienne Decroux in Paris.

1963

Projektionsmaschine *Genèse 63* in der Galerie Maison des Beaux-Arts in Paris. → Abb. 183

[182]

Vous êtes prié d'honorer de votre présence la présentation de la Machine d'Art Dynamique Visuel

MINISTÈRE DE L'ÉDUCATION NATIONALE

GENÈSE 63

qui aura lieu le Jeudi 6 Juin 1963 à 20 h. 30

Hans-Walter Müller

MAISON DES BEAUX-ARTS (C.R.O.U.S.)

11 RUE DES BEAUX-ARTS PARIS-6 ODE 10-99

[183]

Mitarbeit in der Agentur von Raymond Lopez in Paris bis 1966.

1964

Ausstellung der *Genèse 63* in der Galerie Sophie Delachaux in Paris.

1965

Entwurf für den Deutschen Pavillon für die Weltausstellung in Montréal.

Präsentation der *Genèse 63* bei der Sommerakademie Bakema in Salzburg. → Abb. 182

Aussteller und Preisträger mit der *Machine M* im Forum Art Dynamique Visuel bei der 4. Paris Biennale.

1966

Ausstellung der *Machine M* in Worms.

Ausstellung der *Machine M* in „KunstLichtKunst" im Stedelijk Van Abbemuseum in Eindhoven.

Mitarbeit in der Agentur von Émile Aillaud in Paris bis 1967.

Ausstellung der *Machine M* im Salon de la Jeune Peinture in Paris.

Präsentation und Konferenz im Musée des Arts Décoratifs in Paris.

Ausstellung der *Machine M* in „Monte-Carlo de demain" in Monaco.

1967

Ausstellung der *Machine M* im Goethe Institut in Paris.

Ausstellung der *Genèse 63* und der *Machine M* in „Lumière et Mouvement" im Musée d'Art Moderne in Paris.

Ausstellung der *Machine M* in „science-fiction" im Musée des Arts Décoratifs in Paris.

Ausstellung des *Livre-Lumière* und des Entwurfs für das *Maison Cinétique* bei der 5. Paris Biennale. → Abb. 185

Entwurf für den Neubau der Neuen Pinakothek in München.

Szenografie mit Projektionen für eine Modenschau von Cacharel in Paris.

Szenografie beim Festival de danse des Baux en Provence zu der Musik *La Création du Monde* von Darius Milhaud.

Projektionen für das Bistro Bazaar in Paris.

Projektionen für Drugstore des Champs-Elysées in Paris.

Projektionen *Salle de message* für den Verlag Larousse im Palais de Chaillot in Paris.

Erstes aufblasbares Volumen, gefertigt mit geklebten Nähten und einem Handschweißgerät. Erste öffentliche Präsentation der Volumen in Gernes.

1968

Ausstellung des *Volux* in „structures gonflables" im Musée d'Art Moderne in Paris.

Entwurf *Le Monument aux Vivants* für die Olypischen Spiele in Grenoble.

Ausstellung „Cinetisme Spectacle Environnement" im Maison de la Culture in Grenoble.

Volumen mit Projektionen und kinetischen Maschinen in Annecy.

Ausstellung der *Cabine M* in „Science fiction" im Kunstverein für die Rheinlande und Westfalen in Düsseldorf. → Abb. 184

[184]

[185]

Volumen mit Projektionen und kinetischen Maschinen in Barcarès.

Volumen mit Projektionen und kinetischen Maschinen in Aix-les-Bains.

Volumen mit Projektionen und kinetischen Maschinen in Avignon.

Volumen mit Projektionen und kinetischen Maschinen in Aix-en-Provence.

Konzeption der Volumen *Manches à l'Air*.

Ausstellung der *Machine M* in „Confrontation" in Dijon.

Ausstellung diverser aufblasbarer Volumen am Port de la Conférence in Paris. → Abb. 186

Voiture laboratoire → Abb. 189

Text „L'image spectacle" in *Gens d'image Nr. 10*. → S. 51

Präsentation der *Cabine de Relaxation Gonflable*, ein tragbarer, aufblasbarer Raum mit Projektionen im Inneren.

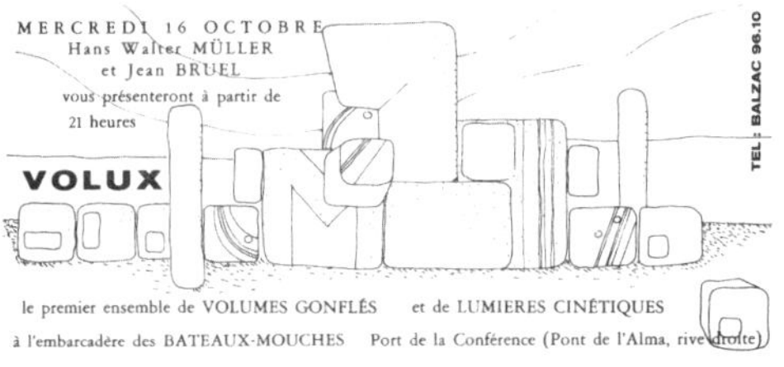

[186]

1969

Struktur *Pavillon BSN* auf der Fachmesse Batimat in Paris. Für die Konstruktion des Messestandes des Französischen Glasherstellers B.S.N. wurde Hans-Walter Müller mit der „Goldenen Wasserwaage" ausgezeichnet. → Abb. 185

Projektionen *La Lune* im Musée de la Découverte in Paris.

Volumen *l'Église gonflable* in Montigny-lès-Cormeilles.

Volumen und Projektion für die Buchvorstellung *Dalí de Draeger* in Montrouge.

Ausstellung *Une fête pour demain* in „Créateurs de futur" in Bourges.

1970

Ausstellung der *Machine M* in „Kinetics" in der Hayward Gallery in London.

Ausstellung des Volumen *Volux* beim Festival Fête de l'Humanité bei Paris.

Volumen *Fête en Blanc* in Verderonne.

Ausstellung Volumen *M* auf der Europlastique in Paris.

Volumen *Théâtre expérimental* für Das Festival Nuits de la Fondation Maeght in Saint-Paul-de-Vence. → Abb. 190

Volumen *M* in Noisy le Sec.

1971

Umzug von La Plaine Saint-Denis nach La Ferté-Alais.

Einzug in das Volumen *M*.

Struktur *Maison Carrée* in La Ferté-Alais.

Das gelbe Volumen *M* im Jardin Maeght in Saint-Paul-de-Vence.

Das braune Volumen *M* in Les Ulis.

Das gelbe Volumen *M* in Nancy.

Volumen *PH3 2000* in La Défense. → Abb. 188

Das gelbe Volumen *M* in Sceaux.

Volumen *Dubuffet* in Périgny.

Volumen *Bleu et Blanc* in Ivry. Die erste Kombination Additionaler Volumen. In diesem Fall, zwei Volumen mit identischen Abmessungen verbunden zu einer Tragluftarchitektur.

Das gelbe Volumen *M* vor dem Musée d'Art Moderne, Paris.

Das rot-weiße Volumen *M* im Jardin des Plantes in Paris.

Ausstellung der *Machine M* und der *Meditationslandschaft* in „Gruppenarbeiten" in der Staatlichen Kunsthalle Baden-Baden.

1972

Das gelbe Volumen *M* in Mulhouse.

Das rot-weiße Volumen *M* in Lagny.

Volumen *Signal*, Umsetzung als *Signal RTL* für den Radiosender RTL.

Das gelbe Volumen *M* in Plateau d'Assy.

Workshop für Beschäftigte des Flugzeugherstellers SNECMA in La Ferté-Alais.

Volumen *Petite Maison* auf der Messe Europlastique in Paris.

Volumen *Petite Maison* in La Ferté-Alais.

1973

Neubau des Volumen *M210* mit einem Untergeschoss in La Ferté-Alais.

„Introduction à la stéreologie" in *Projections I*. Müller schrieb: „L'homme est éphémère, sa vie est éphémère, ce qu'il fait doit-il durer? L'Architecture est le lien de la vie, l'Architecture doit mourir avec son utilisateur." und formulierte damit zeitgleich zum dauerhaften Einzug in sein Volumen *M210* seine Haltung, dass eine Architektur ihren Nutzer nicht überdauern sollte.

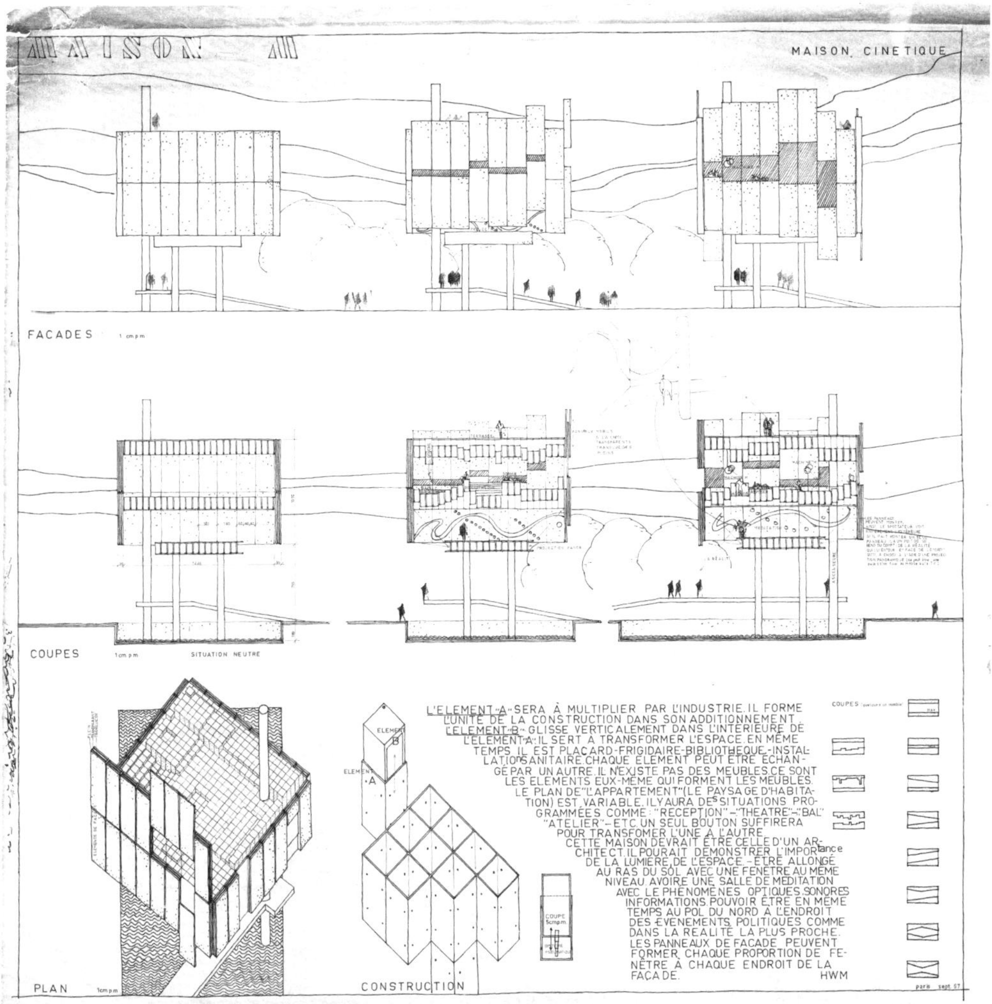
MAISON A
MAISON CINETIQUE
FACADES 1 cm p m
COUPES 1cm p m SITUATION NEUTRE
PLAN 1cm p m
CONSTRUCTION
ELEMENT B
ELEMENT A
COUPE 5cmp.m.
COUPES
L'ELEMENT "A" SERA À MULTIPLIER PAR L'INDUSTRIE. IL FORME
L'UNITÉ DE LA CONSTRUCTION DANS SON ADDITIONNEMENT.
L'ELEMENT "B" GLISSE VERTICALEMENT DANS L'INTERIEURE DE
L'ELEMENT "A". IL SERT A TRANSFORMER L'ESPACE. EN MÊME
TEMPS IL EST PLACARD-FRIGIDAIRE-BIBLIOTHEQUE-INSTAL-
LATIONS SANITAIRE. CHAQUE ELEMENT PEUT ÊTRE ECHAN-
GÉ PAR UN AUTRE. IL N'EXISTE PAS DES MEUBLES. CE SONT
LES ELEMENTS EUX-MÊME QUI FORMENT LES MEUBLES.
LE PLAN DE "L'APPARTEMENT" (LE PAYSAGE D'HABITA-
TION) EST VARIABLE. IL Y AURA DES SITUATIONS PRO-
GRAMMÉES COMME: "RECEPTION" – "THEATRE" – "BAL"
"ATELIER" – ETC. UN SEUL BOUTON SUFFIRERA
POUR TRANSFOMER L'UNE A L'AUTRE.
CETTE MAISON DEVRAIT ÊTRE CELLE D'UN AR-
CHITECT. IL POURAIT DEMONSTRER L'IMPORTANCE
DE LA LUMIERE, DE L'ESPACE. – ÊTRE ALLONGÉ
AU RAS DU SOL AVEC UNE FENETRE AU MÊME
NIVEAU. AVOIRE UNE SALLE DE MEDITATION
AVEC LE PHÉNOMÈNES OPTIQUES. SONORES
INFORMATIONS. POUVOIR ÊTRE EN MÊME
TEMPS AU POL DU NORD A L'ENDROIT
DES EVENEMENTS POLITIQUES COMME
DANS LA REALITÉ LA PLUS PROCHE.
LES PANNEAUX DE FACADE PEUVENT
FORMER CHAQUE PROPORTION DE FE-
NÊTRE À CHAQUE ENDROIT DE LA
FAÇADE.
HWM
paris sept 67

[187]

[188]

[189]

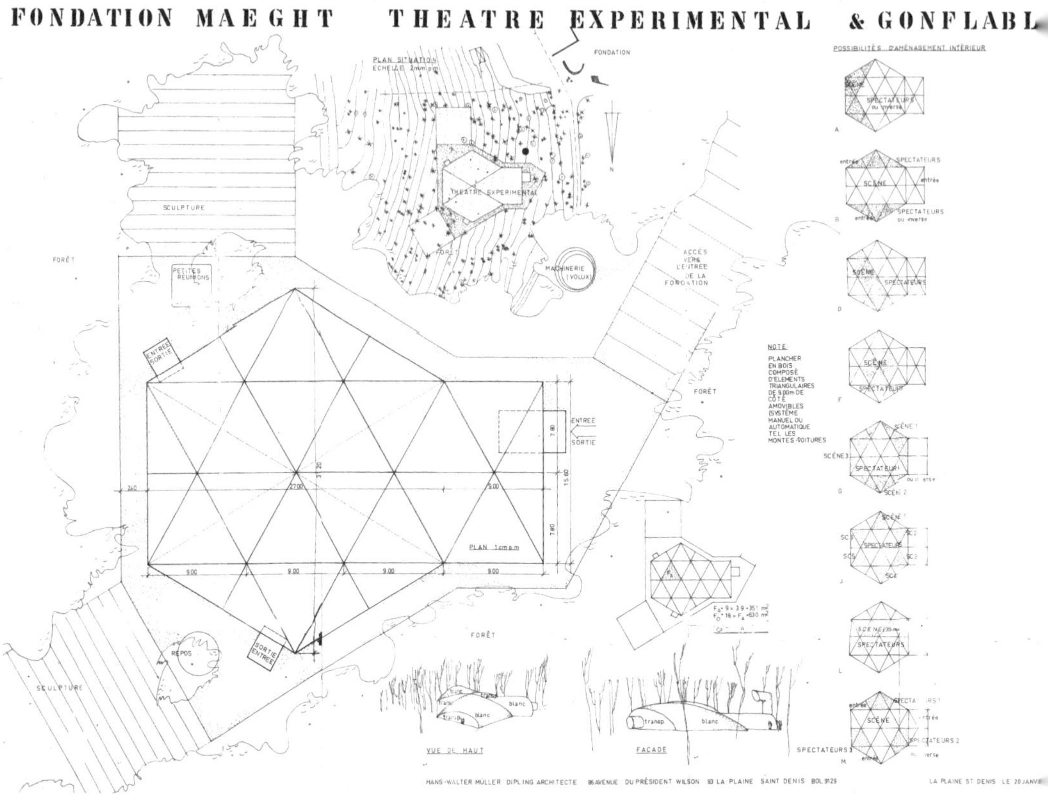
FONDATION MAEGHT THEATRE EXPERIMENTAL & GONFLABL
PLAN SITUATION
FONDATION
THEATRE EXPERIMENTAL
MACHINERIE (VOLUX)
SCULPTURE
FORÊT
PETITES RÉUNIONS
ENTRÉE SORTIE
ACCÈS VERS L'ENTRÉE DE LA FONDATION
ENTREE
SORTIE
PLAN 1cm.p.m
SORTIE ENTREE
REPOS
SCULPTURE
VUE DE HAUT
FAÇADE
transp
blanc
POSSIBILITÉS D'AMÉNAGEMENT INTÉRIEUR
SCÈNE
SPECTATEURS
NOTE
PLANCHER EN BOIS COMPOSÉ D'ELEMENTS TRIANGULAIRES DE 9.00m DE CÔTÉ AMOVIBLES (SYSTÈME MANUEL OU AUTOMATIQUE TEL LES MONTES-VOITURES
HANS-WALTER MÜLLER DIPL.ING ARCHITECTE 86 AVENUE DU PRÉSIDENT WILSON 93 LA PLAINE SAINT DENIS BOL.91.29
LA PLAINE ST DENIS LE 20 JANVI

[190]

[191]

[192]

Volumen *Volux* und *Manches à l'Air* in der Ausstellung „Olivier de Serres" in Paris.

Das rot-weiße Volumen *M* für die Europäische Weltraumorganisation in Darmstadt.

1974

Zugbelastete Konstruktion *La Scène Central* für das Festival Fête de l'Humanité. Eine Bühnenüberdachung von 3 000 Quadratmetern. Baukräne wurden als Primärstruktur verwendet. Zwischen den Kränen wurde eine zugbelastete textile Architektur gespannt. Die Grundidee der Baukräne als Primärstruktur stammt von Oscar Niemeyer. Zwei Jahre hatte der Veranstalter versucht, die Überdachung zu realisieren, jedoch ohne Erfolg. Müller bekam den Auftrag, einen Entwurf auszuarbeten und die Konstruktion auszuführen. *La Scène Central* war 20 Jahre als Überdachung der großen Bühne des Festivals in Benutzung. → Abb. 194

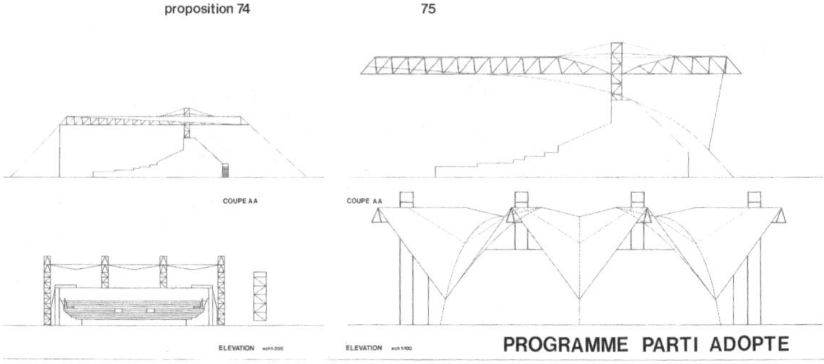

[194]

Das gelbe Volumen *M* bei der Veranstaltung Fête Aérienne in La Ferté-Alais.

Das Volumen *Petite Maison* in Draveil.

Volumen *Roger Louis* in La Ferté-Alais.

1975

Ausstellung des Volumen *Volux* und der Installation *Métamorphose 3* in „Surfaces" im Grand Palais in Paris.

Pneumatische Struktur *Raumstuhl* in La Ferté-Alais. → Abb. 191

Konzeption, Produktion und Verteilung von 35 Zelten an Menschen ohne festen Wohnsitz in Paris.

Produktion der *Structure Daniel* in La Ferté-Alais.

Volumen *La Volière* im Tierpark Saint-Vrain.

Text „Pourquoi les gonflables?" in *Techniques & Architectures Nr. 304*. → S. 55

Das gelbe Volumen *M* in Lans.

Das Volumen *PH3 2000* in Bordeaux.

Topoprojektion für die Ausstellung: „Cathedrale d'Images" in Les Baux.

Konzeption einer pneumatischen Leinwand *Écran Gonflable* für Projektionen in La Ferté-Alais.

1976

Objekt *Macrophages* für das Institut Pasteur in Paris.

[193]

Szenografie mit Volumen für *Le roi se meurt* von Jorge Lavelli in der Comédie-Française in Paris.

Volumen *Signal* bei der Fête Aérienne in La Ferté-Alais.

Das gelbe Volumen *M* in Itteville.

Das gelbe und das braune Volumen *M* bei der Eröffnung der A4 bei Paris.

1977

Volumen *Paristory* in Paris.

Das braune Volumen *M* als Theater in Fougères.

1978

Luftkissen für eine venezianische Gondel im Film *James Bond 007 – Moonraker*. → Abb. 192

Volumen *SUD Radio* in Toulouse.

1979

Topoprojektion *En Provence* für die Ausstellung „Cathedrale d'Images" in Les Baux. Mit Musik von Philippe Feret.

Volumen *Zeltronef* für das Centre des nouvelles industries et technologies (CNID) in La Défense. Das Volumen in Form einer Glühbirne war als Ausstellungsattraktion gedacht und wurde zunächst für eine einmalige Ausstellung im CNID entwickelt. Kinder konnten das Volumen betreten, im Inneren waren Spiele und Projektionen, über eine Rutsche gelangten sie wieder aus dem Volumen. Der Erfolg war so groß, dass das Volumen im Anschluss an die Ausstellung auf einen Lastwagen montiert wurde und im Sommer 1979 an verschiedenen Stränden in Frankreich aufgebaut wurde.

Ausstellungsgestaltung mit Volumen *salle molle et réspirante* für die Ausstellung „Salvador Dalí – rétrospective 1920 – 1980“ im Centre Pompidou in Paris. →Abb. 193

Pneumatische Struktur *Coussins* in La Ferté-Alais.

LE MONITEUR

Décentralisation	Habitat : accroître la responsabilité des élus locaux
Construction	Roger Quilliot conclut les « Tribunes de l'habitat »
Collectivités	Les ressources des collectivités locales en 1982
Social	Régime des cotisations de Sécurité sociale en 1982

[195]

1980

Topoprojektion *La Provence des Hommes* für die Ausstellung „Cathedrale d'Images“ in Les Baux. Mit Musik von Eric Lobstein und François Dalle.

Volumen *Les Floralies* in La Réunion.

1981

Volumen *Ballon Rouge* in Arles.

Kombination aus Additionalen Volumen mit Topoprojektionen für die Ausstellung „La Grande Fête du Vélo“ in Les Ulis.

Kombination aus Additionalen Volumen mit Topoprojektionen beim „Festival de l'Architecture“ in Nizza. →Abb. 198

Workshop „la couleur, l'espace et la photographie“ beim Festival „Rencontres d'Arles“.

Volumen *Chaillot I* in Paris.

Kombination aus Additionalen Volumen mit Topoprojektionen „La Route des Fleurs“ in Paris.

1982

Volumen *Centre commercial* in Sarcelles. Temporäres Einkaufszentrum mit 1600 Quadratmeter auf dem Place de France in Sarcelles. Im Gebrauch für zwei Jahre, bis zur Wiedereröffnung des lokalen Einzelhandels nach einer Stadterneuerungsmaßnahme.

Volumen *Signal* für RC Cola.

Volumen *Trocadero* für die Ausstellung „Tribunes de l'Habitat“ des Ministère de l'Urbanisme in Paris. →Abb. 195 / 199

Volumen *Anvar* in Nantes.

Volumen mit Topoprojektionen in Caen.

Volumen *Trocadero* mit Projektionen „La Route du Rhum“ in Paris.

Szenografie mit Volumen *Les Boréades* in Aix-en-Provence.

Workshop „la couleur, l'espace et la photographie“ beim Festival „Rencontres d'Arles“.

Topoprojektion *Cathedrale de Troyes* in Troyes.

1983

Ausstellungsgestaltung mit Topoprojektionen *Les Vikings* im Musée de la Tapisserie in Bayeux. Der Ausstellungsraum wurde aus Segeln konzipiert, die an Wikingerschiffe erinnern sollten. Diese Segel waren der Bildträger für die Topoprojektion. Müller reiste für die Vorbereitung nach Norwegen, um historische Schiffe und weiteres Material für die Projektion zu fotografieren. →Abb. 196

Szenografie mit Projektionen für die Ausstellung „Salon Européen Homme Masculin“ in Paris.

Das rot-weiße Volumen *M* in Neuchâtel.

Volumen und Struktur *Airbus* in Le Bourget. Die Stahlstruktur wurde anschließend neu konfiguriert und 1995 als *Raumstruktur* in La Ferté-Alais installiert. →Abb. 205

Präsentation des Volumen *Anvar* in Corbeil.

Volumen *Chimère* für das Musée des sciences et de l'industrie in Paris.

Workshop für Fotografie in Avoriaz.

1984

Kombination aus Additionalen Volumen für eine Ausstellung in Montereau.

Workshop „la couleur, l'espace et la photographie“ beim Festival „Rencontres d'Arles“.

Volumen Cité des sciences et de l'industrie. Das Volumen wurde über den Zeitraum von zwei Jahren an verschiedenen Städten in Frankreich präsentiert, um die Eröffnung des Museums Cité des sciences in Paris anzukündigen.

Wettbewerbsteilnahme für die Neugestaltung des Parc de la Villette in Paris. →Abb. 197

Präsentation des Volumen *Anvar* in Courchevel.

1985

Volumen *Ballon Rouge* ausgestellt in Pouilly.

Topoprojektionen für die Fondation DANAE in Pouilly.

Kombination aus Additionalen Volumen in Evreux.

Szenografie mit Volumen *Le roi se meurt* in der Bayerischen Staatsoper in München.

Volumen *Monnet* in Avignon.

Volumen *Sphère Tour Eiffel* in Paris.

Volumen *Monnet* in Caen.

Workshop für aufblasbare Volumen an der École d'Architecture in Lyon.

Workshop für Fotografie in Avoriaz.

1986

Szenografie für *La vie de Malraux* von Ballett Maurice Béjart im Théâtre de la Monnaie in Brüssel. →Abb. 201

Volumen *Théâtre d'Air* in Pontassieve.

[196]

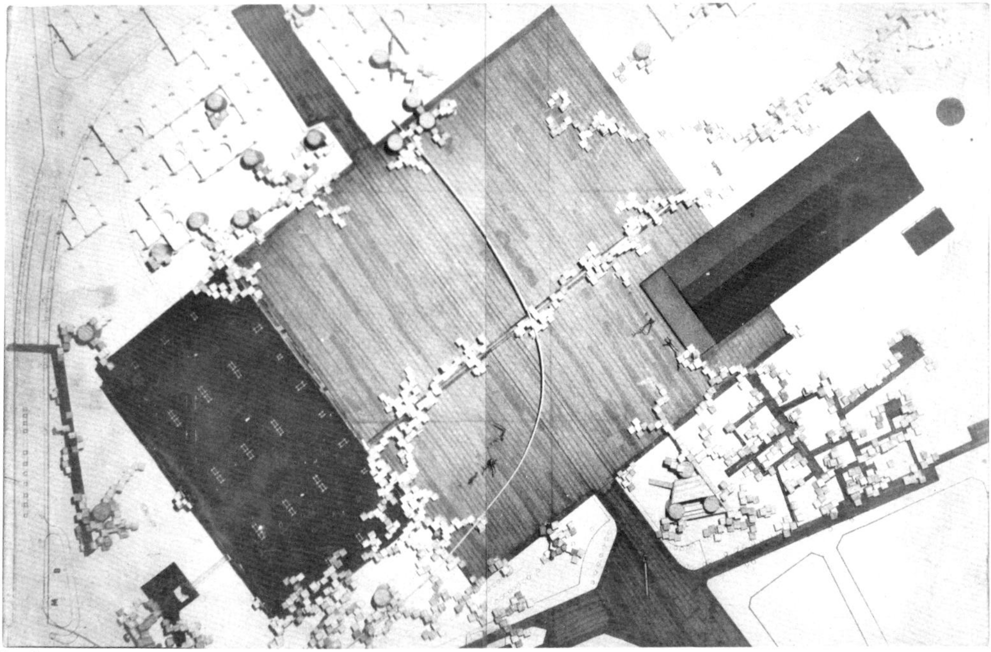

[197]

[198]

[199]

[200]

[201]

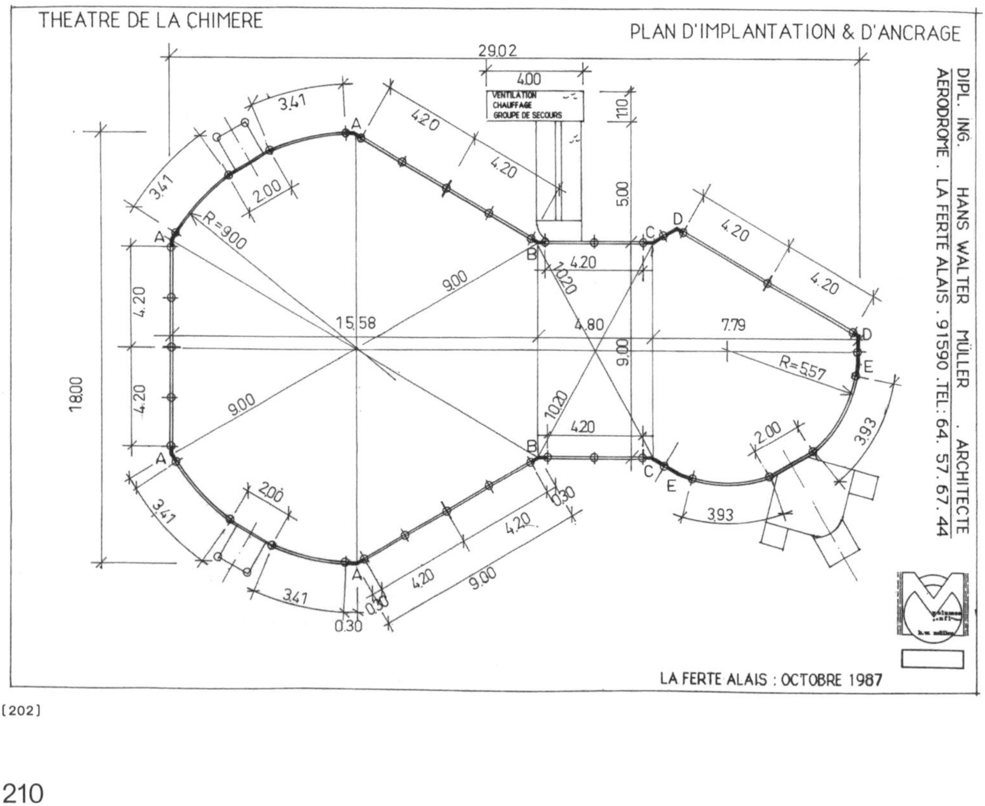
THEATRE DE LA CHIMERE
PLAN D'IMPLANTATION & D'ANCRAGE
VENTILATION
CHAUFFAGE
GROUPE DE SECOURS
DIPL. ING. HANS WALTER MÜLLER . ARCHITECTE
AERODROME . LA FERTE ALAIS . 91590 . TEL: 64. 57. 67. 44
LA FERTE ALAIS : OCTOBRE 1987

[202]

Volumen *Anvar* in Florenz. →Abb. 203

Volumen *Monnet* in Saarbrücken.

Volumen *Monnet* in Rouen.

Volumen *Monnet* in Amiens.

Volumen *Monnet* in Caen.

Kombination aus Additionalen Volumen in Les Landes.

Workshop für aufblasbare Volumen an der École d'Architecture in Rouen.

1987

Topoprojektion *Hymne à la vie* für die Ausstellung „Cathedrale d'Images" in Les Baux. Mit Musik von Armand Amar.

Szenografie für *Cristaux* von Peter Goss im Théâtre des Bouffes du Nord in Paris.

Kombination aus Additionalen Volumen für eine Ausstellung in Nimes. →Abb. 204

Volumen *Chimère* in Lorient. →Abb. 202

Workshop an der École des Beaux-Arts in Nimes.

Workshop an der École des Métiers des Arts et de la Culture in Vitrolles.

1988

Volumen *Couloir Jaune* in La Ferté-Alais. →Abb. 200

Projektion *l'Unita* in Florenz.

Topoprojektion *Basilique* an der Basilika Sainte-Marie-Madeleine in Vézelay.

Volumen *Rue Saint-Yves* in Paris.

Volumen *Monnet* in Grigny.

Volumen *Era Sphère* in La Ferté-Alais.

1989

Topoprojektion *Les plus belles nativités* für die Ausstellung „Cathedrale d'Images" in Les Baux. Mit Musik von Armand Amar.

Volumen *Volux* in Barcelona.

Das gelbe Volumen *M* in Bollène.

Projektion *Gruss* in Le Havre.

Kombination aus Additionalen Volumen mit Topoprojektionen in Troyes.

[204]

[203]

Volumen *Blanc* in Marseille.

Volumen *Era* in Straßburg.

Volumen *Sphère* in Lille.

Volumen *Monnet* in Breuillet.

Volumen *Bastille* in Florenz.

Projektion *Era Bon Marché*.

Szenografie mit Topoprojektion *Le Grau du Roi*.

Volumen *Apollinaire* in La Ferté-Alais.

1990

Topoprojektion auf dem Parlamentsgebäude in San Marino.

Projektion und Volumen *NMPP*.

Topoprojektion für die Ausstellung *Cathedrale d'Images* in Les Baux.

Kombination aus Additionalen Volumen in Marseille.

Workshop der Fotografie mit Marie-France Vesperini beim Festival „Rencontres d'Arles".

1991

Topoprojektion *Cathedrale de Troyes* in Troyes.

Projektion *Helena Rubinstein* in den Steinbrüchen von Les Baux. Die Kosmetikunternehmerin Helena Rubinstein war begeistert von Müllers Topoprojektionen für die „Cathedrale d'Images" in Les Baux und beauftrage eine Projektion an gleicher Stelle für die Präsentation eines neuen Lippenstiftes ihres Unternehmens. Die Präsentation war ein großer Erfolg, noch im gleichen Jahr wurde die Präsentation in Tokyo umgesetzt.

Projektion *Helena Rubinstein* in Tokyo. →Abb. 207

Topoprojektion *La Poste* im Louvre, Paris.

Topoprojektion *Cathedrale d'Images* in Les Baux.

Volumen und Projektion *COTEC* in Madrid.

Volumen für das „Festival du Vent" in Calvi. Über den Zeitraum von zehn Jahren realisierte Müller Volumen und Veranstaltungen für dieses Festival in Calvi. Das Volumen, eine blau-weiß gestreifte Halbkugel auf dem Tour de Sel wurde zum Erkennungszeichen des Festivals. Während des Festivals blieb Müller vor Ort und veranstaltete Workshops.

[205]

[206]

[207]

1992

Topoprojektion *Les Portes de l'Europe* für die Ausstellung „Cathedrale d'Images" in Les Baux. Mit Musik von Armand Amar.

Volumen *Sphère Himmelb(l)au* für die Ausstellung „Coop Himmelblau: Construire le ciel" im Centre Pompidou in Paris.

Volumen *Théâtre itinérant* für die Olympischen Spiele in Barcelona.

Volumen für das „Festival du Vent" in Calvi.

Workshop für Beschäftigte des Flugzeugherstellers SNECMA in La Ferté-Alais.

Topoprojektion *La Nuit des Héros* in Paris.

1993

Projektion *Glen Grant* in Paris.

Feststruktur *Maison Irene* in La Ferté-Alais.

Workshop an der Universität Florenz.

Volumen und Szenografie mit Projektionen *Les Mystères de l'Amour* in Florenz.

Topoprojektion *Les Forêts de l'Espoir* für die Ausstellung „Cathedrale d'Images" in Les Baux. Mit Musik von Armand Amar.

Volumen *Montparnasse SDF* in Paris.

Volumen *Rouge et Gris* in der Schweiz.

Volumen für das „Festival du Vent" in Calvi.

1994

Konzeption eines beweglichen Lautsprechers, der auch als Projektionsfläche genutzt werden kann. →Abb. 208

Volumen *Sphère Rouge* in Vevey.

Volumen *Forum culturel du canton de Neuchatel* in Bern.

Volumen *Les Trois Suisses* in Lille.

Volumen *Belzig* in Berlin.

Volumen *Bleu et Rouge* in Bern.

Konferenz und Workshop in Wien.

Konferenz und Workshop in Berlin.

Volumen für das „Festival du Vent" in Calvi.

1995

Volumen *Sphère Canal* und bei den Filmfestspielen in Cannes.

Volumen *Sphère Transparente* in Royan.

Projektionen *Poseidon* im Palais de la Découverte in Paris.

Volumen für das „Festival du Vent" in Calvi.

Installation der *Raumstruktur* in La Ferté-Alais. →Abb. 206

Volumon *Réflecteur Hélium* für Yves Saint Laurent. Ein doppelwandiges Volumen aus leichtem Stoff mit reflektierender Oberfläche, gefüllt mit Helium. Das Volumen wurde bei Werbeaufnahmen für das Parfüm „Opium" von Yves Saint Laurent eingesetzt und schwebte über dem Set, um eine Beleuchtung ohne jeden Schatten zu ermöglichen.

1996

Produktion und Verteilung von Zelten für Menschen ohne festen Wohnsitz in Paris.

Topoprojektionen auf das Parlamentsgebäude in San Marino.

[208]

Topoprojektion *l'Or des Alpilles* für die Ausstellung „Cathedrale d'Images" in Les Baux. Mit Musik von Armand Amar.

Volumen *Signal* bei der Veranstaltung „Fête Aérienne" in Ferté-Alais.

Volumen für das „Festival du Vent" in Calvi. →Abb. 209

[209]

Volumen *Théâtre itinérant* für das Maison de la Culture de la Loire Atlantique, Nantes.

1997

Topoprojektion *Images Paroles du Monde* für die Ausstellung „Cathedrale d'Images" in Les Baux. Mit Musik von Armand Amar.

Volumen *Chaillot II* für die Veranstaltung „Le Printemps en Hiver" von Marionnaud in Paris. Das Volumen setzte sich aus drei Teilen zusammen. Zwei Endteile, jeweils in Form einer Viertelkugel und eines zylindrischen Elements in der Mitte. Die Teile wurden mit einem industriellen Reißverschluss miteinander verbunden, auch die beiden Enden konnten auf diese Weise direkt miteinander verknüpft werden. Damit ergab sich die Form einer Halbkugel, in dieser Ausführung wurde das *Chaillot II* beispielsweise 1998 in Saint-Denis und für Électricité de France eingesetzt. → Abb. 212

Volumen für das *Festival du Vent* in Calvi.

Volumen *Monnet* und *Cône* bei der Veranstaltung „Fête d'Humanité".

Workshop mit Volumen in l'Isle-d'Abeau.

Workshop und Konferenz in Lille.

1998

Projektion *Fontaine* in Saint-Paul-de-Vence.

Volumen *Chaillot II* für Électricité de France.

Volumen *Les Arts Sauts* für das Programm *Kayassine* der Trapezkompanie Les Arts Sauts. Die Trapezkünstlergruppe bestellten dieses Volumen als Veranstaltungsraum für ihre Vorstellung. Über mehrere Jahre tourten sie mit dem Volumen um die Welt. → Abb. 210

Projektion im Restaurant Il Théatro in München.

Volumen *Ballon transparente* zum Weltumwelttag in Paris. Müller produzierte für diese Arbeit eine Kugel aus transparentem Kunststoff mit einem Durchmesser von drei Metern und einem großen Reißverschluss. Er begab sich mit einem Elektroroller in das Innere der Kugel, schloss den Reißverschluss und ließ die Kugel mit Luft füllen. Anschließend fuhr er in der Kugel durch das Pariser Stadtzentrum. → Abb. 213

Kombination aus Volumen für die Fussball-Weltmeisterschaft 1998 in Bordeaux.

Volumen für das „Festival du Vent" in Calvi.

Volumen *Chaillot II* zur Eröffnung des Bahnhofs Stade de France in Saint-Denis.

Szenografie mit Topoprojektion und Volumen im Gedenken an Mario Mariotti in Florenz.

1999

Volumen und Projektionen *Lancome* im Louvre, Paris.

Volumen *Chaillot II* als Konzertsaal beim „Festival du Vent" in Calvi.

Volumen *Chaillot II* bei Genf.

Zelt *Macumba* in der Schweiz

Workshop und Konferenz in Lille.

Workshop und Konferenz in Clermont-Ferrand.

Workshop in Genf.

[210]

Volumen *Fakhoury* für die Veranstaltung „La Nuit du Passage" in Agay. → Abb. 211

2000

Volumen *Sphère rouge* in der Ausstellung „AIRAIR" im Forum Grimaldi in Monaco.

Volumen und Topoprojektion zum Stadtfest in Clermont-Ferrand.

Volumen *Agay* für den Architekten Pierre Fakhoury.

Volumen für das „Festival du Vent" mit in Calvi.

Workshop an der École d'Architecture in Clermont-Ferrand.

2001

Volumen für das „Festival du Vent" in Calvi. Zum zehnjährigen Jubiläum und dem letzten Jahr der Zusammenarbeit mit dem „Festival du Vent" ließ Müller das Volumen vom Tour de Sel aufsteigen. Mit Hilfe von Helium und dem Volumen *Sphère rouge* als Ballast, gelang es, das Volumen im Wind zu stabilisieren und in der Bucht landen zu lassen. → Abb. 215

Volumen *Ballon Monde* für Primagaz.

Volumen *Festival de l'eau* in Meaux.

Topoprojektion *Sturmflut* auf Föhr.

Volumen *Agay* in Neuchatel.

Ausstellung „Air en Forme" im Musée de Design et d'Arts Appliqués Contemporains in Lausanne.

2002

Topoprojektion *Entwaldung* auf Föhr.

Volumen *Fakhoury* in Théoule.

Workshop in Les Grands Atelier in Villefontaine.

Volumen *village gonflable* für das Projekt „estació" in Benifallet.

Volumen *estació mobil* für die Ausstellung „quarta estació" im Centre National d'Art et du Pasage in Vassivière.

[211]

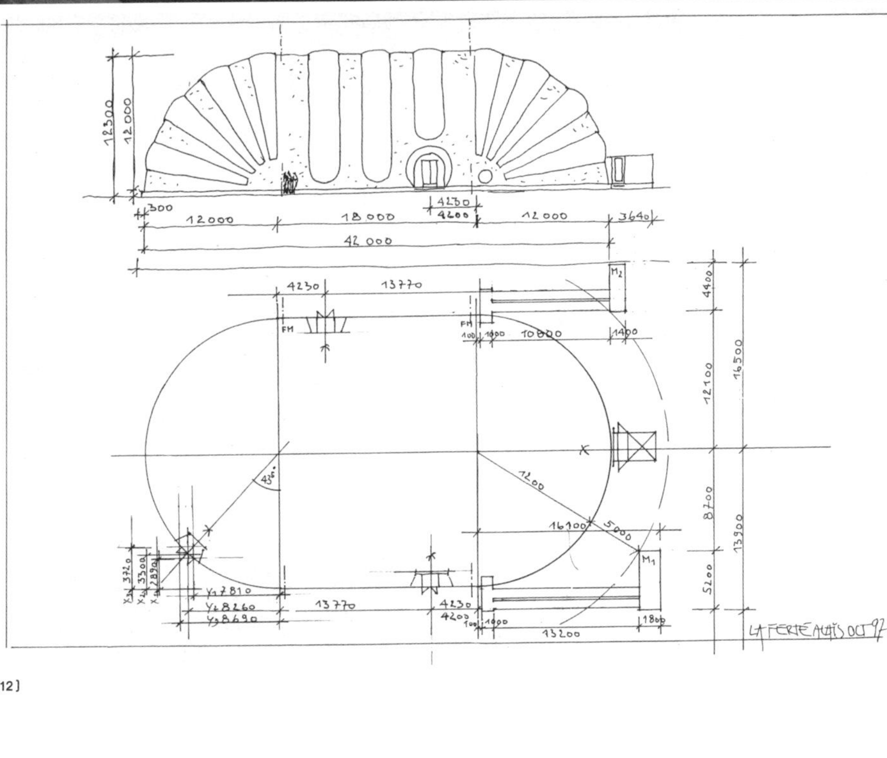

[212]

[213]

[214]

[215]

2003

Szenografie *Alex Mac Lean – La Terre vue du Ciel* für BETC in Paris.

Kombination aus Additionalen Volumen in Bordeaux.

Volumen *Les Arts Sauts.*

Workshop an der École d'Art et de Design in Dijon.

2004

Volumen *Ballon Monde* für die Veranstaltung „Fête d'Humanité".

Volumen *Fondation Proreg* in Pontarlier.

Workshop am Centre d'Art Contemporain in Brétigny-sur-Orge.

Konferenz „Une architecture portée par l'air" im Pavillon de l'Arsenal in Paris. → S. 89

2005

Volumen *estació mobil* auf der Yokohama Triennale.

Projektion im Restaurant Il Théatro in München.

Volumen *Ricoré* in La Defense. → Abb. 216

2006

Volumen *Sphère* in Royan.

Volumen *Les Affinités Electives* in der Ausstellung „Au bord de l'air" in Paris und Belgrad.

Ausstellung *Paysage habitable* im Centre d'Art Contemporain in Brétigny-sur-Orge.

2007

Volumen *Sphère* in Belford.

Volumen *Sphère* in Rieti.

Projektion *Musique de Cirque* in Le Havre.

Volumen *Vabre* in Le Havre.

Volumen *Bâteau gonflable* in Châlette-sur-Loing.

Workshop und Konferenz in Genf.

Workshop und Konferenz in Madrid.

Workshop und Konferenz in Nantes.

Workshop in Monaco.

2008

Szenografie *Galilée* in Straßburg.

Text *Manifest.* In Zusammenarbeit mit Alain Charre.

Workshop und Volumen bei der 3. Biennale de l'Architecture in Bordeaux.

Konferenz im Institut français in Stuttgart.

Volumen *Études* in Palermo.

2009

Volumen *ADDIM* als reisendes Kulturzentrum des Departement Haute-Saône.

Ausstellung „Death of the Audience" in der Secession in Wien.

Workshop am Collège de Staël in Maison-Alfort.

2010

Volumen *Belvédère* in La Ferté-Alais. Das *Belvédère* befindet sich zwischen Bäumen auf dem Gelände in La Ferté-Alais und wird über eine Treppe durch den Boden des Volumens betreten. Den Sockel hatte Müller bereits 1975 produziert, erst im Jahr 2010 folgte die Produktion der Hülle. Seit der Fertigstellung ist das Volumen permanent in Betrieb und dient als Labor und Werkstatt für Workshops mit Studierenden und als Gästeunterkunft. → Abb. 214

Volumen *Une architecture en mouvement* in Sao Paulo.

Volumen *Sphère* in Royan.

Konferenz an der École d'Architecture Paris-Malaquais.

Konferenz in Roubaix.

Workshop am Institut des Arts in Toulouse.

2011

Volumen im Palais de Tokyo in Paris.

Workshop an der École d'Architecture in Versailles.

Workshop an der École d'Architecture in Lyon.

Workshop mit Studie zur Struktur von Seifenblasen mit der Ècole d'Architecture Paris-Malaquais.

2012

Volumen *Cône* in Dourdan.

Volumen für Kulturzentrum arc en rêve – centre d'architecture in Bordeaux.

Volumen *Le Plateau* als Ausstellungsraum für FRAC Ile-de-France in in Villepinte und Romainville.

Workshop an der École d'Art Avignon.

[216]

Workshop an der École d'Art Bourges.

Workshop am Institut des Arts in Toulouse.

Workshop in Les Grands Atelier in Villefontaine.

2013

Volumen *Sphère* in Janvry.

Volumen *Sphère* in Vassivière.

Konferenz im Musée d'Art Décoratifs in Paris.

Workshop an der École d'Architecture Paris-Belleville.

Konferenz an der École d'Architecture Paris-Val de Seine.

Workshop École d'Art et de Design in Dijon.

2014

Volumen mit Modellen für die Ausstellung „Vertiges" im Centre d'art de l'Onde in Vélizy-Villacoublay.

Workshop an der École d'Architecture in Lyon.

2015

Permanente Installation des Volumen *La Lune* im Kino Le Méliès in Montreuil.

Workshop an der École cantonale d'Art in Lausanne

Volumen für die Veranstaltung „le Pavillon de l'Arsenal" in Batignolles.

[218]

Workshop mit Studierenden der École d'Architecture Paris-Malaquais in La Ferté-Alais.

Volumen *Pianodrom* für das Beethovenfest in Bonn.

Workshop in Les Grands Atelier in Villefontaine.

Ausstellung *L'icosasphère* in der Galerie Mezzanin in Genf.

2016

Vortrag an der Universität der Künste in Berlin.

Volumen *Raumparallelenbewegung* ausgestellt in der Galerie des Galeries in Paris.

Volumen *Pianodrom* für das Beethovenfest in Bonn.

Volumen im Auftrag von Lacaton & Vassal in Paris.

Workshop in Les Grands Atelier in Villefontaine.

Volumen für die Geflüchtetenunterkunft an der Porte de la Chapelle, Paris. Im Volumen von Hans-Walter Müller befand sich die zentrale Anlaufstelle der temporären Geflüchtetenunterkunft an der Porte de la Chapelle in Paris. →Abb. 218

Workshop am Institut des Arts in Toulouse.

2017

Volumen für die Ausstellung „Collection paysages 1987 – 2017" im arc en rêve – centre d'architecture in Bordeaux.

Ausstellung „Project Phalastère" im Centre d'Art Contemporain in Brétigny-sur-Orge.

Modulare Treppenkonzeption *Les Cubes Rouges* in La Ferté-Alais.

Workshop in Les Grands Atelier in Villefontaine.

[217]

Workshop École d'Architecture Paris La Villette.

2018

Volumen *Sphère* in Janvry.

Volumen *Le Cyclop Tinguely* in Milly-la-Forêt. Das Volumen wurde 2018 als Infopunkt und Ticketverkauf an der begehbaren Skulptur Le Cyclop von Jean Tinguely und Niki de Saint Phalle installiert. →Abb. 217

Ausstellung „Hans-Walter Müller – La vie à l'œuvre" im Conseil d'Architecture d'Urbanisme et de l'Environnement Rhone Métropole in Lyon.

Ausstellung „Hans-Walter Müller – La vie à l'œuvre" an der École d'Architecture Paris La Villette.

Konferenz mit Anne Lacaton im aut Innsbruck.

2019

Ausstellung „Gigantisme" im FRAC Nord-Pas de Calais in Dünkirchen.

Ausstellung „Occupations" in der Galerie salle principale in Paris.

Volumen *Klangstruktur mit Resonanzkugel* in La Ferté-Alais. *Klangstruktur mit Resonanzkugel* ist eine permanente Installation mit einem kugelförmigen Volumen in La Ferté-Alais. Das Volumen befindet sich in 4,8 Metern Höhe auf einem Plateau in der *Raumstruktur* (1995), von deren Metallstreben die Kugel vielfach durchtrennt wird.

Volumen und Performance *Sphères* bei der Veranstaltung „Nuit Blanche" im Jardin du Palais Royal in Paris.

Workshop École d'Architecture in Rouen.

2020

Volumen *Star Wars* in La Ferté-Alais.

2021

Ausstellung „L'empreinte d'un habitat – Construire léger et décarboné" im Pavillon de l'Arsenal in Paris.

2022

Ausstellung „Hans-Walter Müller – Ich habe die Schwerkraft schon verlassen" im aut Innsbruck.

Volumen *tonlift* in Innsbruck.

Glossar

Additionale Volumen

Additionale Volumen können unterschiedliche Formen und Abmessungen haben und wurden von Hans-Walter Müller in diversen Ausführungen hergestellt. Zu den Additionalen Volumen gehören die Volumen *M*, *M210* und das *Petite Maison*. Einzelne Tragluftvolumen können über Reißverschlüsse zu einem Volumen verbunden werden. Die Anzahl der einzelnen Räume innerhalb der so entstandenen pneumatischen Struktur ist unbegrenzt. Auf diese Weise sind in einem Tragluftvolumen einzelne Räume mit unterschiedlichen Abmessungen und Eigenschaften möglich.

→ Modularität

architecture gravitaire

Als *architecture gravitaire* beschreibt Hans-Walter Müller seine Architekturen, die sich, in Abgrenzung zur Tragluftarchitektur, nicht der Schwerkraft widersetzen. Es handelt sich um Strukturen, in denen pneumatische Konstruktionsprinzipien nicht zum Einsatz kommen.

→ Pneumatische Architektur
→ Schwerkraft

Auftrieb

Jedes aufblasbare Volumen wird getragen von einem Überdruck im Innenraum, der jene aufwärtsstrebenden Kräfte hervorruft, die für seine Stabilität sorgen. Diese Auftriebskraft steht im Gegensatz zur Schwerkraft. An Stelle eines Fundaments zur Kraftaufnahme benötigt die luftgetragene Architektur eine Verankerung, die das Bauwerk am Boden hält.

Bewegung

Die Architektur von Hans-Walter Müller ist lebendig. Ein einzelnes Volumen ist transportabel, die Architektur aber beruht im konzeptionellen Kern auf Bewegung: Sie basiert auf der Überwindung der Unbeweglichkeit projizierter Bilder, wird aufrechterhalten von permanentem Energiefluss und Luftaustausch und reagiert mit Bewegung auf äußere Einflüsse wie Wind und Regen.

→ Kinetische Kunst
→ Luftaustausch

Doppelwandige Volumen

Doppelwandige, pneumatische Konstruktionen erhalten ihre Stabilität durch einen extrem hohen Luftdruck innerhalb eines geschlossenen Systems, welches nicht begehbar ist. Die luftgefüllten Elemente treten an die Stelle traditioneller Bauteile wie Träger und Stützen. Im englischen Sprachraum werden doppelwandige Volumen als „air-inflated" von einwandigen Volumen „air-supported" unterschieden. Beide Systeme werden unter dem Begriff „air-structures" zusammengefasst.

→ Einwandige Volumen
→ Pneumatische Architektur
→ Wand

Dreidimensionalität

Architektur bedarf einer Vorstellungskraft in drei Dimensionen. Bei aufblasbaren Volumen ist die Dreidimensionalität umso mehr gefordert, da das Volumen erst nach langer zweidimensionaler Arbeit (zeichnen, berechnen, schneiden, schweißen) im Raum entsteht.

→ Präzision

Druck

Druck ist das primäre konstruktive Mittel in pneumatischer Architekturen. Er wird durch konstante Ventilation erzeugt, die durch permanente Energiezufuhr ermöglicht wird. Der im Innenraum benötigte Überdruck liegt über dem atmosphärischen Druck, der notwendige Druckunterschied hängt von der Größe des Volumens ab. Er ist umso größer, je kleiner das Volumen ist. Der Druck verteilt sich im Innenraum, einschließlich der horizontalen Bodenplatte, senkrecht auf alle Feststoffe, auf die er trifft. Obwohl er bei großen Volumen sehr gering ist, sorgt er für die Spannung der Hülle und die Stabilität der Konstruktion.

→ Auftrieb
→ Energie
→ Pneumatische Architektur
→ Wand

Einwandige Volumen

Einwandige, pneumatische Konstruktionen, auch Tragluftvolumen oder Tragluftarchitekturen genannt, erhalten ihre Stabilität durch einen minimalen Überdruck im Inneren des Volumens. Traditionelle Bauteile wie Träger und Stützen sind hier obsolet, da die Konstruktion durch den Überdruck stabilisiert wird, der erhöhte Luftdruck im Innenraum trägt die Gesamtkonstruktion. Der Innenraum einwandiger Volumen kann begehbar sein. Hans-Walter Müller arbeitet ausschließlich mit einwandigen Volumen.

→ Doppelwandige Volumen
→ Pneumatische Architektur

Energie

Die ständige Präsenz von elektrischer Energie ist eine Vorbedingung für die Existenz aufblasbarer Strukturen. Energie ist die Voraussetzung für den Überdruck und damit für die Stabilität der Volumen. Für den Betrieb des Volumen *Belvedère* in La Ferté-Alais werden konstant 20 Watt aufgewendet.

Form

Die Form eines Volumens ist abhängig von den Kräften der Mechanik der Flüssigkeiten und Gase. Die Form hat in der Tragluftarchitektur eine konstruktive Funktion und beruht nicht nur auf ästhetischen Gesichtspunkten.

→ Konstruktion
→ Mechanik der Flüssigkeiten und Gase

Fragilität

Im Gegensatz zu Bauwerken aus Stein ist die Tragluftarchitektur ephemer. Ihre Vergänglichkeit gehört zum Leben dazu. Ihr Fortbestand besteht auf der Zufuhr von Energie.

→ Energie
→ Kurzlebigkeit
→ Vergänglichkeit

Garten

Wenn die Einteilung in Innen- und Außenräume nicht möglich ist, so bedeutet das auch, dass der Garten Teil der gebauten Architektur ist. Dies gilt insbesondere für die Architektur von Hans-Walter Müller in La Ferté-Alais. Gegenstand von identischer Aufmerksamkeit und strukturiert durch ein und dasselbe Grundraster, strebt Müller die Durchdringung von Haus und Garten an.

→ innen/außen
→ Raster

Gewicht

Je größer ein Volumen, desto geringer sein Gewicht pro Quadratmeter Grundfläche. Das Gewicht der Hülle ist nicht proportional zur Masse der im Volumen enthaltenen Luft. Das Verhältnis von Gewicht und Masse funktioniert entgegengesetzt der Prinzipien der traditionellen Architektur.

Haut

Die Hülle der Volumen besteht aus PVC oder aus textilem Gewebe. Verwendung finden in diesem Fall Stoffe mit luftdichten Beschichtungen, beispielsweise aus Polyvinylidenfluorid (PVDF), Polyvinylchlorid (PVC) oder Polyurethan (PU), die transparent, transluzent oder opak sein können und in diversen Farben hergestellt werden. Luftgetragene Volumen wurden wegen ihrer metallfreien Konstruktion einst für die störungsfreie Überdachung von militärischen Kommunikationsanlagen eingesetzt.

→ Hülle
→ Wand
→ Opazität

Hülle

Architektur ist die strukturierte Umhüllung eines Raumes. Die pneumatische Architektur ist in diesem Hinblick ein sehr anschauliches Beispiel für das Wesen der Architektur. Die Haut eines aufblasbaren Volumens kann von minimaler Dicke (300 µm = 0,3 mm) sein und ist die einzig sichtbare Erscheinung der Konstruktion. Sie umspannt den Baukörper und formt ihn. Wie eine organische Haut ist die Hülle eines Volumens empfindlich und schützend zugleich.

→ Haut
→ Wand

Ingenieur

Die ersten pneumatischen Strukturen wurden von Ingenieuren für das Militär gebaut. Der pure Nutzen stand im Zentrum ihrer Entwicklung. Eine wahrhaftige Architektur mit pneumatischen Konstruktionsweisen setzt das Zusammenwirken von Ingenieurwesen und Architektur voraus. Eine Verbindung zwischen der technischen Intelligenz des einen und der sinnlichen Intelligenz des anderen.

innen/außen

Diese Dichotomie ist geeignet, um die Diskontinuität von Räumen zu beschreiben. Die pneumatischen Architektur hebt diese Unterscheidung weitgehend auf. Licht, Klang, Wärme und Kälte verbinden innen und außen ohne mühelos.

→ Isolation
→ Kontinuität

Inszenierung

Hans-Walter Müller zauberte schon als Kind, stand auf Bühnen, ließ Gegenstände verschwinden, lenkte die Blicke im Zuschauerraum. Neben dem Studium absolvierte er eine Ausbildung in Pantomime, zerlegte und analysierte Bewegung. Auf diesen Interessen basiert die Auseinandersetzung mit Projektion und der Wunsch, umfassende räumliche Inszenierungen zu erschaffen.

→ Bewegung
→ Projektion

Isolation

Die Abwesenheit thermischer, akustischer und visueller Isolation ist ein häufiger Kritikpunkt an einwandigen pneumatischen Konstruktionen. Diese Sichtweise beruht auf dem direkten Vergleich mit traditioneller Architektur. Für Müller ist die geringe Isolation kein Makel, sondern Bestandteil dieser Bauweise, ein Aspekt, mit dem es umzugehen gilt. Die Hülle von nicht einmal einem Millimeter Dicke ermöglicht eine Architektur, die sich nicht von ihrer Umgebung absondert, in welcher der Innenraum und die Umgebung miteinander verschmelzen können.

→ Hülle
→ innen/außen

Kinetische Kunst

Die Kinetische Kunst stellt Bewegung in den Mittelpunkt des künstlerischen Werkes. Dabei kann sich das Kunstwerk selbst bewegen oder durch die aktive Bewegung der Betrachtenden erschlossen werden. Die Projektionen von Hans-Walter Müller umgeben die Betrachtenden mit Bewegungen und lassen bewegte Räume entstehen, die vom Künstler an der Projektionsmaschine gesteuert werden.

→ Projektion
→ Inszenierung

Konstruktion

In einer aufblasbaren Struktur verdeckt die Form niemals die Konstruktion. Die Konstruktion formt die sichtbare Struktur, die konstruktiven Kräfte bleiben dabei unsichtbar. Zwei unwahrscheinliche Unterschiede zur traditionellen Architektur, in welcher Form und Konstruktion voneinander entkoppelt werden können, die konstruktiven Kräfte als Balken und Pfosten jedoch immer sichtbar bleiben.

→ Form
→ Struktur
→ Unsichtbarkeit

Kontinuität

Im Kontrast zur weitverbreiteten Annahme, dass aufblasbare Architektur nur für einen temporären Gebrauch genutzt werden kann, ist Kontinuität dieser Bauweise im Kern eingeschrieben. Erst der dauerhafte Druck, erzeugt durch einen Ventilator, ermöglicht die Stabilität der Struktur und ihren Widerstand gegen äußere Einflüsse. Der Druck im Inneren wirkt gleichmäßig auf die gesamte Oberfläche des Volumens und sorgt, ganz gleich wie groß die Fläche ist, für eine konstante Zugspannung im Material.

→ Rechter Winkel
→ Ventilator
→ Zugspannung

Konzentration

Viel ist möglich, wenn man auf seinem Weg bleibt. Nach diesem Prinzip hat Hans-Walter Müller sein architektonisches Werk über fünf Jahrzehnte entwickelt. Jede Studie, jedes Modell und jede Umsetzung gibt neue Aufschlüsse und ermöglicht es, mit dem nächsten Projekt ein Stück weiter zu gehen. In der Konsequenz steht ein Gesamtwerk und ein Lebensalltag in pneumatischer Architektur, die ohne Entsprechung sind.

Kugel

Die Kugel ist die ideale Form für eine aufblasbare Struktur. Die Konstruktionsweise eignet sich perfekt für rotierende Körper, weil der Innendruck das Material gleichmäßig in alle Richtungen drückt. Eine Kugel hat einen Mittelpunkt, der in alle Richtungen die gleiche Entfernung zur Oberfläche aufweist. Im Unterschied zu allen anderen geometrischen Körpern wird die Größe einer Kugel von nur einem Parameter, ihrem Radius, definiert.

→ Zugspannung

Kurzlebigkeit

Aufblasbare Volumen sind leicht, faltbar und transportabel. Sie stellen die traditionelle Architektur in ihrer Dauerhaftigkeit und Endgültigkeit in Frage und erfahren dadurch oftmals Geringschätzung. Wenngleich ephemer, kann eine aufblasbare Architektur an einem Ort so lange bestehen wie jedes Gebäude aus Stein mit dem Unterschied, dass dieses Bestehen nicht alternativlos ist und die kontinuierliche Auseinandersetzung mit der gebauten Struktur voraussetzt.

→ Kontinuität

Lebendigkeit

Die konstruktiven Kräfte der Mechanik der Flüssigkeiten und Gase ermöglichen eine Architektur als lebendigen Organismus. Es entsteht ein Baukörper, der durch Energiezufuhr und Druck bewegt und von einer gespannten Hülle umschlossen wird. Jedes aufblasbare Volumen atmet, lebt und stirbt. Ihre Natur ist spontan und vergänglich.

→ Fragilität

lichen architecture©

Unter dem Begriff *lichen architecture* (lichen = Flechte) fasst Hans-Walter Müller all jene Projekte zusammen, bei denen seine aufblasbaren Volumen auf eine bestehende Architektur aufgebaut werden und mit dieser interagieren. Diese Volumen werden für ihren jeweiligen Standort konzipiert und gehen eine Beziehung mit dem gebauten Bestand ein.

Licht

Licht durchdringt die Architektur aus Luft in ungekannter Weise, da weder die Haut des Volumens, noch die Luft innerhalb des Volumens für das Licht ein Hindernis darstellen. Die dünne Membran bieten dem Licht eine große Bandbreite an Interaktionen. Sie kann das Licht gänzlich ausschließen, abdunkeln, färben oder ungehindert passieren lassen. Das Licht hinterlässt Spuren auf seinem Weg ins Innere des Volumens, ohne Unterlass zeichnet es die Bewegungen der umstehenden Bäume als Schatten auf die Außenhaut. Eine Projektion, die auch im Innenraum zu sehen ist.

→ Haut
→ Isolation
→ Projektion

Luft

Luft ist eine Materie, jedoch kein Baustoff im traditionellen Sinne. Erst von einer konstanten Energie bewegt, verfügt Luft über konstruktive Eigenschaften, die in der Lage sind, die Hülle eines Volumens zu spannen. Ihre Unsichtbarkeit befreit den pneumatischen Innenraum von störenden Konstruktionselementen.

→ Unsichtbarkeit

Luftaustausch

Der Luftaustausch und mögliche Luftverluste sind bei der Konzeption und im Betrieb jedes Tragluftvolumens zu beachten. Während Verluste durch Schäden im Material, und an allen Öffnungen auftreten können, ist der Luftaustausch zumindest im öffentlichen Gebrauch der Volumen offiziell reguliert. In Frankreich muss die gesamte Luftmenge dreimal pro Stunde ausgetauscht werden. Der Ventilator drückt frische Luft ins Innere, während an gegenüberliegender Stelle die Luft durch ein Ventil entweichen kann. So bleibt der Überdruck trotz der Zirkulation der Luft konstant.

→ Luft
→ Regulierung

M

Das *M* steht für Müller. Angefangen von der *Machine M*, der *Cabine M* bis zum Volumen *M* und der Weiterentwicklung, dem Volumen *M210*. Hans-Walter Müller knüpfte seine Entwicklungen in den Anfangsjahren eng an den eigenen Namen. Noch heute wird jede Schweißnaht von Müller mit seinen Initialen *HWM* signiert.

Modularität

Bereits im Studium beschäftigte sich Hans-Walter Müller mit modularen Bauweisen. Das Raster, welches seinen Arbeiten seit Mitte der 1960er Jahre zu Grunde liegt, etablierte früh einen modularen Aufbau. Mit dem Additionalen Volumen *M* entwickelte Müller ein System, in welchem aufblasbare Elemente unterschiedlicher Größe und Form über definierte Ansatzpunkte zu einem gesamten Tragluftvolumen kombiniert und verbunden werden können.

→ Additionale Volumen
→ Raster

Nachteil

Vielfach werden vermeintliche Nachteile aufblasbarer Architekturen benannt. Ihr konstanter Energieverbrauch, die fehlende Isolation oder ihre temporäre Nutzbarkeit werden bemängelt. Hans-Walter Müller lebt mit den spezifischen Eigenschaften pneumatischer Konstruktionsweisen ohne dabei Vor- und Nachteile gegeneinander aufzuwiegen. Jeder Aspekt dieser Bauweise findet Eingang in die Konzeption seiner Arbeiten.

→ Energie
→ Isolation
→ Vergänglichkeit

Opazität

Die Hülle der aufblasbaren Volumen kann transparent, transluzent oder opak sein. Ein opakes Material enthält im Kern eine zusätzliche schwarze Folie, die die Undurchsichtigkeit garantiert. Opazität ist insbesondere dann von Bedeutung, wenn im Inneren der Volumen Inszenierungen mit Kunstlicht geschaffen werden und das Tageslicht ausgeschlossen werden soll, beispielsweise für Volumen, die tagsüber für Projektionen oder Bühneninszenierungen verwendet werden.

→ Hülle

Pneumatische Architektur

Den oftmals verwendeten Überbegriff der Pneumatischen Architektur (engl. „air structures") prägte im deutschen Sprachraum Frei Otto. Der Begriff ist nur bedingt geeignet, um die verschiedenen Konstruktionsweisen aufblasbarer Architekturen zu kategorisieren, da bei einem Pneu (Luftreifen) von einem vergleichsweise kleinen Volumen mit einem sehr hohen Überdruck im Inneren auszugehen ist. Derartige Volumen kommen ausschließlich bei doppelwandigen Konstruktionen zum Einsatz. Im Gegensatz dazu stehen einwandige Volumen, die treffender als Tragluftarchitektur bezeichnet werden können. Grundsätzlich gilt: Je kleiner das Volumen, desto größer muss der Druckunterschied zwischen Innen- und Außendruck sein, um das Volumen gegenüber äußeren Einflüssen zu stabilisieren. So ist etwa der Druck in einem Fahrradreifen notwendigerweise höher als der Druck in einem Autoreifen, da das Volumen des Fahrradreifens kleiner ist.

→ Doppelwandige Volumen
→ Einwandige Volumen

Präzision

Das Anfertigen einer aufblasbaren Struktur deren Gestalt erst mit Hilfe der Luft entsteht, erfordert beim Schneiden und Schweißen des Materials eine extrem hohe Genauigkeit, sonst ist die Funktionalität irreversibel verloren. Die Sorgfalt, mit der jedes Element behandelt wird, seien es die Befestigungen am Boden, die Entwicklung der Türen oder die Berechnung der geometrischen Formen der Membran, ist unmittelbar mit dem architektonischen Wirken selbst verbunden.

→ Schweißen

Projektion

Der Wunsch, statische Lichtprojektionen in Bewegung zu versetzen, mit ihnen kontrollierte und wiederholbare Inszenierungen zu erschaffen und daraus schließlich begehbare Projektionsräume zu erschaffen, waren für Hans-Walter Müller der Ausgangspunkt für die Verwendung von transparenten Kunststoffen und der Zugang zu pneumatischen Konstruktionsprinzipien. Die Auseinandersetzung mit Projektionen sind damit der Ausgangspunkt von Müllers aufblasbaren Architekturen.

→ Inszenierung
→ Topoprojektion

Raster

Das Werk von Hans-Walter Müller basiert auf der Auseinandersetzung mit einer quadratischen Proportion. Das Grundmaß von

1,2 × 1,2 Metern ist Ausgangspunkt seiner Überlegungen und steckt im Detail seiner Volumen und Projektionen. Das Grundmaß bildet ein Raster, eine übergeordnete Regelmäßigkeit. Gestaltungsfreiheit existiert für Müller erst im Rahmen dieser Ordnung.

→ Modularität

Rechter Winkel

Der Überdruck wirkt immer im rechten Winkel auf die Innenseite der Hülle des Volumens. Auch wenn die sichtbare Form etwas anderes vermuten lässt, das Konstruktionsprinzip der pneumatischen Architektur ist weit davon entfernt, den rechten Winkel abzuschaffen. Die pneumatische Architektur baut im Kern auf der Allgegenwärtigkeit rechter Winkel auf.

→ Pneumatische Architektur

Regulierung

Öffentliche Architekturen unterliegen bestimmten Regularien, die ihre Sicherheit gewährleisten sollen. Bei öffentlich zugänglichen und begehbaren Volumen muss der Luftaustausch und die verwendeten Materialien nachgewiesen und zertifiziert werden. Für das Volumen *M210* in La Ferté-Alais gelten diese Regeln nicht, hier ist es möglich, an die Grenzen der Konstruktion zu gehen, um Erkenntnisse für die eigene Arbeit zu gewinnen.

→ Haut
→ Luftaustausch

Schweißen

Die Hülle eines Volumens wird aus mehreren Zuschnitten hergestellt. Die einzelnen Bahnen des Materials werden zunächst einzeln ausgearbeitet und anschließend mit einer Hochfrequenzschweißmaschine miteinander verschweißt. Das Schweißen bewirkt die Verbindung von zwei Materialebenen, ohne dass dabei eine Schwachstelle erzeugt wird. Die Nähte können die gleiche Zugspannung absorbieren wie das Ausgangsmaterial selbst. Bauen ist im Fall von Hans-Walter Müller zunächst die Arbeit eines Schneiders und die eines Schweißers.

Schwerkraft

Jedes Gewicht unterliegt der Schwerkraft und dem atmosphärischen Druck. Die Auftriebskraft, die durch den erhöhten Luftdruck innerhalb eines Tragluftvolumens erzeugt wird, wirkt der Schwerkraft entgegen und überwindet sie oftmals mühelos dank der Leichtigkeit der umschließenden Hülle und der Größe des Luftvolumens.

→ Hülle

Mechanik der Flüssigkeiten und Gase

Die Mechanik der Flüssigkeiten und Gase ist die Wissenschaft vom physikalischen Verhalten von Flüssigkeiten und Gasen. Nach ihren Gesetzen, die Blaise Pascal bereits im 17. Jahrhundert mit der allseitigen Druckfortpflanzung beschrieb, funktionieren auch die pneumatischen Konstruktionen. Die Mechanik der Flüssigkeiten und Gase besagt, dass ein Eingangsdruck (hier erzeugt vom Ventilator) unabhängig von der Größe des Volumens mit gleicher Intensität im gesamten Volumen wirkt. Der Überdruck in einem Volumen übt auf jeden Teil der Oberfläche dieses Volumens exakt denselben Druck aus.

→ Ventilator
→ Zugspannung

Struktur

Bevor es eine Architektur ist, ist das Gebäude eine Struktur. Sie definiert die konstruktiven Bedingungen des Bauwerkes. In der aufblasbaren Architektur sind Struktur, Form und Volumen dasselbe. Die äußere Form eines luftgefüllten Volumens ist gleichbedeutend mit der tragenden Konstruktion dieses Körpers.

→ Konstruktion
→ Volumen

Szenografie

Die Ausgestaltung von Räumen für Ausstellungen und Bühnenaufführungen mit Projektionen und pneumatischen Volumen ist ein zentrales Arbeitsgebiet von Hans-Walter Müller. Müller hat Bühnenbilder und Ausstellungsräume gestaltet und diese Erfahrungen in die Ausarbeitung der Innenräume seiner Architekturen einfließen lassen.

Topoprojektion©

Die Topoprojektion ist eine Bildprojektionstechnik, die es erlaubt, unebene, mehrdimensionale und gekrümmte Oberflächen als Bildträger zu nutzen. Das Projektionserlebnis im Innen- oder Außenraum ist räumlich. Die Topoprojektion erfordert die präzise Vermessung der Projektionsflächen. Zunächst wird die Position der Projektoren im Raum anhand eines projizierten Rasters definiert. Damit wird sichergestellt, dass die Bildübergänge fließend gelingen. Die unebenen Projektionsflächen werden abfotogrfiert und in eine Strichzeichnung überführt. Diese Zeichnung wird anschließend in den Sucher der Kamera eingesetzt. Erst jetzt wird das zu projizierende Bild fotografiert, bereits im Sucher ist unter dieser Vorkehrung die Bildwirkung in der späteren Projektion zu erkennen. Jede Fotografie wird eigens für einen definierten Projektor angefertigt.

→ Inszenierung
→ Präzision
→ Projektion

Tragluftarchitektur

Tragluftarchitekturen oder Tragluftvolumen sind einwandige, pneumatische Konstruktionen. In der ersten Hälfte des 20. Jahrhunderts als Lagerhallen und Überdachungen für militärische Zwecke entwickelt, sind Tragluftarchitekturen heute beispielsweise als Sporthallen vielerorts verbreitet.

→ Einwandige Volumen

Tür

Jede Öffnung eines Volumens führt zu Luftverlusten. Um ein Volumen mit möglichst wenig Luftverlusten bequem zu betreten, hat Hans-Walter Müller verschiedene Türsysteme entwickelt; einige sind Feststrukturen wie beispielsweise Drehtüren aus Metall und Glas, andere sind aus pneumatischen Elementen gefertigt und werden mit einem beherzten Schritt über die Schwelle des Volumens betreten. Die Luftkissen der Tür weichen durch die Berührung zur Seite, für einen kurzen Moment spürt man einen kräftigen Gegenwind. Doch schon schließen sich hinter einem die Türelemente; Windstille und vor einem ein Raum aus Luft und Licht.

Unsichtbarkeit

Die Unsichtbarkeit der Luft ist eine eindringliche Erfahrung einwandiger pneumatischer Architekturen. Die vermeintliche Abwesenheit jeglicher Stützen schafft eine besondere Raumerfahrung, die Faszination auslöst. Doch diese Raumerfahrung entsteht nicht durch die Abwesenheit von Stützen, das Gegenteil ist viel mehr der Fall. Die Zahl der unsichtbaren Stützen ist unendlich und ihre Stützkraft variabel. Das ist eines der Geheimnisse luftgetragener Architekturen

→ Druck
→ Luft

Utopie

Als utopisch werden die pneumatischen Entwürfe der 1960er Jahre im Städtebau und der Architektur heute meist beschrieben. Die Einordnung als Utopie sorgt für eine gewisse Faszination, und steht der ernsthaften Auseinandersetzung mit dem Gegenstand doch oft im Weg. Müller hat in La Ferté-Alais diese Utopie längst aufgelöst und bewiesen, dass pneumatische Lebensräume auch über eine lange Dauer Realität sein können.

Ventilator

Der Ventilator ist das Herz jeder luftgetragenen Architektur. Er erzeugt den zwingend notwendigen Überdruck im Innenraum, der die Konstruktion stabilisiert und gegen äußere Einflüsse schützt. Fällt der Ventilator aus, sinkt der architektonische Körper matt in sich zusammen.

Vergänglichkeit

Zeitgleich mit dem dauerhaften Einzug in das Volumen *M210* schrieb Müller, dass eine Architektur ihren Bewohner nicht überleben sollte. Vergänglichkeit ist ein unwiderruflicher Bestandteil der Lebendigkeit, die Müllers Architekturen eigen ist. Den Denkmalschutz für das Volumen *M210* in La Ferté-Alais hat Müller abgelehnt. Was durch Hans-Walter Müller entstand und mit ihm Bestand hatte, soll ohne ihn nicht bestehen bleiben.

Volumen

Im Werk von Hans-Walter Müller ist das Volumen der Oberbegriff, der alle aufblasbaren Strukturen umfasst.

→ Einwandige Volumen
→ Struktur

Wand

Es gibt zwei Arten von aufblasbaren Strukturen: einwandige und doppelwandige Volumen. Doppelwandige Strukturen basieren auf einzelnen luftgefüllten Elementen, die unter hohem Druck stehen und in sich geschlossene Systeme sind. Der hohe Luftdruck formt ein stabiles Element, das an Stelle eines Holzbalkens oder Betonpfeilers treten kann. Einwandige Strukturen umspannen dagegen einen Raum beliebiger Größe, der betreten werden kann und in welchem ein nicht spürbarer Überdruck herrscht. Beide Arten verbindet, dass ein Überdruck ein Volumen stabilisiert. In ihrer Struktur, der Größe und der Stärke dieses Überdrucks unterscheiden sie sich jedoch grundlegend.

→ Doppelwandige Volumen
→ Druck
→ Einwandige Volumen

Workshop

Hans-Walter Müller organisiert seit den 1970er Jahren Workshops für Studierende, die jeweils eine dezidierte Problemstellung der aufblasbaren Architektur behandeln. Es ist sein Weg, die Faszination einer Architektur aus Luft zu vermitteln und gleichzeitig der Ausgangspunkt für die Weiterentwicklung seiner eigenen Praxis.

→ Konzentration

Würfel

Die große Mehrzahl pneumatischer Architekturen folgt der Geometrie von Rotationskörpern, in denen sich eine gleichmäßige Druckverteilung und Spannung der Hülle mit Leichtigkeit ergibt. Der Würfel dagegen führt auf Grund seiner Seitenflächen und Kanten zu unterschiedlichen Zugspannungen im Material und stellt damit eine Herausforderung für die Konstruktion luftgetragener Architekturen dar.

→ Zugspannung

Zugspannung

Die mechanische Spannung der Hülle des Volumens entsteht durch den Überdruck im Inneren und die Krümmung des Materials. Dort, wo verschiedene Krümmungen bei gleich definiertem Druck aufeinandertreffen, liegt eine große Herausforderung der pneumatischen Architektur. Die Spannungen müssen miteinander harmonisiert werden, um eine einwandfreie Form zu erhalten. Aus diesem Grund ist die Kugel die Idealform für aufblasbare Volumen, da hier nur eine einzige Spannung herrscht und keine Vermittlung unterschiedlicher Spannungen notwendig ist.

→ Hülle
→ Kugel
→ Würfel

Anhang

Abbildungen

Alle Abbildungen stammen aus dem Archiv von Hans-Walter Müller in La Ferté-Alais. Wo keine weiteren Informationen angegeben wurden: © Archiv Hans-Walter Müller.

Boccon-Gibod, Thierry: Abb. 62 A, 62 B, 114 A, 114 B

Chameroy, Félix: Abb. 142, 177

Morain, André: Abb. 40

Page: Abb. 41 B, 43

Plecy, Albert: Abb. 28, 60

Schein, Ionel: Abb. 195

Stürzl, Robert: Abb. 159, 168–176, 178–180

Vesperini, Marie-France: Abb. 16, 102, 104, 109, 122, 123, 126, 135, 147, 198, 206, 209, 213

Textnachweis

Ant Farm: *Inflatocookbook*, San Francisco, 1971.

Banham, Reyner: „Monumental Wind-bags“ in *The Inflatable Moment – pneumatics and protest in ‘68*, New York, 1999.

Banham, Reyner; Dallegret, François: „A Home is Not a House“ in *Art in America* Nr. 2, New York, 1965.

Binet, J. L.; Müller, Hans-Walter: „Introduction à la stéreologie“ in *Projections I*, Paris, 1973.

Buckley, Craig: „The Echo of Utopia“ in *utopie – Texts and Projects, 1967–1978*, Los Angeles, 2011.

Chroniques de l’Art Vivant, Nr. 9, Paris, 1970.

Claus, Jürgen: *Expansion der Kunst*, Reinbek, 1970.

Dent, Roger N.: *Principles of Pneumatic Architecture*, London, 1971.

Escher, Cornelia: *Zukunft Entwerfen – Architektonische Konzepte des GEAM (Groupe d’Études d’Architecture Mobile) 1958–1963*, Zürich, 2017.

International Association for Shell Structures: *Proceedings of the 1st International Colloquium on Pneumatic Structures*, Stuttgart, 1967.

Jacobs, Jane: *Tod und Leben großer amerikanischer Städte*, Frankfurt, 1963.

Kandinsky, Wassily: *Punkt und Linie zu Fläche. Beitrag zur Analyse der malerischen Elemente*. Bauhausbücher Nr. 9, München, 1926.

L’Architecture d’Aujourd’hui Nr. 102, Paris, 1962.

Life Magazine Vol. 43, Nr. 20, Buffalo, 1957.

Müller, Hans-Walter: „Pourquoi les gonflables?“ in *Techniques & Architecture* Nr. 304, Paris, 1975.

Michaux, Henri: „Contre!“ in *Henri Michaux – Dichtungen, Schriften I*, Frankfurt, 1966.

Müller, Hans Walter: „L’image spectacle“ in *Gens d’images* Nr. 10, Paris, 1968.

Müller, Hans-Walter: „Une architecture portée par l’air“ in *Les miniPA* Nr. 33, Paris, 2004.

Otto, Frei; Trostel, Rudolf: *Zugbeanspruchte Konstruktionen. Gestalt, Struktur und Berechnung von Bauten aus Seilen, Netzen und Membranen*, Frankfurt, 1962.

Otto, Frei: „imagination et architecture essai d’une vision d’avenir“ in *L’Architecture d’Aujourd’hui* Nr. 102, Paris, 1962.

Price, Cedric; et. al.: *Air Structures – A Survey*, London, 1971.

Popper, Frank: „Mueller’s *Machine M*“ in *IMAGE* Nr. 2/6, London, 1968.

Popper, Frank: *Die Kinetische Kunst*, Köln, 1975.

Quarmby, Arthur: *The Plastics Architect*, London, 1974.

Schlaich, Mike: „Kawaguchi Mamoru“ in *Structural Lineages – Learning from Japanese Structural Design*, New York, 2019.

„Technology – Pneumatic Structures“ in *architectural forum* Vol. 106, Nr. 4, New York, 1957.

Wachsmann, Konrad: „Vom Bauen in unserer Zeit“ in: *baukunst und werkform* Nr. 1, Nürnberg, 1957.

Dank

Mein großer Dank an diejenigen, die dieses Buch im Entstehen begleitet haben und durch deren Unterstützung die Fertigstellung erst möglich wurde. Hans-Walter Müller, Leander Berger, Félix Chameroy, Marianne Dautrey, Hannes Drißner, Johanne Gerhardt, Dominique Humbert-Vesperini, Bernd Kniess, Anne König, Christin Krause, Diane Pialücha, Arno Ritter, Georg Vrachliotis und Jan Wenzel.

Für die finanzielle Unterstützung des Publikationsvorhabens gilt mein Dank dem aut. architektur und tirol, Mehler Texnologies und der Stadt Worms.

Impressum

Hans-Walter Müller und das lebendige Haus

Herausgeber: Robert Stürzl
Gestaltung: Hannes Drißner
Übersetzung: Leander Berger
Lektorat: Jan Wenzel
Korrektorat: Anne König
Bildbearbeitung, Druck und Bindung: die Keure, Brügge

Erschienen bei
Spector Books
Harkortstraße 10,
04107 Leipzig
www.spectorbooks.com

Distribution
Deutschland, Österreich: GVA, Gemeinsame Verlagsauslieferung Göttingen GmbH & Co. KG, www.gva-verlage.de
Schweiz: AVA Verlagsauslieferung AG, www.ava.ch

1. Auflage: 2022
Gedruckt in Belgien
ISBN 978-3-95905-511-6

La version française de ce livre a été publiée sous le titre *Hans-Walter Müller et l’architecture vivante* par Spector Books, Leipzig. ISBN : 978-3-95905-512-3

volumes
gonflables

h.w. müller